国宏智库丛书（2020）

推动有效市场
和有为政府更好结合

——新时代经济体制改革方略

汪海　王喆　等著

中国计划出版社
北　京

图书在版编目（CIP）数据

推动有效市场和有为政府更好结合 ：新时代经济体制改革方略 / 汪海等著. -- 北京 ：中国计划出版社，2021.1
（国宏智库丛书. 2020）
ISBN 978-7-5182-1262-0

Ⅰ. ①推… Ⅱ. ①汪… Ⅲ. ①行政干预－市场经济－研究报告－中国 Ⅳ. ①F123.16

中国版本图书馆CIP数据核字(2021)第016350号

国宏智库丛书（2020）
推动有效市场和有为政府更好结合
——新时代经济体制改革方略
TUIDONG YOUXIAO SHICHANG HE YOUWEI ZHENGFU GENGHAO JIEHE
——XINSHIDAI JINGJI TIZHI GAIGE FANGLÜE
汪海　王喆　等著

中国计划出版社出版发行
网址：www. jhpress. com
地址：北京市西城区木樨地北里甲 11 号国宏大厦 C 座 3 层
邮政编码：100038　电话：（010）63906433（发行部）
北京虎彩文化传播有限公司印刷

787mm×1092mm　1/16　20 印张　275 千字
2021 年 1 月第 1 版　2021 年 1 月第 1 次印刷

ISBN 978-7-5182-1262-0
定价：75.00 元

课题组成员

课题组负责人：

汪　海　国家发展改革委经济体制与管理研究所副所长

王　喆　国家发展改革委经济体制与管理研究所区域城乡研究室主任　副研究员

课题组成员：

胡杰成　国家发展改革委经济体制与管理研究所社会调查研究室主任　副研究员

郭冠男　国家发展改革委经济体制与管理研究所综合改革研究室主任　副研究员

赵　栩　国家发展改革委经济体制与管理研究所综合改革研究室副主任　助理研究员

赵　雷　国家发展改革委经济体制与管理研究所办公室副主任　助理研究员

刘晓萍　国家发展改革委经济体制与管理研究所区域城乡研究室副主任　副研究员

李红娟　国家发展改革委经济体制与管理研究所企业体制研究室副主任　副研究员

李叶妍　国家发展改革委经济体制与管理研究所产业体制研究室　副研究员

张文明　国家发展改革委经济体制与管理研究所公共管理研究室　助理研究员

总　序

自1999年以来，我院每年都从课题研究中，选出一些社会各界较为关注的优秀成果，结集为《中国宏观经济丛书》和《中国经济学术基金丛书》公开出版。自2015年入选首批国家高端智库试点单位以来，我院进一步加强智库建设，连续几年在全国智库排名中位居前列。为进一步加大对优秀研究成果的宣传力度，持续扩大我院的学术影响力、决策影响力、社会影响力和国际影响力，我们进一步整合院内优秀研究成果，将原有丛书合并为《国宏智库丛书》品牌，以更有效地加强与同行的学术交流，更好地为经济管理部门、科研机构和社会各界提供服务。

《国宏智库丛书》（2020）是中国宏观经济研究院优秀课题研究成果的集合，包括有效市场与有为政府、中央与地方财政事权和支出责任、价格规制体系、收入分配体系、竞争政策等领域内容。

由于水平所限，丛书内容难免有不足之处。诚恳期待社会各界进行批评指正，以帮助我们不断提高研究水平和丛书质量。

中国宏观经济研究院

2020年3月

前　言

党的十九大报告作出了坚持全面深化改革的明确宣示，全面深化改革涉及多个方面，需要处理好各方面关系。其中，最重要的是政府与市场的关系，这是其他各种关系的基础。深入地看，其他需要平衡的关系，大体都是政府与市场关系的延伸拓展或实化细化。如中央和地方的关系、统一指导与分级决策的关系、顶层设计与基层创新的关系等，大体都主要涉及政府方面。而供给与需求的关系、联动发展与自主创新的关系等，大体都主要涉及市场方面。但主要涉及政府的，也与市场密切相关；主要涉及市场的，亦跟政府密切相关。因此，处理好政府与市场的关系是全面深化改革的核心问题，具有方向的性质。

事实上，我国改革开放的40多年，也是政府与市场关系调整的40多年。总结改革经验与启示可以发现，政府和市场的关系不是简单的此消彼长，也不是一强一弱的替代，市场对资源配置起决定性作用同政府更好发挥作用作为有机整体运行，这是社会主义市场经济运行方式的成功创造，既解决了经济运行的活力和效率问题，又能实现社会主义的发展目标。在充分肯定我国市场化改革成果的同时，也要清醒地看到，我们在处理政府与市场的关系方面，还有许多遗留和新产生的深层次矛盾和问题尚未得到根本解决：一是实现政府和市场两种调节手段内在统一和深度融合的体制机制障碍还未彻底消除；二是政府机构改革和政府职能转变仍然相对滞后；三是市场体系不完善、市场结构不合理、市场机制不健全问题依然突出。要破解上述难题，推动新一轮改革取得新突破，必须以“市场在资源配置中起决定性作用，更好发挥政府作用”的科学定位为导向，以着力构建市场机制有效、微观主体有活力、宏观调控有度的“三有”经济体制为目标指引，继续在理论和实践的双重创新中深化认识和处理好政府与市场关系。

基于上述背景，课题组紧紧围绕“理顺政府与市场关系”这条主线，深入剖析现代化经济体系建设所面临的一系列突出体制机制障碍和制度环境约束，提出了以“三有”体制建设为抓手、分阶段推进新一轮经济体制改革的基本思路和实施方案。在课题推进过程中，课题组多次召开研讨会和座谈会，并由中国宏观经济研究院经济体制与管理研究所汪海副所长全程带队先后赴长三角、粤港澳大湾区、雄安新区开展实地调研和问卷调查，掌握了翔实的第一手资料，在报告撰写时反复研磨并根据中期评审意见数易其稿，最终形成了一个较为完整的研究成果体系，主要包括1个主报告、4个专题报告、1个调查报告、3个调研报告以及3个综述类报告，共计12篇。成果上报中央改革办、中财办、国家发展改革委等中央重要党政机构，部分成果供起草《中共中央 国务院关于新时代加快完善社会主义市场经济体制的意见》时参考。同时，课题组积极推动成果转化应用，在《调查研究建议》《宏观经济信息研究》等委院内刊上发表文章4篇，在《改革》《经济纵横》《经济问题》等核心刊物上公开发表文章11篇，主报告被《改革内参》以专刊形式刊载，共计16篇，产生了一定的社会反响。

本课题完成时恰逢我国改革开放40周年，出书时又逢我国进入决胜全面建成小康社会、决战脱贫攻坚和“十三五”规划即将圆满收官的关键时期，课题组谨以此报告向改革开放40周年献礼！向新时代正掀起的新一轮波澜壮阔的改革开放大潮献礼！希望我们的研究能够为开启全面深化改革新征程贡献自己的点滴力量。如是，则欣慰之至。

中国宏观经济研究院2018年度重点课题“建设充分发挥市场作用、更好发挥政府作用的经济体制研究”课题组

2019年9月

目 录

总 论 篇

综 述 篇

专 题 篇

调　研　篇

总 论 篇

第一章

建设充分发挥市场作用、更好发挥政府作用的经济体制研究

内容提要：建立现代化经济体系，既要有效的市场，也要有为的政府，两方面都不能偏废。推进社会主义市场经济体制改革要厘清政府与市场的关系，实现这一目标的主要路径就是构建市场机制有效、微观主体有活力、宏观调控有度的“三有”经济体制。本章在阐释现代化经济体系科学内涵的基础上，剖析了影响高质量发展的体制性障碍及其成因，提出了以“三有”体制建设为抓手、分阶段推进新一轮经济体制改革的基本思路和实施方案。

党的十九大对新时代建设现代化经济体系做出了明确部署、描绘了清晰蓝图。在习近平新时代中国特色社会主义经济思想的科学指引下，以理顺政府与市场关系为主线，充分发挥市场作用，更好发挥政府作用，通过建立并完善市场机制有效、微观主体有活力、宏观调控有度的“三有”经济体制，必将推动我国经济社会发展产生更广泛、更深刻的历史性变革。

现代化经济体系建设的制度保障
——构建“三有”经济体制

一、现代化经济体系是生产力与生产关系现代化的统一体

党的十九大提出建设现代化经济体系是经济发展的战略目标，推动高质量发展是实现这一战略目标的路径。习近平总书记强调，现代化经济体系，是由社会经济活动各个环节、各个层面、各个领域的相互关系和内在联系构成的一个有机整体。[①] 这一整体包括产业体系、市场体系、收入分配体系、城乡区域发展体系、绿色发展体系、全面开放体系、经济体制等七大组成部分，即六个体系与一个体制（6+1），它们是统一整体，要一体建设、一体推进。

一是现代化市场体系。其应然状态为：市场准入畅通、市场退出便捷，市场开放有序、市场竞争充分、市场秩序规范、市场价格信号真实，市场供求自动调节。市场的微观主体，各类所有制的企业在法律上完全平等，企业自主经营、公平竞争，消费者可以自由选择自主消费、商品和要素自由流动、平等交换。

二是现代化产业体系。其应然状态为：是创新驱动和引领的，而不是自然资源驱动的；是人力资本支撑的，而不是人力资源支撑的；是结构先进自动升级的，而不是比例失衡的；是实体经济、科技创新、现代金融、人力资

① 《习近平在中共中央政治局第三次集体学习时强调　深刻认识建设现代化经济体系重要性　推动我国经济发展焕发新活力迈上新台阶》，人民日报 2018 年 2 月 1 日。

本协同进步的，而不是相互脱节的；是绿色低碳循环的，而不是高消耗高排放高污染的。

三是现代化收入分配体系。其应然状态为：起点公平，各生产要素取得按市场评价得到的要素收入，投资有回报、企业有利润、员工有收入、政府有税收，政府、企业、居民等各主体之间的分配关系比较合理，形成中等收入群体为主体的橄榄型的社会结构。

四是现代化城乡区域体系。其应然状态为：人口、经济、资源环境实现空间均衡，城市化地区高密度高效率集聚经济和人口，农产品主产区主要提供农产品，生态功能区主要提供清洁空气、清洁水源、宜人气候、优美环境等生态产品，将更多的国土空间还给大自然。生产要素在城乡区域间自由流动，实现基本公共服务均等化，基础设施通达程度比较均衡，人民生活水平大体相当。

五是现代化绿色发展体系。其应然状态为：探索一条在不伤害自然生态环境的前提下，实现经济发展、人民全面发展的路径，促进产业结构、空间结构、能源结构、科技创新、生产方式等全方位的绿色转型，加快建设资源节约型、环境友好型社会。

六是现代化开放体系。其应然状态为：产业、市场、城乡、区域是完全开放包容的，在中国境内注册的企业，无论是内资还是外资，无论是国企还是民企，在法律上一视同仁、在政策上平等对待，实现内需和外需协调、进出口平衡、引进来和走出去均衡态势。

七是现代化经济体制。其应然状态为：充分发挥市场配置资源的决定性作用，更好发挥政府作用，形成现代金融体制、财税体制、企业制度、创新体制、人力资本体制、社会保障、宏观调控、政府治理，市场机制有效、微观主体有活力、宏观调控有度。

现代化经济体系与新发展理念的逻辑关系见图 1–1。

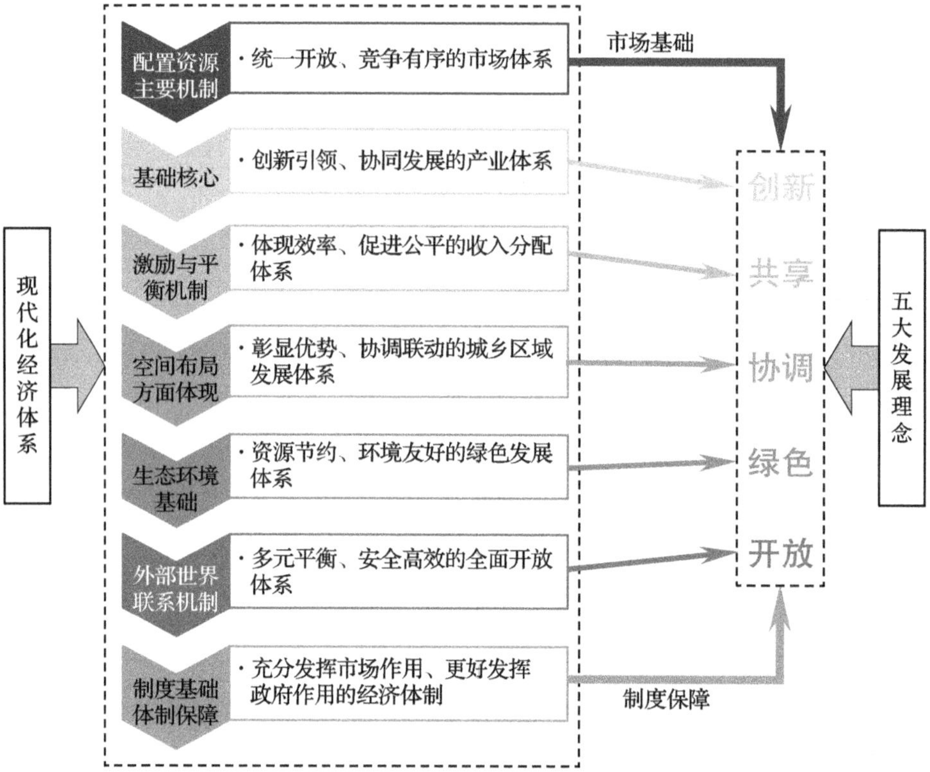

图 1-1　现代化经济体系与新发展理念的逻辑架构图

综上，用公式来表述即：现代化经济体系 = 满足现代化需要的（经济活动行为主体和要素 + 经济结构 + 运行环境 + 经济体制）。因此，现代化经济体系是全面体现新发展理念的经济体系，是生产力与生产关系良性互动的经济体系，是生产力与生产关系现代化的统一体。

二、处理好政府和市场关系是建设现代化经济体系的核心

把握和处理好政府和市场关系，是建设现代化经济体系和增强经济质量优势的总指导原则，是党的十八大以来对社会主义市场经济规律认

识的重大突破，也是习近平新时代中国特色社会主义经济思想的重要内容。

中国经济建设特别是改革开放后所取得的一系列经济发展成就，就是立足于中国经济社会发展运行中的主要矛盾和矛盾主要方面动态变化的客观国情，通过对政府和市场关系动态变化科学规律的深入探索，逐步解答、归纳、反省和升华所取得的。每一次党对政府和市场关系规律的新认识，都必将带来一场经济社会体制的深层次大变革，推动中国经济实现增长模式的一次全新变革。

第一，强调"使市场在资源配置中起决定性作用"和"更好发挥政府作用"并重，是习近平新时代中国特色社会主义经济思想的内核和精髓，是我们党关于政府与市场关系问题的重大理论创新。

一方面，历史发展经验深刻表明，简单迷信市场机制或一味依靠政府功能，都不是推动人类经济社会可持续发展的最优制度安排。特别是对于我们这个处于特定全面赶超发展阶段、面对持续转型升级发展任务、维持社会稳定和谐局面的三重压力的发展中大国，如何把握和处理好政府和市场关系，既不可能从任何一个既有理论体系中找到现成答案，也不可能从其他国家觅得可供直接借鉴的经验，而必须立足自身的基本国情，通过执政党的探索与实践活动逐步获得。

另一方面，现实国情决定了中国必须遵循效率和公平兼顾的增长模式。效率和公平的双重强力约束目标，就决定了我们必须创造出政府和市场机制有机结合的独特发展模式，同时也决定了我国必须始终坚持社会主义和市场机制相融合的独特体制道路。而且，中国特色的"有效市场"和"有为政府"的结合方式和运行机制，以及所衍生出来的国家治理体制，从本质上看，既是适合多数发展中国家国情的创新性制度供给体系，更是具有广泛示范效应的经济发展新理论体系。

专栏　政府和市场关系的演进

自由市场与政府干预两大思潮的分歧与论争，是贯穿西方主流经济学240多年发展演变的主线。从亚当·斯密的“看不见的手”、凯恩斯主义的“看得见的手”，到新自由主义“自由化、私有化、市场化”的主张，再到新凯恩斯主义“市场调节与政府干预的结合”。从西方发达国家市场经济发展史看，资本主义市场经济，其政府与市场的关系是在实践中摸索和不断变化的：在经济发展的较低阶段，政府在外部性突出、确定性较强的领域（如基础设施建设领域）发挥重要作用，为企业发展创造有利条件，支持经济的高速增长；而当大规模基础设施建设时期结束，更多依靠产业升级和创新驱动时，政府就减少对经济活动的直接参与，主要致力于培育有利于创新的制度和政策环境；在某些特殊情景（如应对金融危机冲击）时，政府有必要采取一些行政措施，但转入常规增长后，就要把本应由企业和市场来办的事情交还给企业和市场。总之，在经济发展的不同阶段，政府职能的范围、深度、方式、手段等都有较大的差异。因而想要建立一个一般化的，带有普世意义的市场与政府之间的模型，来解释和解决现实经济运行过程中的政府与市场的关系问题是非常困难的。从这个意义上来讲，构建中国特色社会主义市场经济体制中的政府与市场关系，只能立足于中国的实际，从现实出发，中国也不太可能模仿发达的市场经济体已经形成的某种模式。

历次党代会对政府和市场关系的界定：

- 党的十四大：要使市场在社会主义国家宏观调控下对资源配置起基础性作用
- 党的十六大：在更大程度上发挥市场在配置资源中的基础性作用
- 党的十七大：从制度上更好发挥市场在配置资源中的基础性作用

- 党的十八大：更大程度更大范围发挥市场在配置资源中的基础性作用
- 党的十八届三中全会：市场在配置资源中起决定性作用和更好发挥政府作用（从“基础性”到“决定性”，是中国改革理论具有里程碑意义的一个历史事件）
- 党的十九大：市场在配置资源中起决定性作用，更好发挥政府作用（把“和”改为逗号，表明政府和市场两个资源都很重要，但作用和内涵不一样）

第二，针对中国当前推动高质量发展、全面建设现代化经济体系的总体发展任务，也召唤和倒逼着政府和市场关系的再认识和再调整。

党的十九大报告明确指出，中国经济正处于由高速增长阶段向高质量发展阶段转变的关键期。然而，无论是从继续深化供给侧结构性改革的工作主线来看，还是从加快建设创新型国家的战略支撑来看，当前各级政府在对政府和市场关系的认识和实践方面，仍然存在认知误区和操作行为扭曲现象。这些问题如果不通过顶层设计和具体实践相结合的方式加以统筹解决的话，一方面，我国独一无二的巨大统一市场经济的活力潜力就不能被充分激活，各种创新创业动力就无法被充分激发；另一方面，以发展先进制造业，以及推动互联网、大数据、人工智能和实体经济深度融合为主的新动能就难以实现转变，以实体经济、科技创新、现代金融、人力资源协同发展的产业体系就难以有效形成，现代化经济体系的基础就无法夯实。

第三，积极实施和推进以转变政府职能、优化政府机构设置和职能配置为主的党和国家机构改革，是当前理顺和协调好政府和市场关系的主要改革领域和重要突破口。

无论是从发挥有效市场机制或者激活微观主体活力的角度，还是从构建新型的政府宏观调控政策体系以及提升政府宏观调控能力的角度来看，当前的关键改革突破口，就在于破除各种机制体制障碍以及各种形式的利益藩篱，主动推进国家治理体系和治理能力现代化的深刻变革。

因此，贯彻新发展理念，就是要主动通过党和国家机构的改革和调整，构建出与打造现代化经济体系内在要求相适宜的新型政府和市场关系，实现政府与市场有机统一、优势互补、协同发力，从而充分体现和发挥我国社会主义市场经济体制的特色和优势。一方面，在激发市场机制动力方面，主动调整优化政府机构职能，合理配置宏观管理部门职能，深入推进简政放权，完善市场监管和执法体制；另一方面，在强化政府调控、监管、兜底能力方面，完善公共服务管理体制，强化事中事后监管，全面提高政府行政效能，建设人民满意的服务型政府。

三、处理好政府和市场关系的重点是市场起决定性作用

要让市场在资源配置中起决定性作用，是人类发展实践做出的回答。人类长期的实践形成了两种配置方式，一种是由计划起决定作用的方式，另一种是由市场起决定作用的方式。实践证明，由计划起决定作用的方式，难度大、效益差；而由市场起决定作用的方式则自动性强、作用显著。市场经济已有几百年历史，市场在资源配置中起决定性作用，反映的是市场经济的一般法则，是人类文明的结晶。资本主义国家曾经充分地利用了这种文明，“在它不到一百年的阶级统治中所创造的生产力，比过去一切世代创造的全部生产力还要多，还要大。”① 我国作为世界上最大的发展中国家，40 多年改革开放所取得的巨大成就也已充分表明，要发展社会主义市场经济，实现全面建成小康社会和社会

① 摘自《共产党宣言》。

主义现代化强国的目标，就应该更加自觉地、有效地利用这种人类文明。

由市场起决定性作用配置资源之所以有如此效果，从理论上说是因为市场机制作用的发挥。市场机制包括价格机制、供求机制和竞争机制。这些机制共同作用，不仅实现了资源配置的客观优化，而且推动了资源配置效率的提高。基于此理，今天我国在发展社会主义市场经济中强调使市场在资源配置中起决定性作用，本质上是尊重价值规律，强调市场机制在资源配置中的作用，这有利于树立关于政府和市场关系的正确观念，有利于转变经济发展方式，有利于资源配置效率的提高，有利于政府职能转变。

四、处理好政府和市场关系的关键是更好发挥政府作用

我国是世界上最大的发展中国家，正处于并将长期处于社会主义初级阶段。在这样的条件下发展社会主义市场经济，一方面，政府不能缺位，要致力于完善和发展中国特色社会主义制度，必然要承担为人民谋幸福的使命，要以经济建设为中心，为发展市场经济提供应有的制度、环境、秩序等公共保障。因此，政府作用发挥的好坏，将直接关系到我国全面建成小康社会和社会主义现代化强国目标的实现。另一方面，政府也不能越位，我国曾走过计划经济下政府管得过多过死的弯路，现在的政府职能也正在转变过程中。在政府和市场的关系中，如果政府不能自觉地转变职能，自觉地学会尊重市场经济规律，也必然会束缚市场在资源配置中决定性作用的发挥，甚至走到保守僵化的老路上去。由此可清楚地认识到，处理好政府和市场关系的关键就是要更好发挥政府作用。

不断总结我国的实践经验，借鉴发达国家的有益做法，更好发挥政府作用，就要坚决破除制约“使市场在资源配置中起决定性作用，更好发挥政府

作用”的体制机制弊端，围绕推动高质量发展，建设现代化经济体系，加快推动政府职能转变，加强和完善政府经济调节、市场监管、社会管理、公共服务、生态环境保护等职能。

五、构建“三有”体制是处理好政府和市场关系的主要途径

党的十九大报告指出，着力构建市场机制有效、微观主体有活力、宏观调控有度的经济体制（以下简称“三有”经济体制），不断增强我国经济创新力和竞争力。“三有”经济体制是正确处理好政府和市场关系的细化、实化和具体化，蕴含了市场、微观主体和政府调控之间的科学联系，是构建现代化经济体系的必然要求和基本体制保障。

市场机制有效，是现代化经济体系的首要特征。从我国过去的历史经验和当前的现实情况来看，如何科学厘清市场和政府的边界，始终是经济发展中的核心问题。我国经济常常面临的情况是，政府在经济领域中有时候“手伸得过长”，不仅限制了微观经济主体积极性的发挥，还为权力寻租创设了空间。在一些政府主导的产业计划中，由于政府部门介入过深，一旦对于经济和行业形势评估不足，纠错成本往往十分高昂。但在市场机制有效发挥作用的情况下，微观经济主体通过充分竞争而实现市场优胜劣汰，其成本要小得多。强调市场机制有效，就是要把凡是能由市场形成的价格交给市场，让资源的配置与价格的涨跌和供求变化联系起来，政府不进行不当干预。这就必须进一步破除各种形式的垄断，让反映真实经济情况和供求关系的市场价格能够顺利形成。

微观主体有活力，则是现代经济体系中微观经济主体的应然状态，也是市场机制真正有效的结果。通过市场价格来配置资源，产业和企业必须有竞

争能力和创新能力，从而能够吸引各种资源。而各种资源在选择流向的时候，会自觉遵守比较优势，从而达到自身效用的最大化，这也会使整个经济体系充满创新的活力。要让微观主体有活力，必须完善产权制度和要素市场化配置，从而实现产权有效激励、要素自由流动、价格反应灵活、竞争公平有序、企业优胜劣汰。具体而言，对于国有企业，要深化国有企业改革，发展混合所有制经济，突破束缚企业活力的体制机制障碍；对于民营企业，则要打破行政性垄断，清理废除妨碍统一市场和公平竞争的各种规定和做法，发挥民营企业的积极性。

宏观调控有度，则是要更好地发挥政府的作用。一方面，宏观调控的力度要有自我约束。政府要弱化微观方面的管理职能，进一步放权给市场，积极提升市场的效率。另一方面，宏观调控的方式要有改进。政府要把重心放在强化规范市场秩序和市场监管上。总而言之，宏观调控有度，就是要创新和完善宏观调控，发挥国家发展规划的战略导向作用，健全财政、货币、产业、区域等经济政策协调机制。

正确理解和全面把握“三有”的科学内涵，将是未来一段时间推进经济体制改革的关键。市场机制有效、微观主体有活力、宏观调控有度三者本质上是相互联系、逻辑自洽的。使市场在资源配置中起决定性作用、正确理顺政府和市场的关系，就能够破除当前抑制微观经济主体活力和创造力的障碍，从而转变经济发展方式，加快经济结构优化升级。

建设现代化经济体系的体制性障碍剖析

一、新时代经济改革面临大量新问题、新矛盾

党的十八大以来，中国经济改革面临的环境和改革的内在机理发生了极

大的变化，最为直观的表现在于前期改革开放所带来的改革红利在近 10 年内快速递减，不少地区和部门陷入“为改革而改革”“为寻租而改革”的困境。具体表现在：第一，大量碎片化的改革在不配套、不系统、不协调的情况下陷入改革的僵局之中，政出多门和几龙治水的改革局面导致严重缺乏统筹性、全面性；第二，各类深层次改革已深深触及社会各阶层的实质利益，这些改革的推进必须以部分阶层利益受损为代价，而各阶层利益再协调机制的缺乏导致难以形成改革的共识和一致行动，利益相融的改革路径面临大量技术上、社会上和政治上的问题；第三，政府主导的改革难以从根本上约束政府权力外溢对改革进程的干扰，特别是由于党的十八大以前“管党治党偏宽、偏松、偏软”，出现了“各种利益固化的藩篱”，导致一些利益集团利用制度真空和漏洞来进行大量寻租，产生了不改革、乱改革的新权贵阶层，出现“改革中梗阻”“改革最后一公里难打通”“改革空转”“改革文件化和会议化”“改革行政运动化”等现象。

这些改革新问题的出现和我国经济发展阶段的变化直接相关，标志着中国经济改革面临的核心问题和主要矛盾发生了变化。新时代改革面临的主要矛盾主要体现为：当前各种制度安排和体制建设难以解决当前不平衡不充分发展面临的各种问题，难以落实新发展观，难以解决传统的改革推进方式积累下的资源错配问题，难以真正构建出“市场机制有效、微观主体有活力、宏观调控有度的经济体制”。而这种矛盾的根源并不在于法权意义上制度体系的缺乏——我们在过去 10 多年中已经出台了大量的法规、政令，而在于权力体系决定的利益关系与高质量经济发展所需要的资源配置模式之间存在巨大的冲突。这集中体现在国家治理体系尚未健全，没有很好地约束各类权力，导致潜规则泛滥、政府与市场的张力难以调和，造成各类市场扭曲，致使社会关系的僵化不支持经济关系的调整，同时上层建筑的固化不支持生产关系的调整。

这些新问题、新矛盾与改革开放前30年所面临的问题和矛盾有着巨大的不同。过去的改革主要依赖政府力量进行，政府通过改革计划经济体系、引入价格机制、放权让利、改制国有企业、发展民营经济、建立规制体系以及构建宏观调控体系等一系列举措建立起社会主义市场经济。因此，改革开放前30年主要是“看得见的手”利用政府的强力体系来进行“看不见的手”的建设，政府是社会主义市场经济体系建设的主导者。但是这种政府主导的改革模式有巨大的局限性，也就是难以避免权力拥有者利用改革的不彻底性进行寻租，利用改革的相机决策权来进行非生产性的改革。因此，新时代中国经济改革的主要矛盾不再是以往计划配置模式与市场配置模式之间的冲突，而是特殊利益集团固化的利益关系与彻底改革之间的冲突、局部上层建筑与经济基础之间的冲突。这就决定了未来改革必须通过局部上层建筑的重构和社会基础的转型来促进经济改革，特别是通过党的自我完善和政府自身的改革来校正改革的利益方向，从而打破过去“就市场改市场”“就经济改经济”和碎片化改革的模式，真正步入进一步界定党、政、市场边界的深度改革进程之中。

二、现代化经济体系建设的制度短板

（一）产权制度改革滞后

产权制度改革是对所有制改革的深化，产权制度改革始终是我国经济体制改革中一项绕不开的主题。某种意义上讲，我国的市场经济建设和重点领域的体制机制改革始终围绕着产权制度改革展开。有效的产权保护制度可以保障市场秩序稳定运行，充分激励市场主体活力，提升市场预期，是社会主义市场经济的基石。当前我国的产权制度还不尽完善，相关的法律法规制度有待进一步健全，部分产权的所有、占有、支配、使用、收益、处置等产权权能尚存在制度空白，与现代化经济体系的要求还有相当大的距离。具体表现在以下方面。

第一，各类自然资源资产的产权归属关系和权责还比较模糊。第二，国有资产产权制度不健全、委托代理关系模糊。一方面所产生的关联交易、利益输送等问题，导致国有资产流失现象仍然存在；另一方面企业自主经营权得不到保障，国有企业难以成为市场主体而独立的参与市场活动。第三，农村集体产权制度尚不健全。农村集体产权的确权、交易、流转和退出制度不完善，造成农村集体经济组织成员通过农村集体产权获得财产性收入缺乏制度安排。第四，知识产权制度不完善。职务发明人的权益未得到充分保护。知识产权制度存在明显滞后性，不能适应新业态、新模式、新产品的大量涌现。知识产权侵权成本低、维权成本高的问题特别突出，造成侵权行为屡禁不止，严重损害创新活力。第五，居民财产权未得到充分保护。政府在土地、房屋征收征用过程中随意扩大公共利益范围，补偿数额过低等现象仍大量存在。住宅建设用地使用权到期续期等规则缺乏法律安排。第六，非公有产权未获得平等保护。存在因所有制经济主体身份不同的“同罪异罚”现象，混淆企业法人财产和股东个人财产、违法所得和合法财产、涉案人员个人财产和家庭成员财产，动辄采取查封、扣押、冻结等强制措施的案例时有发生。

（二）要素市场化改革滞后

要素配置方式是一个经济是否有效率、效益的核心。要素市场化配置是市场发挥资源配置决定性作用的重要基石。目前，要素市场化配置的严重滞后已成为影响我国实体经济发展质量和活力的显著因素与制度短板。要素市场发展滞后的种种现象，从总体上关系到市场经济的运行机制。问题的重心大多集中在国有经济部门（包括国有企业、国有银行等）和政府经济管理体制。我国的国有经济部门和政府之间存在千丝万缕的联系，使国有企业和国有银行没能成为真正意义上的市场主体，还需要依靠政府来“吃偏饭”，所以导致政府的管理手段以它为重心来配置资源，这是根源所在。具体表现在以下方面。

第一，普遍存在的多元结构多轨运行。一方面有公开的、透明的、可调控的市场；另一方面还有一个不公开、不透明因而也不可调控的市场。广义的资本市场最为明显，国有银行对社会信用的垄断使信贷资金绝大部分都流向了国有企业，对经济贡献超过三分之二的非国有经济仅能获得有限的信贷支持；既有经过政府批准的规范的证券市场，又有不规范的融资市场。土地市场中有城乡二元的市场分割，又有城市中通过招拍挂等市场手段和通过协议出让或其他渠道获得的土地并存。劳动力市场同样有城乡二元的市场分割，成千上万的劳动力在公开的劳动力市场外自发、无序流动，城市中的劳动力又因为所有制身份而具有不同的市场要求和对待。

第二，价格存在比较严重的扭曲现象。突出的是要素价格形成机制不健全，政府定价范围仍然过多过宽，定价规则不透明，政府存在不当干预。如农林土地制度改革不到位，国有和集体土地同地不同权，加上政府对城市建设用地一级市场的垄断，不仅造成土地价格扭曲和配置低效，而且引发了大量的社会矛盾。

第三，阻碍流动的制度性壁垒仍广泛存在。如城乡或不同城市之间的户籍壁垒和公共服务供给不均等，妨碍劳动力的自由流动，不同形式的就业歧视现象依然存在。资本市场上，交易所和银行间债券市场的参与主体、交易品种和托管清算均未实现统一等。

（三）市场监管体制改革滞后

市场监管是我国政府的重要职能之一。加强和改善市场监管是政府职能转变的重要方向，是维护市场公平竞争、充分激发市场活力和创造力的重要保障，是国家治理体系和治理能力现代化的重要任务。目前，我国市场监管体系建设与市场经济的快速发展还不相适应，市场准入环境、市场竞争环境和市场消费环境问题突出，监管制度、监管机构及其职责方面矛盾凸显，企业信用监管、信息化监管及综合执法监管三大监管机制亟待完善。具体表现为以下方面。

第一，行业准入和退出问题突出。部分项目审批依然存在“隐形壁垒”，一些行业准入往往要求具备较高的业绩经历和资质许可，设定了不合理的较高门槛；且注销责任追究制度尚未建立，不进行注销登记不但不会受到处罚，而且还能减少注销所要耗费的时间和经济成本，造成主动退出成本高、不退出责任小，没有形成退出激励机制。

第二，企业、行业、地方三维度竞争环境问题显著。经济体制转轨仍在进行时，企业制度、分配制度、产权制度等相关配套制度的重建尚未完成，市场中各种行为和秩序还没有形成规范，市场主体繁杂且按照各自利益需求行事，造成整个市场关系复杂和混乱；同时，行政权力对社会经济活动的辖射和管控仍然大量存在，法律法规多是原则性的规定，具体的监管内容和标准多是模糊不清的，给监管主体提供了自由裁量的空间。

第三，市场消费环境仍有大量机制需要健全。长期以来，政府过多关注经济性监管而忽视对社会性监管体制的建立，并且经济性监管中的社会监督力量调动也极为薄弱，社会性监管不足。同时，法律体系中缺乏对规制者的规制以及社会公众对公共权力的监督，广大人民群众与监管主体之间存在着层层的委托代理链条，社会监督成本随着链条的加长而增加。此外，巨额赔偿制度正在着手建立。目前侵权案件普遍处罚力度疲软，有的甚至仍停留在补偿性赔偿这一层面。

第四，监管制度和监管主体矛盾凸显。就监管制度而言，事中事后监管缺乏标准化、规范化的流程和程序设计。同时，市场监管总局虽已成立，但基层工作中存在“上面千条线、下面一根针”的特点，面对不同部门、不同程序的法律规范，一线执法人员难以准确适用，具体执法实践亟待规范。就监管主体而言，政府监管能力的“有限性”与实际推进中监管需求的“无限性”之间的矛盾比较突出。面对新经济跨界竞争、网络效应、平台模式等新特征，“不会监管、不能监管”的问题愈加凸显。

第五，监管机制亟待完善。目前，机构改革配套的业务体系尚未健全，2018 年成立的市场监管总局是多职能、多专业的整合，内部机构职能配置和业务流程的梳理需要按照内在逻辑进行再造。同时，监管实施分级管理后，基层市场监管部门承接了大量当地政府指派的创文创卫、市容整治、社会综治、新农村建设、信访维稳等任务，牵扯基层大量人力物力，使得市场监管执法力量难以集中到市场监管和执法办案上来，市场监管职能的泛化降低了能效。

（四）民营经济发展政策跟进不力

民营企业是建设现代化经济体系不可或缺的力量，已经发展成为稳定就业和推进技术创新的重要主体、国家税收的重要来源、经济持续健康发展的重要力量、企业家成长的重要平台。但长期以来，民营经济发展仍不同程度的面临着“弹簧门”“玻璃门”“旋转门”的“三门”阻碍，权利平等、机会平等、规则平等“三个平等”原则并没有得到充分的体现和落实，公平竞争的市场环境还尚未形成。具体表现为以下方面。

第一，推行负面清单在实践中面临不少困难。对内外资负面清单的认识存在混淆，对内外资负面清单的关系存在错误理解。并且各类负面清单过多过乱，目前试行的《市场准入负面清单（2019 年版）》还需逐步调整。同时，一些地方、一些部门的理念还没有切实转变，甚至在通过负面清单加条目来固化权利。此外，行政审批制度、商事登记制度、市场监管体制、社会诚信体系等保障制度的推进工作还显滞后，导致配套不足。

第二，妨碍统一市场和公平竞争的各种规定和做法在一些地区、领域和行业中仍然存在。在部分领域仍存在不当准入限制，特别是电信、石油、天然气、电力、铁路、金融等领域，民营企业进入面临着诸多限制。另外，在市场分割上，地方保护现象时有发生，突出表现为包含地方保护、指定交易、市场壁垒等内容的政策措施时常出现。同时，市场运行透明度不够，在招标、采购、项目审批等方面竞争规则和透明度低，各种违规操作层出不穷。并且部分服务领域存在行政垄断，开放度不够，价格严重扭曲，真实的成本和效率状况得不到正确反映。以及要素市场发展滞后，生产要素市场多元结构状况严重制约了要素市场化的实现等。

（五）发展规划评估的科学性有待提升

国家发展规划是引领我国经济社会发展的“战略性、纲领性、综合性”的规划，是政府加强和改善宏观调控的重要手段，是履行经济调节、市场监管、社会管理和公共服务职责的重要依据。当前，我们在发展规划实施评估工作方面还存在一些问题，导致发展规划在引领国家发展中的战略性和导向性作用未能得到充分发挥。具体表现为以下方面。

第一，从理论层面看，缺乏完备的理论基础，难以有效指导实践。我国的发展规划评估研究起步较晚，虽然国内一些研究者对规划评估的方法、对象、主体或某一具体规划的评估有不同程度的研究，但发展规划评估缺乏完备的理论基础和系统的科学研究与应用研究，对实践难以形成有效指导。

第二，从设计层面看，存在指标体系滞后，衔接不力等现象。目前规划指标设计多数是基于现有的统计基础，但现行统计指标与国家战略要求不同步。比如党的十九大报告提出，我国经济已由高速增长阶段转向高质量发展阶段，建设现代化经济体系是我国发展的战略目标。当务之急是将长期习惯使用的反映高速增长特征的宏观调控和发展规划指标体系转化为适应高质量发展阶段的指标体系，转化为能体现现代化经济体系的指标体系，建立能反映经济发展质量和动力的全要素生产率的指标计算和发布制度。

第三，从制度层面看，法制化进程滞后，难以保证规划评估实施。我国发展规划领域法制化进程滞后，发展规划评估的法律地位也还不明确。截至目前，有关规划及评估的绝大多数制度安排都是通过国务院、国家发展改革委所发布的各类通知文件以及在部分五年规划纲要中体现，虽然也具有一定的约束力，但并不是正式的法律法规。有关规划评估的组织形式、评估主体、评估内容、监督机制等大都还是探索性和原则性的，规划评估还未真正成为各级政府规划工作必须完成的法定环节，这在很大程度上影响了规划评估的应用效果。由于我国没有专门的“规划法”对规划体系、规划责任等进行总体说明，现行的发展规划制度仅拥有人大全体会议审查和批准的特殊资格，还缺乏权威性、严肃性，这使得规划评估的实施难以得到保证。

第四，从技术层面看，评估体系尚不完善，影响规划评估效果。当前我国发展规划评估主要是评价各个规划领域的进展是否符合规划目标要求，即对规划结果的评估；而完整的规划评估还应包括对效果和实施过程的评估。单纯就规划纲要作评估有明显的局限性，对于五年规划纲要正确的评估离不开对规划体系中全部规划的评估。但目前我国各类规划间衔接协调不足，采取对规划体系进行评估的做法，不但工作量巨大，组织协调难度也比纲要评估大得多，而且各级政府开展规划评估的工作基础和现实条件差异较大，很难对规划评估内容作统一界定，因此，直接影响了规划评估效果。

（六）宏观调控体系仍有改进空间

在中国，宏观调控的内容比较宽泛，除了货币政策和财政政策之外，还包括投资政策、产业政策、土地政策和区域政策等内容，最近又加入了宏观审慎政策等多种新政策。总体来看，新常态以来针对我国经济形势的新特点和新问题，宏观调控不断提出新思路与新方法，为经济的平稳发展做出了非常重要的贡献。但是，我们的宏观调控还存在一些不足，以市场化为导向的宏观调控体系至今尚未真正建立，导致调控效率有所下降。具体表现为以下方面。

第一，我国宏观调控承担的任务过多、目标过于宽泛。表面上，这会给予政策制定者更大的相机抉择空间，使其可以根据经济形势变化而制定最优政策。但实际上，宽泛化目标下的宏观调控政策左右摇摆会使公众难以形成稳定预期，从而导致政策实施效果难以达到预设目标。目标应该少而精，目标过多会导致每一个目标都实现得不够好。按照现代宏观经济理论的建议，应精简宏观调控目标，主要定位于经济稳定和金融稳定这两个核心目标上。

第二，我国宏观调控更多地使用财政政策，而对经济短期波动调节更为灵活有效的货币政策则处于从属地位，这在一定程度上弱化了宏观调控的逆周期调节能力。从中国这些年的宏观政策定位来看，几乎每年都是积极财政政策加稳健货币政策，也间接验证了这一点。

第三，我国宏观调控政出多门、多龙治水，导致在政策协调方面还有较大不足，时常会出现调控力度不足或过度的情况。宏观调控实施主体多元化，虽然协调机制也是有的，但是效果还不够好。有时调控力度过猛，宏观调控政策一实施就一哄而上，用力过度，回调起来很困难，人为加剧了经济波动，易导致经济大起大落。

第四，由于宏观调控体系中包含较多的微观干预手段，以宏观调控之名行微观干预之实的现象时有发生。在去产能过程中就较多地使用了行政手段。另外，过多使用微观干预手段不仅会产生寻租空间，阻碍市场经济发展，而且还会扰乱市场对资源的配置效率，进一步加剧经济波动。

发达国家发展市场经济的经验借鉴与启示

一、产权保护的域外经验与启示

在人类历史和现实生活中，产权占有重要地位。不同的文明、国家与社会在长期历史发展中，形成了风格各异的保护方式。探究域外，尤其是西方国家产权保护经验，对我国进一步加强民主法治建设、加快建设现代化经济体系具有借鉴意义。

（一）神圣不可侵犯的产权观念

西方产权保护的观念，最早可以追溯到其文明的摇篮时期，即古希腊。到了罗马法时期，形成了十分发达的个人财产保护制度。但在西罗马帝国灭亡、欧洲历史进入中世纪之后，产权观念的发展在神学统治下受到了抑制。

直到欧洲商品经济重新兴起、资本主义生产关系萌芽出现，产权观念才重新得以发展。

资本主义革命时期，个人财产在西方人的思想观念里的地位不断上升。财产权被推举到天赋人权的高度，逐渐被赋予物质利益之外的更多意蕴，直至在观念上被神圣化。人们相信，财产权是与生命权、自由权同等重要的基本人权之一，且私有财产神圣不可侵犯。例如，洛克认为财产权是每个人都享有的、与生俱来的、不可剥夺的普遍天赋权利。财产是劳动创造的，只要凝结了人类的劳动，自然物被赋予了非自然的价值，也就理所当然地成为了该劳动者的私有财产。即便是后来，人们通过契约而结成共同体的过程中，这一天赋权利也从未被转让出去。资本主义思想家还认为，人格尊严和个人意志可以通过财产权来表现，尊重财产其实也是尊重人格。比如，康德认为财产权是人格的延伸，产权是个人自由的外部表现，人只是在对财产的绝对占有和支配中才具有人格和价值，“唯有人格才能赋予对物的权利，所有人格权本质上就是物权。物权就是人格本身的权利”。因此，侵犯产权就是侵犯了人格和自由。

西方产权观念还将个人财产权与自由、民主以及限制政府权力联系起来，发掘出了产权的政治意蕴。如洛克认为，政府的核心目的是对公民财产的保护。一个政府如果侵犯公民产权，则不是合法政府。他甚至认为，财产权具有重要和基础地位，生命权和自由权是财产权的延伸。卢梭也将财产作为政治社会的真正基础。他在《政治经济学》里写道：“财产是政治社会的真正基础，是公民订约的真正保障。”由此，产权的正当性得以完全确立，神圣意蕴得以初步阐述。

通过思想家们的论证，个人财产和产权正当性日益增加，神圣色彩日渐浓厚，最终取得了有史以来最高的社会地位和名誉并得到了民众的普遍认可，为当代西方国家产权保护制度的确立提供了理论基础。

（二）异常严格的保护机制

西方大国的兴衰，近代各国的沉浮都证明了这一点：凡是私人产权得到很好保护的国家，总能跨越发展的种种陷阱。史学家们总结英国与荷兰在 17 世纪超越了法国与西班牙的原因时，多归功于对产权的有效承认以及良好的政治法律制度。而良好的政治法律制度，在很大程度上是建立起异常严格的产权保护机制。这种机制保护了各类产权的安全性和持续性，使各类产权主体的合法权益切实受到国家法律的平等保护，让各方主体有实实在在的安全感。

在产权保护观念的影响下，西方资本主义国家纷纷将保护私有财产写入宪法当中。追溯历史，被称为人类历史上第一部宪法性文件的《自由大宪章》，其核心内容就包括产权保障。文件要求限制王权，保护私有财产不受国王任意侵夺，并明确私有财产神圣不可侵犯原则，这被认为是英国乃至世界近代宪法有关私有产权保障的开端。

此后，产权保护原则在美国和法国也陆续得以确立。1776 年美国通过的《独立宣言》深受洛克“自然权利”思想影响，认为私有财产权保障，体现在其自由权和追求幸福的权利之中。为了保护产权，美国国会通过了宪法第五修正案：“未经正当法律程序，不得剥夺任何人的生命、自由和财产。凡是私有财产，非有正当补偿，不得收为公有。”第十四修正案：“各州不得未经正当法律程序即行剥夺任何人的生命、自由和财产。”私有财产权不受侵犯的宪法原则，最终在美国得以确定。1789 年法国《人权宣言》第二条规定：“任何政治结合的目的都在于保护人的自然和不可动摇的权利，这些权利就是自由、财产、安全和反抗压迫。”第十七条规定：“财产是神圣不可侵犯的权利。除非当合法认定的公共需要所显然必须时，且在公平而预先赔偿的条件下，任何人的财产不得受到剥夺。”1799年法国宪法规定，严禁侵犯私人所有权。受英、美、法三国影响，西方各国纷纷立宪明确产权的不可侵犯性。

在西方国家，对于产权的严格保护，不仅是纸面条文，更形成了丰富的法治实践。以土地产权保护为例，在中国购买房产，普通住宅土地使用年限为70年，商业用地年限为50年。而海外地产的土地产权形式则90%以上为永久业权、世代相传。与此同时，法律保护土地租借权。土地租借权分为两种：一种是有年限的租借权，土地契约中明确表明租借期限，每年租金多少及是否有续约权。另一种是无限的永久租借权，租借人每年均须依租约付一定的土地租金，从而永远拥有此土地使用权。所以实际上这类永久租借地与永久业权土地意义上区别不大。在法律中，公民住宅也是自己的隐私保护区，正所谓“风能进，雨能进，国王不能进”。

（三）不无必要的限制条件

在西方国家看来，文明始于产权，始于对公民财产的尊重和保障。财产是公众自我发展和寻求幸福的基础，是否许可个人合法的追求财富，并对这些财富提供强有力的法律保护，不仅对个人意义重大，对社会发展也至关重要。

20世纪以来，西方国家的产权保护在新的历史条件推动下，又有了新的变化。这种变化来源于近代个人产权观念的固有缺陷。由于资本主义经济的快速发展，毫无限制的自由竞争不可避免地引发出种种深刻的矛盾，形式上的公平和自由竞争被实质上的不平等和垄断所代替，经济危机频发、贫富分化严重、阶级对立加剧、社会运动此起彼伏，西方世界孕育着危机。受到社会主义学说的影响，一部分思想家开始注意到现实中的分配不公，他们抨击不择手段追求财富的社会现象，重新考虑个人利益与公共利益的关系，对私有财产的神圣色彩进行淡化，主张对产权的保护需符合社会整体利益。

这种观念反映到实践中，即形成了有保障并依法进行限制的产权保护制度。标志着这一重大历史变迁的里程碑，就是1919年德国制定的《魏玛宪法》。其中第153条第3款规定："财产权伴随着义务。其行使应该同时有助于公共福利"，第156条第1款规定，"国家根据法律，准用有关公用征收的规定，可以给予补偿将适合社会化的私有经济企业变成公有"。自《魏玛宪法》以来，各国宪法中关于产权的规定发生了变化，在继续确认和保障产权原则的基础上增加了一项新的、以宪法规则的方式进行规定的内容，即国家有权对财产依法进行征收和征用，同时给予补偿。例如，1947年《日本国宪法》第29条规定，财产权不得侵犯，私有财产在正当的补偿下，得为公共福利而使用；1947年意大利宪法第42条规定，为了公共利益，私有财产在法定情况下，可有偿征收之；德国基本法第14条规定，财产权负有义务，即其使用应有利于公共福利。为公共利益起见，财产可以征收，征收应依法实行，并依法确定征收方式和赔偿金额。美国一位法律史专家更是概括地说，如果说在19～20世纪之交，财产还意味着权力，那么到20世纪70年代中期以后，财产则在法律上意味着责任。如财产法中增加了生态限制的内容，产权所有者受各种立法限制，不得污染环境。

值得一提的是，西方产权制度出现的这些新变化，绝不是对传统产权观念的否定，而是其在新的历史条件下的发展。毕竟，保护各类产权不受侵犯，仍是西方资本主义国家不可动摇的宪法原则。

（四）小结与启示

时至今日，资本主义国家法律关于产权制度的内容，大致包括三个方面：

一是财产权不得侵犯；二是财产权的行使应该有利于公共福利；三是为了公共利益的需要，在公平补偿的情况下可以征用私有财产。简言之，法律思想的变迁与经济发展是密不可分的，保护条款、限制条款与补偿条款共同构成了西方国家法律对产权的保障与限制，西方社会在财产权和福利权、个人财产与社会利益之间，在寻找一种新的平衡。

二、要素市场化改革的国际比较

目前，我国人均 GDP 已突破 10 000 美元，正处于向高收入迈进的关键时期，面临跨越中等收入陷阱和经济再平衡的双重考验，以日韩为代表的东亚经济体在推进利率市场化改革和再平衡方面的成功经验可供参考借鉴。

（一）日本利率市场化：政府主导的强制性制度变迁

日本属于中央集权制的国家，因此日本的利率和金融改革具有明显的强制性制度变迁的特征，改革是由政府主导推动的。1977 年，日本启动利率市场化改革，从国债利率市场化开始，经历了银行拆借利率弹性化、大额定期存款利率放松管制、小额定期存款利率放松管制、贷款利率完全市场化和存款利率完全市场化的过程，到 1994 年，放开全部利率限制。在此过程中，货币市场和证券市场迅速发展。

日本以国债交易利率和发行利率的市场化作为放开利率管制的第一步。1973—1974 年经济危机过后，日本政府为刺激经济增长，财政支出日渐增加，政府成为当时社会资金的最主要需求者。但是，由于金融市场缺少多品种、大规模的金融资产进入，使市场交易难以形成客观的市场利率。因此，扩大国债发行规模成为日本政府当时最便利的选择。国债发行规模扩大使金融市场交易品种和规模得到了拓展，国债交易利率成为金融市场其他利率的重要基础。

日本以丰富短期资金市场的交易品种作为放开利率管制的第二步。其利率管制主要集中于银行存贷市场和货币市场，因此短期市场利率的形成成为利率市场化的重点。

（二）韩国利率市场化：宏观经济稳定是改革的必要条件

韩国的利率市场化采取稳健的步伐，在中央银行的窗口指导下逐步逐项推进利率市场化。1981—1989 年是韩国利率市场化改革的第一阶段。但是受当时世界政治、经济形势的影响，选择在 1988 年末全面放开对银行和非银行金融机构的利率管制的时机不当。因为 1988 年世界政治、经济局势开始震荡，苏联解体、东欧剧变都在酝酿中，全球通胀高企、美元加速贬值等外部因素潜在威胁着韩国宏观经济环境。韩国的利率市场化改革处于停滞阶段。

1991—1997 年是韩国利率市场化改革的第二阶段。在 1991 年 12 月，韩国的宏观经济形势与 1988 年前后不同，经济增长逐渐放缓，过度资金需求得到遏制，通胀预期得到有效控制。1992 年，韩国市场利率逐渐平缓，使得其与管制利率之间差距逐渐减小。

韩国利率市场化第二阶段的成功是通过战略性引入新的货币市场工具，同时逐步放开已存在产品的管制利率完成的。韩国政府在货币政策和利率政策逐步遵循市场原则的同时，也通过建设和发展货币市场，完善了货币政策利率传导途径。通过这些改革和努力，韩国货币政策调控逐渐转向间接调控。韩国通过改善金融部门基础设施，拓宽了货币市场广度和深度，成功实现了利率市场化改革。与第一阶段改革失败形成鲜明对比，第二阶段韩国商业银行积累了足够的风险定价经验并改善了其财务硬约束指标。韩国在第二阶段利率市场化改革进程中，于1996年建立了存款保险制度，降低了商业银行的道德风险，从而减轻了利率市场化后利率大幅波动对经济造成的负面影响。

（三）小结与启示

东亚经验对我国的启示：改革应循序渐进，要稳步推进生产要素市场化，提高全要素生产率。目前，我国全要素生产率还有很大提升空间，全要素生产率的提高，能够抵消再平衡过程中投资增速下滑对经济增长的拖累，也可以为跨越中等收入陷阱提供必要的经济增长。具体而言，提高全要素生产率需要释放改革红利，清除市场壁垒，放开市场准入，建立统一开放、竞争有序的市场体系，推进生产要素市场化，实现工资与劳动生产率同步提高，稳步推进利率市场化，促进科技和商业模式创新。

三、市场监管体系建设的域外考察

（一）注重信用体系建设和管理的美国模式

美国是市场监管制度发展最完善的国家。美国市场监管的制度和体制是以自由市场经济、联邦制、三权分立和两党政治为基础，以法律体系完善、执行罚则严格、企业相对集中、社会组织发达、诚信系统健全为条件逐步建立起来的，并随着经济发展和社会进步在不断进行调整和完善。受自由市场经济思维影响，绝大多数美国人相信在很多事情上私营部门比政府做得好，相信市场机制能够充分发挥自我调节作用，因此对烦琐手续和政府过度干预非常反感。

美国市场监管体系具有以下特征：以市场机制为基础，政府间接行使监管权力；放松经济性监管，加强社会性监管；监管立法内容细致且操作性较强；独立监管与联合监管相辅相成；监管标准体系完善，指标设定细致入微；处罚规范严格，企业违法成本巨大；注重监管的成本效益分析，充分实现企业信息公开透明，推动失信惩戒和守信激励。以信用体系建设和管理为例，美国对该方面尤为重视，《公平信用报告法》《平等信用机会法》等法律法规非常健全，并以此为基础建立了大量社会信用信息服务机构。主要有三类：资本市场上的信用评估机构、商业市场上的信用评估机构、对消费者信用评估的机构，三类机构职能各有侧重，各自市场的划分十分明确。行业协会影响力较大，比如消费者数据业协会和全国信用管理协会，依据章程和行业规则在各类信用信息服务机构间进行交流、培训、协调，并在行业标准制定、违规行为处罚和企业竞争秩序维护等方面发挥着重要的监督作用。美国信用管理体系有着较为完善的奖罚机制，失信惩戒和守信激励相结合。企业和个人的信用状况有据可查且一清二楚，其信用状况直接决定了其融资成本和融资数量。

（二）法律体系完善、机制健全的日本模式

日本从法律体系构建、机构职能设置到监管理念确立和监管方式的运用，都充分体现出整个市场监管机制的严谨、科学、规范和高效，形成了一个由国家法律规范、政府部门监管、市场主体自律、消费者和社会监督等多层面的市场行为监管体系，确保消费环境安全放心，切实维护消费者权益。日本1968年制定的《消费者保护基本法》是消费者保护法律体系的基本法，其他配套法以及地方条例等30多部，整个法律体系健全完善。国家设有由经济企划厅、经产省等十几个内阁官厅组成的“消费者保护会议”，是负责保护消费者权益的最高行政会议，会长由内阁总理大臣兼任，其任务是审议有关保护

消费者的基本政策措施的规划事宜以及推进政策措施的实施。内阁府设有国民生活局，是负责消费者权益保护工作的行政机关，下设国民生活中心，具体承担搜集整理消费者保护的信息和消费者投诉、从事消费者教育与培训、宣传生活消费知识、处理消费者投诉等。同时，对上市商品进行抽检，通过对商品性能、安全性、经济性和适用性进行测验比较，向政府提供完整的制定产品性能标准和安全标准依据，向消费者提供准确的购物信息，防止虚假广告。

（三）小结与启示

借鉴美国和日本政府对市场监管的经验，对我国有如下重要启示：第一，放松经济性监管，加强社会性监管；第二，完善信用管理体系的法律法规，建立信用基础数据库和诚信档案；第三，构建以预防为主的企业自我约束机制；第四，强化源头监管；第五，重视培养独立自主的消费者；第六，强化行业协会的自律作用；第七，建立强有力的社会监督机制。由此，政府应在依法履行监管职能，创造公平竞争市场环境的同时，注重强化企业的自我管理，发挥行业协会在促进行业发展和规范、维护市场经营秩序中的重要作用，发挥消费者和社会监督的作用，形成由政府监管、企业自管、行业自律、社会监督相结合的“四位一体”长效监管机制。

四、宏观经济调控的国际经验借鉴

发达国家在宏观经济调控上积累了丰富经验，在我国社会主义市场经济的进程中，合理地吸收这些经验对于进一步提高我国的宏观调控水平是很有裨益的。

（一）宏观调控不能墨守成规和因循守旧

以日本为例，过去十几年日本政策效果不佳的一个重要原因在于日本只使用总需求政策，而缺乏供给侧结构性改革的有力配合。具体表现有三点：对僵尸企业的处置做得太差；对金融体系的改革行动太缓慢；对人口老龄化的应对也束手无策。日本案例表明，宏观调控不能墨守成规，一味地依赖传统短期需求管理，也需要实施供给侧结构性改革。事实上，供给侧结构性改革与侧重于需求管理的宏观调控完全可以相互补充、相得益彰。对于存在较多类似结构性问题的当前中国，日本的教训尤其值得吸取与反思。

（二）财政政策效应的发挥取决于具体场景

首先，应对需求冲击的财政投资性支出效应更为显著。供给冲击发生时，扩张需求的财政政策不能够有效发挥作用。比如，两次石油危机时期的宏观经济，财政刺激往往会导致通胀甚至出现滞涨。而当受到需求冲击时，经济增长低于潜在增长率，市场自动调节往往产生持续破坏性，实施财政政策更能发挥作用。美国经济在20世纪五六十年代，财政政策表现上佳，政府大规模投资建设弥补了私人投资的急剧下降，既补充短板，又拉动需求。其次，税收自动稳定器的作用更值得期待。政策设计中，存在一些反周期的财政措施，如累进制的税率设计、通胀指数化的财政支出措施、对低收入群体的转移支付等，在经济上升时期自动起到财政紧缩作用，在经济下降时期自动发挥财政扩张作用。这些财政政策对经济的扭曲作用相对较小。

（三）货币政策工具的使用要兼顾各自特点

运用货币政策时应兼顾各货币政策工具的特点，灵活地将作用强弱、时滞长短、同向或异向的政策搭配。例如，变动法定准备率的作用十分猛烈，其变动将导致所有银行的信用都必须扩张或收缩。因此，发达国家通常很少使用这一政策手段。对于比较缓和的通货膨胀，可以在不提高法定准备率的前提下，依靠限制性的其他政策手段压缩信用、抑制需求。而在剧烈的通货膨胀时，可以提高法定准备率，有力地压缩信用规模，但为了缓和法定准备率所带来过大的冲击力，需要在贴现率和贷款程度方面同时采取稍微宽松的政策限制。又如，中央银行在实行紧的再贴现率政策的同时，在公开市场上买进有价证券，就可以防止因紧的再贴现率政策对各商业银行冲击过猛而引起金融活动和经济增长萎缩。这是一种极为有效的松紧搭配，紧是为了抽紧银根，松是为了防止银根过紧而带来过大的副作用。近年来，美联储十分重视货币政策各手段的搭配，常常是松中有紧或紧中有松，有时甚至是不紧不松，充分发挥了货币政策对经济的调节作用。

（四）小结与启示

西方国家的宏观调控实践充分表明：第一，调控宏观经济既需要需求管理，也需要供给管理；既需要总量调控，也需要结构调控；既需要短期调控以熨平经济波动，也需要中长期改革来解决长期结构性问题；第二，政府单独运用财政政策或货币政策来调节经济的作用是有限的，甚至还会带来一些弊病。只有将二者结合起来，才能取长补短，取得好的宏观经济效果；第三，国外的不同体制决定它们的财政政策与货币政策关系较为复杂，就货币政策和财政政策的相对重要性而言，美国等国家更加依靠货币政策。而我国的财政政策内在时滞较短，同时由于个人收入、地区差异等特异性决定其具有较为明显的结构性特点，通过与结构性货币政策的相互配合将具有更强有力的调控能力。

以构建“三有”体制为抓手推动改革向纵深推进

一、深化新一轮经济体制改革的目标和思路

党的十九大提出了下一步经济体制改革要实现产权有效激励、要素自由流动、价格反应灵活、竞争公平有序、企业优胜劣汰的目标，这就要在以往改革的基础上，继续围绕市场、企业、政府和市场经济的三个基本层面和核心要素，着力推动完善现代市场体系、释放微观主体活力、提升政府治理能力的“三位一体”建设，从而切实把市场和政府的优势都充分发挥出来，让市场更有效、让政府更有为。自然，构建与之相对应的市场机制有效、微观主体有活力、宏观调控有度的“三有”经济体制是推动改革向纵深发展的有力抓手，也是发挥社会主义市场经济体制优势的必然要求。经济体制新“三位一体”的改革思路即：

——完善现代市场体系。重点是深化基础产业领域和土地、劳动力、资本、技术、数据等生产要素市场的改革，放宽准入，鼓励竞争，提高全要素生产率，使市场通过价值规律、竞争规律、供求规律等在资源配置中起决定性作用。

——释放微观主体活力。重点是依法有效保护产权和自由竞争，激发和保护企业家精神；深化国有企业改革，发展混合所有制经济，培育具有全球竞争力的世界一流企业；营造各类企业平等使用生产要素和创新资源的外部

环境，使企业发展更多依托创新驱动；创新社会组织培育扶持机制，提升服务效能。

——提升政府治理能力。重点是强化规划战略导向作用，创新完善宏观调控；推进“放管服”纵深发展，减少审批，理顺事权，提高透明度；加快建立现代财政制度，使政府能够更好地提供公共产品；优化收入分配结构，维护社会公平正义。

二、深化新一轮经济体制改革两大重要任务

之所以把完善产权制度和要素市场化配置作为下一步经济体制改革的两大重点任务是因为：一方面，产权制度是所有制的关键，要素配置方式是一个经济体是否有效率、效益的核心。而社会主义市场经济的本质特征就是先进的基本经济制度与最有效的资源配置方式的结合，抓住了产权和要素配置这两项基础性、引领性的制度改革就抓住了问题的根本。另一方面，这是来自改革实践的必然诉求。随着经济发展从高速增长阶段转向高质量发展阶段，我国仍然面临着发展质量和效益不高，虚拟经济过度膨胀，实体经济发展动力不足，人力资本、科技等高端要素投入不足等诸多问题。而要解决相关问题，势在必行和迫在眉睫的任务是必须加快完善社会主义市场经济体制，核心是通过完善产权制度和要素市场化配置，以实现产权有效激励、要素自由流动。

（一）完善产权制度

通过建立健全一套适合中国国情、适应生产力发展的产权制度，以达到党的十九大提出的实现产权有效激励，在完善产权制度方面主要包括以下

方面。

1. 补齐产权制度中的短板

完善物权、债权、股权、知识产权等各类产权法律法规制度，形成清晰界定所有、占有、支配、使用、收益、处置等权能的完整制度安排，确保各类产权归属清晰、权责明确、保护严格、流转顺畅，更好发挥产权激励对解放和发展生产力的促进作用。

2. 健全完善自然资源产权、国有产权、集体产权、居民财产权、知识产权等制度

要构建自然资源资产产权制度，明确产权主体，赋予修复生态的自然人或法人长期的使用权，根据不同情况允许不同强度的开发。要保障国有资本收益权和企业自主经营权。要全面完成农村承包地、宅基地、农房、集体建设用地确权登记颁证，赋予农户对宅基地充分的用益物权，可以长租、流转、抵押、继承，完善农村集体经济组织成员认定办法和集体经济资产所有权实现形式，健全农村产权交易流转和退出机制。要完善有利于激励创新的知识产权归属制度，明确规定并有效保护职务发明人的产权权益。要完善居民财产权保护制度，抓紧出台住宅建设用地等土地使用权到期后续期的法律安排。要建立企业家充分行使经营权的激励机制，使其得到市场评价的报酬，调动国有企业领导人的积极性。

3. 加强产权保护

从立法上赋予私有财产和公有财产平等地位并给予平等保护。在执法、司法和行政实践中加强对市场主体间产权纠纷的公平裁决。

（二）实现要素市场化配置

以“拆除藩篱”促进要素自由流动，提升土地、劳动力、资本、技术、数据等要素的市场化程度，矫正要素配置扭曲，提升要素配置效率。深化要素市场化改革的途径有以下三个方面。

1．完善主要由市场决定要素价格机制

完善城乡基准地价、标定地价的制定与发布制度，逐步形成与市场价格挂钩动态调整机制。健全最低工资标准调整、工资集体协商和企业薪酬调查制度。深化国有企业工资决定机制改革，完善事业单位岗位绩效工资制度。建立公务员和企业相当人员工资水平调查比较制度，落实并完善工资正常调整机制。稳妥推进存贷款基准利率与市场利率并轨，提高债券市场定价效率，健全反映市场供求关系的国债收益率曲线，更好发挥国债收益率曲线定价基准作用。增强人民币汇率弹性，保持人民币汇率在合理均衡水平上的基本稳定。加强要素价格管理和监督，引导市场主体依法合理行使要素定价自主权，推动政府定价机制由制定具体价格水平向制定定价规则转变。健全生产要素由市场评价贡献、按贡献决定报酬的机制。

2．深化要素市场化配置改革

充分发挥市场配置资源的决定性作用，畅通要素流动渠道，保障不同市场主体平等获取生产要素，推动要素配置依据市场规则、市场价格、市场竞争实现效益最大化和效率最优化。推进土地要素市场化配置，建立健全城乡统一的建设用地市场，深化产业用地市场化配置改革，鼓励盘活存量建设用地，完善土地管理体制。引导劳动力要素合理畅通有序流动，深化户籍制度

改革，畅通劳动力和人才社会性流动渠道，完善技术技能评价制度，加大人才引进力度。推进资本要素市场化配置，完善股票市场基础制度，加快发展债券市场，增加有效金融服务供给，主动有序扩大金融业对外开放。加快发展技术要素市场，健全职务科技成果产权制度，完善科技创新资源配置方式，培育发展技术转移机构和技术经理人，促进技术要素与资本要素融合发展，支持国际科技创新合作。加快培育数据要素市场，推进政府数据开放共享，提升社会数据资源价值，加强数据资源整合和安全保护。

3．健全要素市场运行机制

健全要素市场化交易平台。拓展公共资源交易平台功能。健全科技成果交易平台，完善技术成果转化公开交易与监管体系。引导培育大数据交易市场，依法合规开展数据交易。支持各类所有制企业参与要素交易平台建设，规范要素交易平台治理，健全要素交易信息披露制度。完善要素交易规则和服务。研究制定土地、技术市场交易管理制度。建立健全数据产权交易和行业自律机制。推进全流程电子化交易。推进实物资产证券化。鼓励要素交易平台与各类金融机构、中介机构合作，形成涵盖产权界定、价格评估、流转交易、担保、保险等业务的综合服务体系。提升要素交易监管水平。打破地方保护，加强反垄断和反不正当竞争执法，规范交易行为，健全投诉举报查处机制，防止发生损害国家安全及公共利益的行为。加强信用体系建设，完善失信行为认定、失信联合惩戒、信用修复等机制。健全交易风险防范处置机制。

三、深化新一轮经济体制改革的突破口与优先序

完善“三有”经济体制事关现代化经济体系建设全局，必须做到分清轻重缓急，突出重点，有序推进。在确定改革的突破口和优先顺序时，需要考

虑如下因素：第一，是改革的增长效应，所有改革最终都应当有利于增长，这也是检验改革合理性的基本尺度。在新一轮改革的起始阶段，尤其需要选择那些增长效应明显的改革举措；第二，是紧迫程度，那些矛盾突出、不改将会形成严重制约甚至重大隐患的领域，应当放到优先位置；第三，是达成共识的程度，增加共识将有利于减少和化解改革过程中的阻力；第四，是配套条件，配套条件跟不上，将会拖累改革的深入；第五，是改革措施的不确定性和复杂性，对那些不确定性和复杂性较高的改革，可适当推后，并在前期通过深入调研、精心设计、分散试验等方式做好准备。具体而言，可以归纳出以下三组关联性较强的改革组合。

第一组以完善产权制度和要素市场化配置改革为突破口，同时涉及金融风险防范、精准脱贫攻坚、污染防范治理、发展规划编制、政府职能转变等领域。其特点是紧迫性较强、增长效应明显、复杂性和不确定性在可控范围内。

第二组以推动国有资本做强做优做大和支持民营企业发展为突破口，同时涉及基础产业领域改革、打破垄断促进公平竞争、放宽服务业准入、完善市场监管、管理国有资产、发展混合所有制经济、优化营商环境、转变政府职能等领域。其特点是共识程度较高、确定性较强，但较为复杂。

第三组以健全宏观政策调控体系和完善宏观经济政策协调机制为突破口，同时涉及创新社会管理、财税金融体制、政府职能深度转变等领域。其特点是带动增长的潜力较大，但争议较多，不确定性和复杂程度也较高。

按照这一划分，我们建议未来深化经济体制改革在时间安排上可以分为三个阶段：第一阶段（2018—2020 年）为近期，是全面建成小康社会的决胜阶段；第二阶段（2021—2025 年）为中期，是国家“十四五”规划的实施周期；第三阶段（2026—2035 年）为远期，是基本实现社会主义现代化的发力阶段。具体如下。

近期改革（2018—2020年）：经济由高速增长阶段转向高质量发展阶段，正处在转变发展方式、优化经济结构、转换增长动力的攻坚期。在这一阶段，经济运行中的不稳定性、不确定性和脆弱性比较突出，改革应当服务于"稳增长、调结构、防风险"的政策目标。主要任务是打好三大攻坚战，加快完善社会主义市场经济体制，使各方面制度更加成熟更加定型。重点是推动第一组改革，同时相机推进第二组和第三组改革，暂不具备条件的要做好必要准备。

中期改革（2021—2025年）：经济增长将更多地依靠产业升级和创新驱动，对发展的可持续性也有更高要求。在这一阶段，要使已经开展的各项改革持续深入，主要任务是基本建立比较完善的社会主义市场经济体制。重点将会转向第二和第三组改革，同时持续推动第一组改革走向深入。

远期改革（2026—2035年）：在这一阶段，通过改革创新构建起系统完备、科学规范、运行有效的制度体系，使中国特色社会主义制度的魅力进一步彰显。主要任务是建立与社会主义现代化相适应的完善的市场经济体制，筑牢改革基石、激发发展活力。重点是推动三组改革再升级再深入，将改革理论和改革实践推进到新的广度和深度。

四、深化新一轮经济体制改革的三阶段方案设想

（一）近期改革2018—2020年（全面建成小康社会决胜阶段）：打基础、管长远

到2020年底，以完善产权制度和要素市场化配置为重点推进改革，同时围绕"十四五"规划编制、中美贸易摩擦、打好三大攻坚战等方面同步推进改革，着力补齐重大制度短板，在基础性关键领域和重要环节取得实质进展。

具体而言，要从以下方面着手。

1. 提升发展规划编制实施评估的科学性

要加快发展规划立法进度。通过加快国家发展规划立法工作，保证发展规划的权威性、严肃性。明确规划评估作为规划体系重要组成部分的地位，保障规划评估的实施。并对规划体系、规划责任等进行总体说明，明确有关规划评估的组织形式、评估主体、评估内容、监督机制等内容，使规划评估真正成为各级政府规划工作必须完成的法定环节，保证规划评估的应用效果。

要强化发展规划的引导约束和系统性。通过增强国家中长期规划和年度计划对公共预算、国土开发、资源配置等政策措施的宏观引导、统筹协调功能，实现宏观调控的目标和手段的有机结合，提高规划的引领性、指导性和约束性。加强规划统筹管理，构建层次分明、功能清晰、相互协调的发展规划体系，强化专项规划和区域规划对总体规划、地方规划对国家规划的支撑，提升规划的系统性。

要完善发展规划的全周期评估、发挥不同主体在特定阶段的作用。在备选规划方案的评估阶段，人大和委托的专业第三方机构应该发挥更大作用，以保证筛选后的规划方案是合法合规的最优方案。在规划实施阶段，政府部门和人大应委托第三方机构对规划执行结果进行评估。在规划周期结束后，人大要发挥监督问责作用，独立第三方机构应当成为规划评估的主体，对规划的直接结果和社会效益进行全面评价，并为人大监督提供参考。同时，要将定期评估与动态监测有机结合，强化政府规划部门数据收集和发布机制，并通过与第三方机构建立伙伴关系，建立政府规划部门和专业第三方机构共同参与的动态监测长效机制。

要培育独立的第三方评估主体。必须充分保障第三方评估工作过程的独立性，不做具体内容上的限定。第三方评估应是对政府自我评估的监督，两者必须相互独立。总体发展规划、重大专项规划由人大审批通过，其第三方评估也应由各级人大常委会委托，而不应由政府有关部门委托。第三方独立评估的结果直接反馈到人大或下设的专门委员会，作为政府自主评估的平行独立参考。

要推动发展规划评估与政府绩效评价的衔接，加强规划评估结果的问责性。在公共服务、环境生态和民生领域引入公众满意度评价，建立群众评价和反馈机制。在条件允许的情况下，将规划的实施情况纳入各级党政领导班子和领导干部政绩考核中，将部门实施规划的执行情况纳入部门领导班子和领导干部的绩效考核中。同时，可以将规划实施绩效考核与中央地方巡视组的工作结合，作为全面评估地方工作的重要组成部分。

要引导公众在发展规划评估过程中的参与。通过多种宣传和培训措施，提升公众参与的积极性和能力。对于不同类型的规划，公众参与的形式、内容和作用应有所差异。市县规划最贴近人民生活，可以采取听证会等形式，尽量多地直接听取本地居民意见；技术性、专业性较强的专项规划，则应充分听取各领域专家意见。在引导公众参与规划评估时，要充分发挥公众满意度调查在评估中的作用，提升公众参与的组织化程度。

2．优化应对贸易战短期策略和长期战略

中美贸易摩擦具有长期性和严峻性。贸易摩擦的背后是两个大国间经济、政治、文化、科技、网络、意识形态等领域的全方位综合实力较量。必须清醒地认识到我们在科技创新、高端制造、金融服务、大学教育、关键核心技术、军事实力等领域跟美国的巨大差距，方能科学应对，化危为机。

从短期来看，应遵循“升级—接触试探—再升级—再接触试探—双方妥协”的演化逻辑，边打边谈。在守住“中国制造 2025”等核心利益的前提下，与美方就扩大制造业产品和服务贸易、知识产权保护、放开投资准入限制等

话题等进行磋商。加强和巴西、阿根廷等经济体的合作，调整我国大豆的进口来源地结构，并在国内鼓励使用豆油和豆粕的替代品。同时，联合欧盟、东盟、日韩、南美、非洲与“一带一路”沿线国家，积极寻求 WTO 等国际协调机制，避免贸易战升级扩大。

从长期来看，中美贸易摩擦不宜往民粹主义和民族主义方向引导，而应往形成改革开放共识的方向引导。最好的应对战略是顺势以更大决心、更大勇气推动新一轮改革开放（类似 1960—1980 年的日本、1960—1990 年德国产业升级应对模式），推动供给侧结构性改革、放开国内行业管制、降低制造业和部门服务业关税壁垒、加强知识产权保护的立法和执行、下决心实施国企改革、改革住房制度、建立房地产长效机制、大规模降低企业和个人税负、改善营商环境、大力发展基础技术研发的大国重器等。

3．加快夯实三大攻坚战的体制机制保障

打好防范化解重大风险、精准脱贫、污染防治的三大攻坚战，既是我国需要实现的短期战略目标，也是我国近期工作的重要发力点，更是决胜全面建成小康社会的重点任务。为此，应加快夯实基础补齐制度短板。

从防范化解重大风险来看，要树立风险意识，加强风险监管，地方政府要树立风险意识，应立足自身实际情况，对风险有前瞻性的了解预判，地方政府要因地制宜，制定符合自身情况的风险处置措施，同时加强风险监管，建立政府风险评估与预警机制。要防范化解地方政府债务风险，明确地方政府和国有企业的界限，使地方国有企业的债务风险不会转嫁给政府，加快“僵尸企业”处置和退出工作，深化国有企业去杠杆，继续推进国有企业改革，使国有企业成为合格市场主体，继续规范地方政府融资行为，约束地方政府过度负债，严禁各类违法违规举债、担保行为，逐步形成地方政府债、项目收益专项债券、平台债务和 PPP 融资的多元化融资体系，不断优化地方

政府融资结构。要提高金融服务实体经济的效率，继续推进市场化改革，特别是加快金融等要素市场改革，进一步转变政府职能，减少对微观经济的干预，加快推进国企改革，打破竞争领域存在的各种垄断，优化监管体系，进一步压缩金融套利空间，严厉打击非法集资、金融诈骗等违法活动，加大对小微企业和零售客户等普惠金融业务的支持力度。

从精准脱贫来看，要构建有效外生精准扶贫机制，加快构建多主体、多渠道的社会扶贫资源筹集机制，加快扶贫网络和扶贫信息平台建设，提升社会扶贫资源传送效率。要构建长效内生精准扶贫机制，通过挖掘典型、加强宣传、创新激励、强化培训等方式，阻断“贫困基因”，做到扶贫与扶志、扶智相结合，充分利用当地的资源禀赋和文化软实力，推动特色产品和特色产业发展。要完善精准扶贫目标、监督和考核机制，还需建立健全扶贫开发动态监测机制，形成系统化的农村贫困监测网络，定期实现贫困人口信息互通、资源共享。

从污染防治来看，要建立有效的区域之间、各级政府之间的联防联治机制，完善相应的法律法规政策体系，为区域联防联治提供制度保障，建立区域横向生态补偿机制，实现区域利益平衡，通过优化政府机构设置和职能配置，提高区域联防联控协作能力、统筹协调和监督管理能力，建立各级政府之间的上下有效联动机制，调动地方政府对于环保的积极性。要构建政府、社会和公众三方协同监督机制，增强环境保护督察巡视制度的可持续性，长期保持环境执法的高压态势，将生态环境保护绩效纳入地方政府考核体系，充分发挥社会组织在污染治理和环境保护中的作用，地方政府可以以购买服务的方式加大对社会组织的支持力度，推进环境信息公开，加大地方环境信息公开网络平台建设，鼓励公众和媒体参与环保监督。要运用财税金融等多种调控手段防治污染，通过特定税收抵免，激励微观经济主体主动参与大气污染防治，通过实施政府绿色采购，激励节能减排技术创新与应用，刺激低碳环保产品消费，引导形成环保相关的多元化投融资机制，探索包括绿色债券、引导基金、排污权交易和金融等具体手段。

（二）中期 2021—2025 年（国家“十四五”规划的实施阶段）：抓重点、统全局

这一阶段，应在巩固提升前期改革成果的基础上，围绕国有资本做强做优做大、支持民营企业发展、打破垄断实现公平竞争、完善市场监管、健全宏观调控政策体系和完善宏观经济政策协调机制等六大任务，实现关键性改革新突破。

1．推动国有资本做强做优做大

国有资本做强应该是指要提高国有资本的竞争力及安全性，做优应该是讲要促进国有资本布局优化和流动性提升，做大应该是强调要注重国有资本的保值增值及盈利性。做强做优做大国有资本，改革重点有以下三个方面。

第一，着眼于真正落实以管资本为主的改革要求，完善各类国有资产管理体制。各类国有资产既包括经营型的，也包括非经营型的；既包括金融类的，也包括自然资源资产。要转变为对国有资本的股权管理，更多运用法治化、市场化监管方式。在优化资本布局的前提下，强化国有资本的收益性功能。深化国有资本经营预算制度改革，加快国有资产的资本化、证券化，推动一般竞争性领域的国有资产转变为价值形态的国有资本，加强国有资本投资运营平台建设。

第二，着眼于理顺委托代理关系，改革国有资本授权经营体制。扩大央企授权经营试点，选择具备条件的央企为国有资本市场化运作专业平台，授

权对其所属企业的国有资本履行出资人职责。开展政府直接授权经营改革试点。国资监管机构开展国有资本投资运营公司试点，依法对出资企业行使股东权利，以出资额为限承担有限责任。支持和鼓励地方根据实际情况加大国有资本授权经营体制改革力度。

第三，着眼于国有资本整体配置效率，加快推进国有经济战略性重组，实现国有资本布局优化。按照党的十八大以来明确指出的国有资本战略布局调整方向，国有资本应尽快从成熟的、产能过剩产业退出，投向公共服务和引领未来的战略性领域。建立健全市场化退出机制，加快处置低效无效国有资产。以市场化手段实现国有资本形态转换，向长期资本回报率比较稳定的领域和预期资本回报率趋于高涨的企业流动。以产权和资本为纽带，实施央企重组。

2．支持民营企业发展

民营经济是稳定经济的重要基础，是经济持续健康发展的重要力量，其历史贡献不可磨灭，地位作用不容置疑。要毫不动摇支持民营企业繁荣发展，改革重点包括以下两个方面。

第一，围绕市场准入，全面实施负面清单制度。对市场准入负面清单进行定期审核，及时修订完善。建立市场准入负面清单信息公开机制，向社会公众做到“三公开”，即清单事项设立依据公开、审批流程公开、对清单提出修订意见的权限公开。建立市场准入负面清单动态调整机制，建立负面清单专家库，负面清单事项的调整、增加、删减，由专家评估并出具意见。

第二，围绕统一市场和公平竞争的建设，清理废除妨碍统一市场和公平竞争的规定和做法。深化改革健全要素市场化体系。推动政策进一步落地，对于立即终止会带来重大影响的政策措施要设置合理的过渡期，废除的政策措施清单、调整的政策措施内容、设置过渡期情况以及符合例外规定政策措施的实施期限等都必须及时向社会公布。加强统一的市场监管，对违反《中华人民共和国反垄断法》构成滥用行政权力排除和限制竞争行为的，要向政策制定机关的上级机关发出执法建议函，督促纠正相关政策措施。

3．打破垄断实现公平竞争

目前垄断行业改革呈现异常复杂局面。自然垄断泛化、行政性垄断犹存、市场垄断迭代，多种形式的垄断行为交织，损害消费者利益，抬高经济运行成本，阻碍市场公平竞争。深入推进“破垄”改革可以从以下五个方面入手。

第一，针对不同垄断性质，进行分类改革。极少数需要由政府垄断或管制的特殊行业，要在内部最大限度引入市场机制、提高效率。对自然垄断环节业务，要与其相关的竞争性业务彻底分开，由政府采取技术标准、产品质量、服务水平、产品和服务价格等手段对垄断环节业务进行严格监管，并通过特许经营权拍卖等方式增进其竞争性和效率。对垄断行业中的竞争性业务要开放竞争。对市场自由竞争形成的市场垄断，要严格依据反垄断法来调整企业经营行为，强化与互联网经济相适应的市场垄断规制。

第二，针对消除行政性垄断根基，打破各种形式的行政性垄断和市场分割。深入推进政府职能转变，最大限度减少对微观经济的干预，清理废除基于行政权力的垄断性政策措施，重点清理地方政府制定的包含地方保护、指定交易、市场壁垒等内容的政策措施。深化商事制度改革，降低市场主体的制度性交易成本。

第三，针对新经济并购对创新的影响，有效防止市场垄断。严格规制市场垄断地位的企业操纵价格、划分市场等不正当排斥竞争手段。要高度重视研究互联网经济并购的影响，在保护消费者权利、促进市场有效竞争、保护创新三者间寻求平衡。

第四，针对全面实施市场准入负面清单制度，消除歧视性、隐蔽性的市场准入限制。自然垄断业务除特殊情况外，探索采取招投标等方式，竞争性确定经营主体，允许具备经营资质条件的企业或资本通过公平竞争、合法进入。对保留的极少数行政性垄断行业，在企业层面推行混改，完善公司治理、提高经营效率。对市场垄断企业，要破除不合理的技术和市场壁垒，鼓励更多市场主体在竞争中提高效率。

第五，针对加快确立竞争政策基础性地位，强化反垄断监管。加强竞争政策与产业政策、投资政策、规制政策的协调，不断提升竞争政策在经济政策体系中的地位。进一步完善竞争政策执法机构，建立统一、独立、专业、权威的竞争政策实施部门，降低反垄断执法部门分散执法带来的协调成本。加快反垄断方面的补充立法，针对垄断行为多发的行业以及知识产权等特定问题，结合反垄断工作推进的实际，制订完善相应的反垄断指南。

4. 完善市场监管体系

改革监管体制，创新监管模式，强化监管手段，提升监管效能，切实提高事中事后监管的针对性和有效性，使市场活而不乱。改革重点有以下四个方面。

第一，通过实施公平审查机制，进一步完善市场监管体系。要将涉及市场主体经济活动的所有政策措施纳入审查范围，任何政策出台以后，均需经过公平竞争审查机制的审查，看其是否符合公平竞争的要求。要明确将某些限制竞争情况多发、对竞争影响较大的领域作为重点审查的对象，如市场准入、产业发展、招商引资、招标投标、政府采购、经营行为规范、资质标准等方面的政策措施。要将自我审查与社会监督、责任追究相结合。要将规范增量与清理存量相结合。

第二，通过实施综合监管，进一步完善市场监管体系。要通过机构优化、职能调整来整合体制力量，尽可能把具有关联关系的监管职能归于同一监管部门之下，解决部门间多头执法、权责不清等问题，优化执法资源，提高监管效能，减轻企业负担。要利用现代科技丰富监管手段，加强大数据监管，推动大数据广泛应用，发展大数据信用服务市场。

第三，通过坚持审慎监管，进一步完善市场监管体系。要探索建立鼓励创新的审慎监管方式，对新的发展趋势、新经济、新业态，实行审慎包容式监管，鼓励创新、宽容创新，不让新经济适应旧规则。

第四，通过依靠多元共治，进一步完善市场监管体系。要提高公众对监管政策的参与度，形成政府、社会组织、专家和公众多元共治的监管体系。

5. 健全宏观调控政策体系

进一步健全宏观调控政策体系是完善社会主义市场经济体制的题中应有之义。要发挥财政政策在促进经济增长、优化结构、调节收入方面的重要功能，发挥货币政策在保持币值稳定和总量平衡方面的重要功能。同时，还要发挥消费、投资、区域、产业等政策工具的支撑作用。改革重点有以下六个方面。

第一，从更好发挥财政政策对平衡发展的积极作用入手，加快建立现代财政制度，建立权责清晰（合理划分各领域中央与地方财政事权和支出责任）、财力协调（形成中央与地方合理财力格局，为各级政府履行财政事权和支出责任提供有力保障）、区域均衡（提升区域间基本公共服务均等化水平，提升转移支付促进基本公共服务均等化效果）的中央和地方财政关系。建立全面规范透明、标准科学、约束有力的预算制度，推进全口径政府预算管理，硬化预算约束，明确各级政府对本级债务负责。深化税收制度改革，健全地方税体系，着力完善直接税体系，建立综合与分类相结合的个人所得税制度，推进房地产税立法和实施。

第二，从提升货币政策的适应性和灵活性入手，提高直接融资比重，促进资本市场健康发展，健全货币政策和宏观审慎政策双支柱调控框架。

第三，从增强消费对经济发展的基础性作用入手，壮大消费新增长点，优化消费环境，促进消费质量传统升级，完善价格机制、分配机制、保障机制，更好地激发消费潜能促进消费。

第四，从发挥投资对优化供给结构的关键性作用入手，激发民间投资活力，充分发挥政府投资对社会资本的带动作用，深化投融资体制改革，进一步放宽准入，提升服务，改善环境，强化监管。

第五，从创新完善区域政策入手，以京津冀协同发展、长江经济带、粤港澳大湾区发展战略为引领，推进西部开发、东北振兴、中部崛起、东部优化，推进以人为核心的新型城镇化向高质量发展，完善中国改革开放空间布局。

第六，从精准实施产业政策入手，实行精准的产业政策，在人力资本提升、知识产权保护、科技创新等方面加大投入力度和政策保障力度。

6. 完善宏观经济政策协调机制

保持宏观经济政策的主动性、稳定性和连续性，加快构建以市场化为导向的宏观调控机制，加快完善宏观经济政策决策机制、传导机制和反馈机制，进一步提升宏观调控效率。改革重点有以下五个方面。

第一，从调控目标角度来看，应重在实现经济与金融的双重稳定目标。要逐步减少对“调结构”“转方式”等目标的关注，真正让市场机制发挥主体作用。

第二，从调控工具角度来看，对相关政策实施要把握重点。在确立财政政策、货币政策在宏观调控中的主体地位的基础上，进一步强化货币政策的主导地位，大幅弱化产业政策的宏观调控职能。产业政策的使用要审慎，应按照国家对产业的前途和战略性价值进行判断，而不应与短期经济波动过度关联。

第三，从加强各部门层面的协调角度来看，增强财政、货币、消费、投资、区域等政策工具之间的优化组合。要提高各部门政策的系统性，协同形成调控合力。要加强常规的宏观调控手段与预期管理等非常规宏观政策之间的协调，还要加强宏观政策与结构性政策之间的协调。

第四，从做好顶层设计的角度来看，加强中央和地方层面的协调。中央层面搞好顶层设计，要充分考虑地方实际，最大限度调动地方积极性。地方层面强化对宏观经济政策的理解、执行和传导，引导市场主体积极响应和实现宏观政策意图。

第五，从稳定外部环境的角度来看，加强国际层面的沟通协调。要积极主动参与国际宏观经济政策沟通协调及国际经济规则调整和构建，努力营造良好的外部经济环境。

（三）远期 2026—2035 年（基本实现社会主义现代化发力阶段）：再升级、再深入

经过不懈努力，新一轮改革到 2035 年左右完成，基本实现三大目标：建成产权有效激励、要素自由流动、价格反应灵活、竞争公平有序、企业优胜劣汰的现代市场体系；形成一套行之有效、富有生命力的国资运营模式和治理结构，形成一批行业领先大企业、众多中小企业和若干创新集聚区构成的创新体系；建成职能科学、运转协调、公正透明、依法行政、廉洁高效、人民满意的服务型政府。

推进改革需要把握的若干战略和策略问题

一、深化改革需要政治决心和高层推动

如前所述，经过 40 多年的改革，剩下的多是难啃的“硬骨头”。那些能

够让所有人受益的改革，能够实现帕累托改进的改革基本结束了，有待进一步推进的改革必然涉及不同群体之间利益关系的深刻调整。同时，随着经济发展水平的提高和科技进步，也出现了许多新情况、新问题，需要与时俱进地推动制度和政策创新。在这种情况下，改革的必要性、紧迫性和复杂性前所未有。要以对历史、对人民、对国家负责的高度使命感和勇于担当的精神，以更大的政治决心推进改革，敢于碰硬，攻坚克难。

二、重视顶层设计，坚持谋定而后动

正确处理顶层设计和地方试验的关系，是深化改革的一个重要问题。一方面，对那些事关全局、处在中央和地方政府层面的制度安排，如宏观调控架构、市场监管内容、社会保障模式等，需要精心的顶层设计，建立国家部委共同推进、上下联动的改革工作机制。另一方面，现阶段改革的复杂程度显著增加，有些领域专业性、技术性很强；各项改革之间相互依赖和制约增加，关联性较强；部门利益驱动下的“自我改革”，有可能扭曲基于全局利益的制度安排。因此，下一步改革不仅需要中央强有力的统一领导和协调，对各项重大改革，还应设立改革意识强、专业化水平高的工作团队，深入调研、广集信息、精心设计改革方案；实施中加强跟踪评估、适时修正，尽量减少失误、避免“折腾”。

三、尊重首创精神，给地方基层更大探索空间

市场经济本质上是由当事人利用自身的信息和智慧，通过反复博弈演化而成的。相当多的改革具有较强的复杂性和不确定性，需要通过分散化决策试错，“摸着石头过河”。从实践经验看，地方和基层往往首先遇到问题，也

率先通过探索找到解决问题的办法。以往改革成功的一条重要经验，就是允许地方和基层“先行先试”，取得成功经验后向全国推广。下一步改革应当更加尊重亿万人民群众的首创精神，给地方和基层更大的发挥积极性和创造性的空间，及时比较、鉴别、优化、提升，形成全国性政策。对那些勇于和善于改革的先行者以更多的宽容和支持。对经实践证明行之有效、符合规律的做法，适时上升到必要的法律层面，巩固改革成果。

四、着眼长远、多算新账，正确处理利益关系

不少改革之所以推不动，不是因为不懂改革的道理，而是因为既有利益格局的制约。妥当把握和处理好复杂的利益关系，是推动改革并最终取得成功的关键因素。改革必然要触动既有利益格局，应当着眼长远，少算旧账、多算新账，有必要的妥协，重在形成新的体制机制和利益预期，增加改革共识，使每个通过诚实努力、勤奋工作的人都能获得相应成果，共享改革红利。积极稳妥把握相关改革出台时机、步骤和力度，保持宏观经济和社会大局稳定。

五、创造包容性、宽容性、建设性和参与性的改革氛围

当前社会利益分化，思想观念活跃，信息传播快捷，围绕改革出现多种声音是正常的。应提高对不同意见的包容性和承受力，看准了就要坚定地做下去，不要被不当舆论所干扰。改革需要试错容错，要鼓励探索，允许失败。对探索要予以积极支持，对失败要秉持宽容态度，防止改革中的“领头羊”变成“替罪羊”。唯真改革者不是问。改革既需要批判性，更需要建设性；既

要指出什么是不对的，更要提出什么是对的；既要提出该干什么，更要提出如何能干好。应当把社会各方面的注意力、积极性和创造性，更多地引导到提供建设性意见上来，为新体制建设添砖加瓦。改革是亿万人民群众共同参与的伟大事业，而不仅仅是少数人的事情。要广开言路、拓宽渠道，鼓励社会各界建言献策、支持改革，使改革成为凝聚社会共识、促进社会参与、强化社会信任、改善社会治理的过程。

（执笔人：汪海、王喆）

参考资料

[1] 李克强 . 关于深化经济体制改革的若干问题 [J]. 求是，2014(05)：3-10.

[2] 林兆木 . 关于我国经济高质量发展的几点认识 [J] . 人民周刊，2018 (02)：60-62.

[3] 林兆木 . 着力建设创新引领协同发展的产业体系 [N] . 经济日报，2018-03-01 (014) .

[4] 林兆木 . 中国经济转型升级势在必行 [J] . 经济纵横，2014 (01)：17-22.

[5] 彭森 . 深改五周年对新时代全面深化改革意义重大 [J] . 现代国企研究，2018 (Z1)：26-30.

[6] 彭森 . 经济改革要避免三大倾向 [N] . 人民政协报，2016-12-13 (005) .

[7] 彭森 . 加强改革的系统性、整体性和协同性 [N] . 经济参考报，2013-02-18 (001) .

[8] 杨伟民 . 深入学习习近平新时代中国特色社会主义经济思想　推动高质量发展　建设现代化经济体系 [R] . 时事报告 (党委中心组学习)，

2018（02）：79-97.

［9］杨伟民．以改革的办法校正要素配置扭曲［N］．联合时报，2018-01-05（004）．

［10］杨伟民．解读十九大报告经济体制改革［J］．现代国企研究，2018（Z1）：31-36.

［11］杨伟民．经济领域改革的十大亮点——解读《中共中央关于全面深化改革若干重大问题的决定》［J］．行政管理改革，2014（02）：13-17.

［12］王一鸣．深化改革 建设现代化经济体系［J］．中国经贸导刊，2018（01）：10-12.

［13］王一鸣．向深化供给侧结构性改革聚力加力［N］．学习时报，2016-12-22（001）．

［14］王一鸣．改革创新是市场活力和发展动力之源［N］．人民日报，2014-04-30（007）．

［15］徐善长．要素市场化配置是完善社会主义市场经济体制的关键［N］．中国纪检监察报，2017-12-29（001）．

［16］徐善长．产权制度是社会主义市场经济体制的基石［N］．中国纪检监察报，2017-12-26（001）．

［17］徐善长．关于综合配套改革试验的进展、经验与启发［J］．经济社会体制比较，2013年（06）：31-43.

［18］王昌林．国家强 经济体系必须强［N］．光明日报，2018-02-28（08）．

［19］王昌林．扎实推进现代化经济体系建设［J］．求是，2018（01）：31-33.

［20］王昌林，等．供给侧结构性改革的基本理论：内涵和逻辑体系［J］．宏观经济管理，2017（09）：14-18.

[21] 迟福林 . 改革开放 40 年建立与完善社会主义市场经济体制的基本实践 [J] . 改革，2018 (08)：35–48.

[22] 刘国光 . 中国经济体制改革的方向、目标和核心议题 [J] . 王佳宁 . 改革，2018 (01)：5–21.

[23] 刘伟 . 现代化经济体系是发展、改革、开放的有机统一 [J] . 经济研究，2017 (11)：6–8.

[24] 魏杰 . 建立市场起决定性作用的经济增长方式——党的十八届三中全会关于经济体制改革的若干问题 [J] . 施戍杰 . 经济学家，2014 (02)：5–13.

[25] 郑新立 . 政府和市场的关系：经济体制改革的核心问题 [J]. 求是，2013 (02)：25–28.

[26] 白永秀 . 我国经济体制改革核心重构：政府与市场关系 [J] . 王颂吉 . 改革，2013 (07)：14–21.

[27] 十九大报告辅导读本编写组 . 党的十九大报告辅导读本 [M] . 人民出版社，2017.

综 述 篇

第二章
建设现代化经济体系背景下政府与市场关系理论文献综述

古典经济学家亚当·斯密将市场的作用形象地比喻为“看不见的手”，在他勾勒的自由主义经济制度中，单靠市场就能完全实现资源的最佳配置，个人追求自我利益的同时也促进了社会福利的增长。但是，现实的实践证明，完全竞争的市场体制是无法实现的，无论在欧洲、美洲还是亚洲都是不完全竞争的市场，而且市场本身就存在固有的缺陷，市场也会失灵。市场失灵的存在为政府的介入提供了（必然性和合理性），自20世纪30年代经济危机后，在政府与市场的关系中，政府全面干预市场的理论成为主流以帮助国家度过经济危机。但是面对20世纪七十年代出现的经济危机，凯恩斯主义在“滞胀”面前无能为力，理论界出现了主张要复归自由主义的思潮，如货币学派、理性预期学派、供给学派等。随着美国次贷危机的爆发并向全世界蔓延，人们逐渐认识到片面强调市场作用的自由放任模式有一定的局限性。目前来看，“以市场为主导，同时政府也要适当予以干预”的观点正在被越来越多的人所接受[①]。而我国的经济体制改革正是在坚持马克思主义基本原理和社会主义基本制度的前提下，围绕如何更好地发挥市场和政府在资源配置中的作用展开的。受国外经济思想的影响，结合自身改革实践，围绕政府与市场关系我国思想界也形成了一系列具有中国特色的理论观点。

党的十八大以前关于政府与市场关系的认识与争论

改革开放以前，我国参照苏联模式，实行的是高度集中的计划经济。传统的理论界和政府普遍不承认市场的作用，认为社会主义只能搞计划经济，市场经济是资本主义的产物。计划经济理论是科学社会主义创始人马克思和恩格斯从批判资本主义世界中对未来社会所作的一种设想，马克思和恩格斯提出社会主义计划经济理论有其必要的前提。苏联布尔什维克和中国共产党都曾在革命和建设时期实践了社会主义计划经济思想，但由于受主客观认知的限制，尤其是受教条主义的影响，无论是苏联还是中国在实践社会主义计划经济的过程中，与马恩构想的社会主义计划经济体系形成很大差距，管理体制僵化封闭[②]。苏联模式下的高度集中的计划经济体制缺乏效率，针对这一弊病，虽然苏东社会主义国家先后多次进行改革或调整，但是始终未突破高度集中的计划体制模式，导致改革最终失败。吸取苏联、东欧社会主义国家的教训，我国在推进改革开放过程中，逐渐认识到市场在资源配置中的基础

① 颜鹏飞．关于国家干预主义与经济自由主义两大思潮的再研究——兼论从“社会主义市场经济”到“社会主义调节经济”［J］．外国经济学说与中国研究报告，2015（00）：99-107.

② 谢益桂．改革开放以来中国共产党对政府与市场关系的理论探索［D］．华北电力大学（北京），2017.

性作用，特别是1992年邓小平同志南方谈话后，这一认识逐渐被社会广泛接受。1992年党的十四大的召开正式确立了我国经济体制改革的目标。会议明确提出，“我国经济体制改革的目标是建立社会主义市场经济体制，以利于进一步解放和发展生产力”“就是要使市场在社会主义国家宏观调控下对资源配置起基础性作用”。

但是，21世纪初期，面对我国经济发展方式转型举步维艰，腐败蔓延等日益加剧的矛盾，围绕政府与市场关系问题，再次引发了一场理论界大争论。一种观点认为，这些矛盾之所以发生，是因为存在着许多“体制性障碍”。解决的办法是推进市场经济改革，克服这些“体制性障碍”。另一种观点认为，这些矛盾之所以发生，是因为改革出现了市场化的方向错误，纠正之法就是加强政府和国有企业对经济和社会的管控。随着后一种观点在全球金融危机爆发后相当活跃和某些逆改革方向的行为出现，各种争论非但没有消减，反而日益激化（吴敬琏，2012）[①]。最终爆发了理论界著名的“中国模式”之争及林毅夫与张维迎的“产业政策”之争。

2008年美国金融危机爆发直至演变为世界经济危机，中国通过政府强刺激干预短期内仍然保持很高的经济增长率。在此背景下，引发了学术界对“中国模式”的争论。争论大致分为几派，一派不仅认为存在“中国模式”，而且对“中国模式”大加赞扬，许多人持这种观点。例如，张维为（2008）[②]认为，中国形成了自己的发展模式。中国模式具有几个特征，即稳定优先、民生为大、渐进改革、强势政府。另一派不仅否认存在“中国模

① 吴敬琏．中国的发展方式转型与改革的顶层设计［J］．北京师范大学学报（社会科学版），2012（05）：5-13.

② 张维为．关于中国发展模式的思考［J］．学习月刊，2008（02）：4-5.

式”，还认为此论很危险。高尚全（2009）[①]认为，不能把应对危机的政府行政主导的政策措施，用“中国模式”加以固定下来。政府政策的重点在于撬动市场，而不是代替市场。强调“中国模式”，容易理解为中国改革已经到位了、定型了，不需要再深化改革了。李泽厚（2009）[②]指出，如果把目前的做法变成长期的制度，如果把现在走的路固定下来，说这就是“中国模式”，太危险了。“中国模式”就是要巩固目前的政策与制度，因此是非常错误的。不管是知识界还是政界，都应该保持清醒头。袁伟时（2010）[③]指出，所谓的“中国模式”的特点，就是强调政府作用，强调政府介入经济。在中国政治体制改革明显滞后的情况下，盲目歌颂所谓的“中国模式”，这是很危险的。兰日旭、钟慧心也认为，用“中国模式”来概括当前中国经济、政治、文化等方面尚未定型的经验，还不如用“自我重塑”来得更为恰当和形象。还有一种观点对“中国模式”做出不同的解读。例如，燕继荣（2014）[④]指出，这种模式包含了许多要素，如市场经济、一党执政、贤人政治、政府主导、举国体制、运动式管理、GDP 锦标主义、出口导向的发展战略等。后发国家的经验显示，以威权体制、政府主导为特征的经济发展模式，对于完成经济积累和起飞可能是有效的，但它作为一种非均衡发展模式，在取得巨大经济成就的同时，也付出了沉重的代价（民权、环境、腐败、协调发展、对外依赖性等）。恰当的态度应当是：少谈奇迹，多谈问题；少一点骄傲自满，多一点忧患意识；少一点畏葸不前故步自封，多一点锐意进取改革创新。

---

① 高尚全 . 为什么要坚持改革的方向不动摇［EB/OL］.（2009-06-29）［2019-11-15］. http://dangshi. people. com. cn/GB/144956/9558095. html.

② 李泽厚 .“提倡一个并不清楚的东西是危险的”——关于“民族主义”的对谈［J］. 同舟共进，2009（12）：26-29.

③ 袁伟时 .“中国模式”？太早了！［J］. 社会观察，2010（12）：103.

④ 燕继荣 . 现代国家治理与制度建设［J］. 中国行政管理，2014（05）：58-63.

2016年8月25日，张维迎在亚布力中国企业家论坛2016年夏季峰会上发表演讲，主张废除一切形式的产业政策。9月13日，林毅夫教授发表文章，观点鲜明地针锋相对。对此，张维迎又对此作出了回应。随后，针对张维迎的批评，林毅夫进行了逐条反驳。张维迎认为，由于人类的认知局限和激励机制的扭曲，技术和新产业是不可预见的，因此产业政策注定是失败的。张维迎甚至主张“废除任何形式的产业政策，政府不应该给任何企业、任何行业任何特殊的政策”。林毅夫则认为，不管是发达国家还是发展中国家，产业政策都是经济发展的必要条件。主要理由有两条：第一，任何国家的资源都是稀缺的，政府必须优先扶持某些对经济持续发展具有最大贡献的产业；第二，企业家需要政府帮助来克服外部性和协调问题。争论的交点在于“发展经济是否需要产业政策推动”，实质是如何看待政府“有形之手”与市场“无形之手”的关系。两位经济学家的争论惊动了整个理论界，很多学者参与进来。王勇（2016）[①]指出，讨论产业政策，就必然要提及市场缺陷。假冒伪劣有毒牛奶、地沟油等现象的普遍存在，说明法律的规范、政府的干预都是必不可少的。傅晓岚（2017）[②]认为，主要基于日本韩国经济起飞的经验而总结出来的产业政策理论，其产业政策的成功基于一个重要条件：即一个信息充分而且有能力做出正确决策的政府；一个有效率、有执行力的政府。但事实上，政府同样面临着信息不对称以及政府能力局限性的问题，限制了其做出最有效最合理决策的能力。聂辉华（2017）[③]认为，产业政策既有成功的案例，也有失败的案例。对于模仿型产业政策，后发国家在追赶过程中仍然需要，但是对于前景不明的探索型产业政策，一定要谨慎使用，应该将产业的选择权交给市场。

---

① 王勇．新结构经济学视角下，产业政策何为？［N］．社会科学报，2016-12-22（001）．

② 傅晓岚．中国“国家创新体系”的未来：共创造、谋引领［J］．商业观察，2017（06）：53-57．

③ 聂辉华．产业政策的有效边界和微观基础［J］．学习与探索，2017（08）：110-117+2．

党的十八大以来关于政府与市场关系的再认识与深化

自2012年党的十八大召开以来，特别是党的十八届三中全会通过的《中共中央关于全面深化改革若干重大问题的决定》指出，全面深化改革的重点是经济体制改革，核心问题是处理好政府和市场的关系，使市场在资源配置中起决定性作用，更好发挥政府作用，从而对“市场起决定性作用还是政府起决定性作用”这一根本性的思想理论问题起到了正本清源的作用。在此基础上，不少专家学者继续深入研究，为全面深化改革、处理好政府和市场的关系提出了新的、值得借鉴的理论观点，进一步丰富了相关研究成果，完善了中国特色社会主义政治经济学思想理论体系。

一、“有效市场”与“有为政府”

林毅夫（2013）[①] 根据“二战”后发展的经验得出，少数成功的经济体都有一个共同的特点：在经济发展和转型中既有“有效的市场”，也有“有为的政府”。前者是因为企业追求的是利润，只有在充分竞争、完善有效的市场体系之下形成的价格信号，才能使企业家按照当时要素禀赋所决定的比较优势进行技术、产业的选择，从而使整个国家具有竞争优势。后者是因为基础设施和上层制度的完善不是一个企业家所能单独推动的，必须由政府来组织协调相关企业的投资或由政府自己提供这方面的完善措施。另外，政府还需补偿技术创新、产业升级过程中先行企业所面对的风险和不确定性。对于转型

① 林毅夫 . 政府与市场的关系［J］. 国家行政学院学报，2013（06）：4-5.

中国家，有为的政府尤其重要。赵振华（2015）[①] 认为，政府关键是做好“规则”的制定者，更好发挥监管职能。通过简政放权转变政府职能，把该放的权放开、放到位，把政府该管的事情管好、管到位。实现政府职能转变，最终还需靠法治。

二、“三维市场经济”理论

史正富（2017）[②] 认为，中国特色市场经济是三维市场经济，改变了政府与市场的二元对立，代之以中央、地方与企业之间的三元互动，从基本结构上超越了西方常规市场经济。中国当前的经济制度，既属于市场经济，与西方经济制度有共性，又超越了西方常规市场经济，具有中国自主制度创新的个性。

三、当前改革的主要问题仍是进一步发挥市场作用

林兆木（2013）[③] 指出，市场经济之所以能够使资源配置以最低成本取得最大利益，是因为在市场经济体制下，有关资源配置和生产的决策是以价格为基础的，而由价值决定的价格，是生产者、消费者、工人和生产要素所有者之间在市场资源交换中发现和形成的。但是，现行经济体制仍然存在不少束缚市场主体活力，以及干扰、阻碍市场和价值规律起决定性作用的体制机制弊端。我国经济体制改革的起始点是政府高度干预的计划经济；当前改革

---

① 赵振华 . 新常态：中国经济增长极限？［N］. 学习时报，2015-03-09（004）.

② 史正富 . 中国经济学理论要突破西方经济学范式［J］. 济南大学学报（社会科学版），2017，27（06）：13-18.

③ 林兆木 . 使市场在资源配置中起决定性作用［N］. 光明日报，2013-11-29（002）.

开放所要解决的主要问题，也仍然是进一步发挥市场机制作用，解决政府对经济干预过多、干预不当和监管不到位的问题，因此提出使市场在资源配置中起决定性作用。但这绝不是说市场是万能的、可以把一切交给市场、所有领域市场化；更不是认为政府对市场可以撒手不管。

四、市场决定性作用和更好发挥政府作用是一个有机的整体

针对有人在解读党的十八届三中全会精神时只提尊重市场规律、实行市场化改革，不提加强宏观调控等误读，刘国光和程恩富（2014）[①]认为，市场决定资源配置是市场经济的一般规律，但社会主义经济决定资源配置的是有计划按比例发展规律，需要将市场决定性作用和更好发挥政府作用看作一个有机的整体。既要用市场调节的优良功能去抑制“国家调节失灵”，又要用国家调节的优良功能来纠正“市场调节失灵”，形成高效市场（即强市场）和高效政府（即强政府）的“双高”（或“双强”）格局。

五、市场作用主要在微观领域，政府作用主要在宏观领域

刘国光（2014）[②]认为，市场在资源配置中起决定性作用，应该限制在微观层次。而政府职能如行政审批等的缩减，也主要在微观领域。至于宏观

---

① 刘国光，程恩富．全面准确理解市场与政府的关系［J］．毛泽东邓小平理论研究，2014（02）：11-16+91.

② 刘国光．准确理解社会主义市场经济中市场与政府、市场与计划的关系［N］．中国社会科学报，2014-07-16（A04）.

层次上的资源配置问题，政府要加强计划调控和管理，不能让市场这只“看不见的手”盲目操纵，自发“决定”。对市场提供服务、实施监管、做“守夜人”的责任，政府还是责无旁贷的。这样来理解社会主义市场经济中“政府”与“市场”或“计划”与“市场”的关系，符合马克思主义经济学原理，更加有利于坚持既是“市场经济”的又是“社会主义”的改革方向。卫兴华（2016）①针对泛化市场决定作用的言论指出，应由政府监管市场，由宏观调控调节市场运行，而不是反过来由市场决定政府的监管和宏观调控作用。

最新研究进展

目前，“让市场在资源配置中起决定性作用”、进一步推进产品市场化特别是要素市场化领域改革，已经基本取得广泛共识，当前的研究成果更主要的集中在如何更好地发挥政府作用，学界形成许多新的看法，主要有以下观点。

一、为政府权力设定边界

杨瑞龙（2018）②提出，要把握好党的十九大报告中所讲的宏观调控有度，就需要合理界定政府与市场之间的权力边界，政府不要失位、错位，更

---

① 卫兴华．着力于发展生产力和发展社会主义生产关系的统一［N］．福建日报，2016-10-11（009）.

② 杨瑞龙．建立现代化经济体系必须处理好政府与市场之间的关系［J］．经济理论与经济管理，2018（01）：18-20.

不要越位。韦森（2018）[①]认为，只有管住了政府的权力，我们才能真正建立起法治化、规范化和良序的市场经济体系。换句话说，只有政府的权力得到实质性的制衡和监督，被关进了各种适当的“制度的笼子”里，中国才能形成一个良序的、公正的、法治的市场经济。他一再呼吁，政府内部权力制衡这一现代民主政治建设的核心问题，首先是预算民主问题。预算民主政治的建设，应当成为中国下一步经济与政治体制改革的逻辑起点。加强对政府全口径预算决算的审查和监督，是未来中国民主政治建设的一项重要任务。张晓晶等（2018）[②]认为，要旗帜鲜明地消除扭曲，切实发挥市场在配置资源中的决定性作用，摒弃对待扭曲问题上的保留和犹豫态度，而减少和纠正扭曲很大程度上是探索政府和市场边界的过程。

二、以公共服务型政府建设为重点的政府治理

迟福林（2017）[③]认为，关键是推进以公共服务型政府建设为重点的政府治理。这就要求围绕“放权”“分权”“限权”，推进以公共服务建设为中心的政府转型，形成有效的政府治理结构。“放权”包括向企业放权、向社会放权、向地方放权。目前向企业放权已经比较成熟；向社会放权亟待加强，一方面社会组织的行政化色彩太浓，另一方面民间行业组织发展严重不足；向地方放权有待中央地方事权、财权关系理顺以后进一步规范。当前，以放权破题政府职能转变、加快行政审批制度改革，已成为本届政府加快政府职能转变的重点。“分权”就是行政范围内决策权、执行权、监督权既相互制约又相互

① 韦森．中国经济增长的真实逻辑［J］．复旦学报（社会科学版），2018，60（02）：182.

② 张晓晶．扭曲、赶超与可持续增长——对政府与市场关系的重新审视［J］．领导决策信息，2019（05）：18.

③ 迟福林．加快推进政府监管变革［N］．中国经济时报，2017-03-30（005）.

协调的行政运行机制。“限权”就是实行政务公开，让权力在阳光下运行，这是把权力关进制度笼子的根本之策。只有把权力制约权力和社会广泛的监督权力结合起来，才能找到“限权”的有效路径。

三、必须要转变政府职能

田国强（2017）[①] 认为，中国下一步改革的关键在于实现政府职能的两个根本转变：一是从行政干预过多的全能政府向让市场充分发挥作用的有限政府转变；二是从与民争利的发展型政府向公共利益服务型政府转变。然而，政府职能转变并非易事。杨春学（2018）[②] 认为，未来政府职能转变的重点是着力解决政府干预过多和监管不到位问题。如果说以前阻碍市场经济发展的是旧体制，那么现在阻碍中国市场经济体制发展的主要是政府权力的滥用。这类问题的根源在于官员拥有的权力太大且无有效约束。因此，关键还在于通过细致的制度设计，把“权力关进制度的笼子里”。

结　　论

实际上，关于政府与市场的关系，习近平总书记有着一系列深刻的论述。这些论述立意高远，内涵丰富，思想深刻，准确回答了我国经济体制改革往哪里去的问题，具有十分重要的指导意义。在中央财经领导小组第五次会议上，习近平总书记指出：“市场起决定性作用，是从总体上讲的，不能盲目绝对讲市场起决定性作用，而是既要使市场在配置资源中起决定性作用，又要

① 田国强 . 改革与不改革　差别有多大［N］. 解放日报，2017-08-29（013）.

② 杨春学 . 政府与市场关系的中国视野［J］. 经济纵横，2018（01）：19-21.

更好发挥政府作用。有的领域如国防建设，就是政府起决定性作用。一些带有战略性的能源资源，政府要牢牢掌控，但可以通过市场机制去做。”在党的十八届中央政治局第三十八次集体学习时，习近平总书记进一步指出：“市场作用和政府作用是相辅相成、相互促进、互为补充的。要坚持使市场在资源配置中起决定性作用，完善市场机制，打破行业垄断、进入壁垒、地方保护，增强企业对市场需求变化的反应和调整能力，提高企业资源要素配置效率和竞争力。发挥政府作用，不是简单下达行政命令，要在尊重市场规律的基础上，用改革激发市场活力，用政策引导市场预期，用规划明确投资方向，用法治规范市场行为。”党的十九大进一步重申“使市场在资源配置中起决定性作用，更好发挥政府作用”。目前，中国正处于实现“两个一百年”奋斗目标、建设现代化经济体系和实现高质量发展的关键时期，处理好政府与市场的关系，对于中国特色社会主义建设和经济体制改革具有重大意义。改革开放已 40 多年，回顾我们已取得的辉煌成绩正是基于对政府与市场关系认识的不断深化与理论创新；展望未来，在习近平新时代中国特色社会主义思想的指引下，随着经济建设实践的深入，必然会有一大批更新更深刻更丰富的理论成果诞生。

（执笔人：赵栩）

参考资料

[1] 习近平．习近平谈治国理政［M］．外文出版社，2014.

[2] 习近平．习近平谈治国理政（第二卷）［M］．外文出版社，2017.

[3] 黄世坤．“市场决定”新背景下政府与市场关系研究述评［J］．社会科学辑刊，2014（06）：23-31.

[4] 曹冬英．当代中国政府与市场关系的演变及优化途径［J］．江淮论坛，2018（01）：118-122.

[5] 张杰．把握好政府和市场关系是建设现代化经济体系的关键 [J]．南京财经大学学报，2018 (02)：82-87.

[6] 宗良．政府与市场“两只手”的有机结合——宏观经济理论历史演进、未来路径与理论模型 [J]．金融论坛，2018 (04)：63-69.

[7] 金宇超．产业政策中的资金配置：市场力量与政府扶持 [J]．财经研究，2018 (04)：28-40.

[8] 王尚君．从政府与市场关系角度理解现代化经济体系 [J]．贵阳市委党校学报，2018 (01)：56-61.

[9] 吴练达．市场创新功能视角下的政府与市场关系——重构理解政府与市场关系的理论框架 [J]．天津商业大学学报，2018 (01)：55-58.

[10] 林影清．政府在市场机制下的干预策略研究 [J]．中国集体经济，2017 (34)：34-40.

[11] 刘洋．政府与市场关系及其作用的边界 [J]．中国商论，2016 (36)：17-19.

[12] 张维宸．政府与市场对接是当务之急 [N]．中国国土资源报，2016-12-20 (012).

[13] 汪同三．如何处理好政府与市场的关系 [J]．新金融，2016 (12)：9-12.

[14] 赵士刚．习近平关于政府、市场和社会同向发力的论述及意义 [J]．党的文献，2016 (06)：41-47.

[15] 朱静．现代市场经济条件下政府经济管理职能转变的实现 [J]．品牌（下半月），2015 (12)：11-13.

[16] 白山稳．经济新常态下政府和市场关系研究 [J]．全国商情（经济理论研究），2015 (24)：93-96.

第三章

建设现代化经济体系　理顺政府与市场关系

——党的十八大以来深化经济体制改革实践进展综述

内容提要： 关于政府与市场关系的思想是习近平新时代中国特色社会主义经济思想的重要组成部分，是中国特色社会主义理论体系的重要成果。政府与市场并不是天然对立的，在改革实践中要在把握一般规律的前提下，因时、因势、因地、因事正确处理政府与市场的关系。通过总结党的十八大以来关于政府和市场关系的改革实践，挖掘并展现本研究的重大现实意义。

关于政府和市场关系的思想，是习近平新时代中国特色社会主义经济思想的重要组成部分，是中国特色社会主义理论体系的重要成果，丰富了中国特色社会主义政治经济学。它是对政府和市场关系理论的传承和发展，并在坚持和运用辩证唯物主义世界观和方法论的同时，以坚持党的领导、坚持以人民为中心、坚持解放和发展生产力、坚持社会主义市场经济为重大原则，实现了重大理论创新，充分体现和发挥了我国社会主义市场经济体制的特色和优势，激发了政府和市场的活力。系统梳理党的十八大以来厘清政府和市场关系的改革实践，具有重大现实意义和时代价值。

构建市场机制有效的经济体制改革实践

根据党的十九大报告“贯彻新发展理念，建设现代化经济体系”的战略要求，全国上下集中全力开展“着力构建市场机制有效、微观主体有活力、宏观调控有度的经济体制”的改革实践，这是我国跨越关口的迫切要求和我国发展的战略目标。建设现代化经济体系，不仅是生产力的现代化，而且是经济关系和经济体制的现代化。市场、企业、政府是市场经济的三个基本层面和核心要素，根据市场经济发展规律、实践经验和我国现实状况提出的构建“三有”经济体制，既是现代化经济体系的重要组成部分，又是它的体制保障。而构建“三有”经济体制、全面深化经济体制改革的核心，就是要处理好政府和市场的关系，切实把市场和政府的优势都充分发挥出来。

一、实现要素市场化配置

经济体制改革必须以完善产权制度和要素市场化配置为重点，实现产权有效激励、要素自由流动、价格反应灵活、竞争公平有序、企业优胜劣汰（徐善长，2017）。

（一）加快要素价格市场化改革，深化要素市场改革

党的十八大以来，我国在要素价格形成机制改革上取得了突破性进展。

油、气、煤等改革不断推进，政府定价范围大幅缩减，以“准许成本 + 合理收益”为核心的科学定价制度初步建立；国家发展改革委出台了《关于全面深化价格机制改革的意见》（发改价格〔2017〕1941 号），对未来几年的价格改革做出了全面部署，聚焦垄断行业、公用事业和公共服务、生态环保、农业、涉企收费、市场价格监管等七个方面，充分发挥市场决定价格作用。①

（二）深化国有企业和国有商业银行改革，转变政府职能

以国有商业银行改革为例，通过治理结构变化、资产负债表健康化和流程改造，使其成为真正意义上的市场经济主体，通过竞争等市场手段平等获得要素资源，且以服务实体经济为根本。②

（三）持续深化“放管服”改革

充分发挥市场监管部门职能作用，建立健全与“放权”相配套的事中事后监督考评机制，实现治理过程更加公平公正公开，变“烦苛管制”为“高效监管”。③ 尤其是《国务院关于印发 2016 年推进简政放权放管结合优化服务改革工作要点的通知》（国发〔2016〕30 号）文件印发后，提出 15 项具体工作要点，着力降低制度性交易成本，激发市场活力和社会创造力。截至 2017 年 6 月共取消下放国务院部门行政审批事项 618 项，提前完成本届政府减少三分之一行政审批事项的目标，清理规范 323 项国务院部门行政审批中介服务事

---

① 匡贤明 . 完善市场决定价格机制，要素价格改革更关键［EB/OL］. 新京报（2017-11-16）［2019-09-09］.http://epaper. bjnews. com. cn/html/2017-11/16/content_701828.htm？ div=-1.

② 谢玮 . 企稳革新，国有大型银行战略转型［J］. 中国经济周刊，2017（046）：44-46.

③ 李叶妍，张中祥 .“行简政之道”须“干字当头”［J］. 中国经济报告，2017（04）：43-44.

项、434 项职业资格许可认定事项，中央层面累计取消、停征、减免收费 543 项，全面公布地方政府权力和责任清单。①

二、打破垄断实现公平竞争

国务院发展研究中心课题组提出新形势下八个重点改革领域，其中“以打破垄断、促进竞争、重塑监管为重点，加快基础产业领域改革”“以重新界定职能、国有资产资本化为重点，深化国有资产管理体制改革”及“以服务业开放为重点，深化涉外经济体制改革”与本书中的“实体经济发展”相关体制改革密切相关。这与党的十八届三中全会《关于全面深化改革若干重大问题的决定》高度一致。

（一）产业领域改革方面

我国自然垄断产业主要包括能源产业、市政公用产业、交通运输业等，具体指油气、电力、电信、水务、民航等产业。行政监管与反垄断规制实际上是政府基于不同目标而对市场经济活动进行的外部干预。改革开放以来，我国对部分自然垄断产业进行了监管体制的初步改革，不断放松监管、引入竞争，通过发挥市场机制的作用推动行业的再造与重生，取得了相应的成绩，但与社会现实需要相比仍有较大差距。《中华人民共和国反垄断法》于 2008 年 8 月 1 日起施行，但与发达国家相比，我国监管法律制度体系依然严重滞后，政府与市场间关系还存在诸多问题，其中最为重要的问题是反垄断法对于国有垄断企业的适用。

① 本刊记者 . 十八大以来经济体制改革成效显著［J］. 紫光阁，2017（06）：20-23.

（二）国资国企改革方面

《中华人民共和国反垄断法》（以下简称《反垄断法》）第七条有针对性地提出："国有经济占控制地位的关系国民经济命脉和国家安全的行业以及依法实行专营专卖的行业，国家对其经营者的合法经营活动予以保护，并对经营者的经营行为及其商品和服务的价格依法实施监管和调控，维护消费者利益，促进技术进步。""前款规定行业的经营者应当依法经营，诚实守信，严格自律，接受社会公众的监督，不得利用其控制地位或者专营专卖地位损害消费者利益。"因此，在针对国有企业垄断方面，《反垄断法》并没有发挥其应有的作用。因而完全放开市场准入，使传统垄断企业更多地走向市场、走向民营，更多地依靠"看不见的手"恢复市场本身的活力，而不是依靠政府监管来限制市场配置资源的作用，这是各国规制改革的一般趋势，也是充分发挥中国反垄断法作用的必由路径，重新界定职能的国有资产管理体制改革十分必要，对于理顺政府市场关系也尤为重要。党的十八大以来，我国通过以深化国有企业改革指导意见为引领的顶层设计，至 2017 年 6 月国企改革"1+N"文件体系已印发"1+20"；十项改革试点全面展开，落实董事会职权试点、国有资本投资运营公司试点在全国全面推开；完善现代企业制度和国资监管体制改革加快推进，102 家中央企业中建立规范董事会的达到 83 家，出台国务院国资委以管资本为主推进职能转变方案；国企混改进展顺利，中央企业层面已开展两批试点；电力体制、盐业体制、石油天然气体制等重点行业改革取得突破性进展。

（三）互联网经济相关市场垄断改革实践

《反垄断法》正式实施以来，在国务院反垄断委员会的组织、协调和指导下，商务部、国家发展改革委、国家市场监督管理总局（原国家工商管理总局）三家反垄断执法机构积极推动反垄断配套法律制度建设，先后出台了一系列配套法规和规章，如最高人民法院于 2012 年公布了《关于审理因垄断行为引发的民事纠纷案件应用法律若干问题的规定》（法释〔2012〕5 号），党的十八大以来我国反垄断执法机构依据相关法律制度查处了一批具有社会影响力的案件，如 2014 年 2 月最高人民法院对奇虎 360 诉腾讯 QQ 反垄断案作出终审判决，体现了我国互联网行业反垄断执法能力的提升。

三、放宽服务业准入限制

我国已进入服务业发展黄金时期，生活服务消费快速增长，国务院印发《关于从事生产经营活动事业单位改革的指导意见》（厅字〔2016〕38 号），财政部印发《关于从事生产经营活动事业单位改革中国有资产管理的若干规定》（财资〔2017〕13 号），加快此类事业单位转企改制，拓展社会资本进入服务业领域的空间，通过政府购买服务和设立引导基金等促进市场主体公平竞争，吸引各类资本参与。全国市场主体连续几年大幅增长，2017 年日均新设市场主体 5.27 万户，日均新设企业 1.66 万户，企业活跃度保持在 70% 左右，其中服务业更是领跑三次产业，继 2013 年服务业比重超第二产业后，2017 年占 GDP 比重高达 51.6%，服务业对经济增长的支撑作用显著增强。[①]

四、完善市场监管

2014 年 6 月国务院出台了《关于促进市场公平竞争维护市场正常秩序

① 本刊记者 . 十八大以来经济体制改革成效显著［J］. 紫光阁，2017（06）：20-23.

的若干意见》(国发〔2014〕20号),着眼市场秩序构建,积极创新监管理念、监管机制和监管方法,强化重点领域市场监管,市场竞争秩序进一步好转。同年审议通过《企业信息公示暂行条例》(中华人民共和国国务院令第654号),制定《企业公示信息抽查暂行办法》(国家工商行政管理总局令第67号)、《企业经营异常名录管理暂行办法》(国家工商行政管理总局令第68号)等配套规章和规范性文件,积极构建以信息公示、信用监管为核心的新型监管体系。2017年10月,国家发展改革委、财政部、商务部、国家工商行政管理总局、国务院法制办会同有关部门依据《国务院关于在市场体系建设中建立公平竞争审查制度的意见》(国发〔2016〕34号)研究制定的《公平竞争审查制度实施细则(暂行)》(发改价监〔2017〕1849号)印发,提出在制定产业发展、政府采购、经营行为规范等涉及市场主体经济活动的规章、规范性文件和其他政策措施时评估对市场竞争的影响,防止排除、限制市场竞争。2018年国家发展改革委反垄断工作重点也从加快推进公平竞争审查制度、持续推进反垄断执法、加快制定反垄断指南、继续加大培训和宣传力度等四方面推进。公平竞争审查制度的确立及完善对于我国建设公平有序的市场竞争环境具有里程碑的重大意义。2018年3月国务院机构改革方案公布,整合了工商、质监、食药监等相关部门组建国家市场监督管理总局,实现集中统一监管,提高了监管效率,消除了监管的灰色地带,维护了市场秩序和消费环境。

专栏 党的十八大以来席卷全国的自贸试验区改革实践

2013年9月—2018年4月,国务院先后批复成立中国(上海)自由贸易试验区;中国(广东)自由贸易试验区、中国(天津)自由贸易试验区、中国(福建)自由贸易试验区;中国(辽宁)自由贸易试验区、中国(浙江)自由贸易试验区、中国(河南)自由贸易试验区、中国(湖北)自由贸易试验区、中国(重庆)自由贸易试验区、中国(四川)自由贸易试验区、中国（陕西）自由贸易试验区、中国（海南）自由贸易试验区，形成“1+3+7+1”12个自贸区的改革发展格局，推出一系列领先于全国的改革举措，制度创新激发了市场主体的活力。下文将以上海和海南为例阐述对市场和政府关系的重大变革。

四年“先行先试”首个自贸区成效显著

根据《国务院关于印发中国（上海）自由贸易试验区总体方案的通知》（国发〔2013〕38号），建立中国（上海）自由贸易试验区，是党中央、国务院作出的重大决策，是深入贯彻党的十八大精神，在新形势下推进改革开放的重大举措，对加快政府职能转变、积极探索管理模式创新、促进贸易和投资便利化，为全面深化改革和扩大开放探索新途径、积累新经验，具有重要意义。截至2017年9月，上海自贸区历经了四年“先行先试”。作为国内第一个自贸试验区、全国改革的“试验田”，也是首个被纳入“一带一路”愿景和行动计划的自贸试验区，基本形成了以负面清单管理模式为特征的投资准入制度负面清单管理模式和由注重事先审批转为事中事后监管的政府管理制度，负面清单经过3次修订完善由190条缩减到122条，企业注册登记从40个工作日缩短为3个工作日，自贸区内超过90%的外商投资企业通过备案方式设立，向全国复制推广了20余项金融改革创新成果。下一步的重点是继续加大对制度和政策的规范化和法制化，尤其是制定并完善可供执行的实施细则。

经济特区卅年纪念 海南自贸区扬帆起航

2018年4月13日，国家主席习近平在庆祝海南建省办经济特区30周年大会上发表重要讲话，郑重宣布党中央决定支持海南全岛建设自由贸易试验区，支持海南逐步探索、稳步推进中国特色自由贸易港建设，分步骤、分阶段建立自由贸易港政策和制度体系。4月14日，新华社受权发布了《中共中央 国务院关于支持海南全面深化改革开放的指导意见》，提出以制度创新为核心，赋予海南更大改革自主权，支持海南大胆试、大胆闯、自主改，加快形成法治化、国际化、便利化的营商环境和公平统一高效的市场环境。更大力度转变政府职能，深化简政放权、放管结合、优化服务改革，全面提升政府治理能力。实行高水平的贸易和投资自由化便利化政策，对外资全面实行准入前国民待遇加负面清单管理制度，围绕种业、医疗、教育、体育、电信、互联网、文化、维修、金融、航运等重点领域，深化现代农业、高新技术产业、现代服务业对外开放，推动服务贸易加快发展，保护外商投资合法权益。推进航运逐步开放。发挥海南岛全岛试点的整体优势，加强改革系统集成，力争取得更多制度创新成果，彰显全面深化改革和扩大开放试验田作用。同时按照市场化方式，设立海南自由贸易港建设投资基金。4 月 27 日，海南省政府即与阿里巴巴集团、蚂蚁金服集团签订全面深化战略合作框架协议，重点是把海南打造成为数字港，为自由贸易港建立数字经济基础，并同时参与到国家“三大攻坚战”中去。海南将在海关特殊监管区实行“一线放开，二线高效管住”的货物进出境管理制度，建立一线进出货物负面清单；加快发展跨境电商、全球维修、邮轮贸易、保税展示交易等新业态。扩大金融开放，建立自由贸易账户体系，探索开展人民币资本项目可兑换，促进自由贸易试验区企业跨境投融资便利化，稳妥有序开展离岸金融业务；充分借鉴国际自由贸易港发展经验，在内外贸、投融资、财政税务、金融创新、出入境等方面探索更加灵活政策体系、监管模式和管理体制。此外，海南将全面放宽旅游市场准入，积极培育中外合资旅行社，优化国际会议赛事展览监管，简化展品检疫审批管理，积极引进国际顶级专业会展公司。

资料来源：

① 潘子璇.历经四年“先行先试” 上海自贸试验区成效显著［EB/OL］.(2017-09-20)［2019-10-11］.http://sh.eastday.com/m/20170920/u1ai10870888.html.

② 上海自贸区制度框架基本形成 改革创新成果在全国复制推广［EB/OL］.（2017-01-14）［2019-10-11］.http：//www. shanghai. gov. cn/nw2/nw2314/nw2315/nw4411/u21aw1190353.html.

③ 刘映花 . 阿里巴巴与海南自贸区达成战略合作［EB/OL］.（2018-04-28）［2019-10-15］.http：//tech. sina. com. cn/i/2018-04-28/doc-ifztkpip5136761.shtml？ _zbs_baidu_bk.

④ 王子谦 . 海南全岛实施现行自由贸易试验区所有试点政策［EB/OL］.（2017-05-14）［2019-09-29］. http：//www. wzrb. com. cn/article860254show. html.

构建微观主体有活力的经济体制改革实践

构建微观主体有活力的经济体制包括完善产权制度、推动国有资本做强做优做大、发展混合所有制经济、支持民营企业发展、激发和保护企业家精神等方面改革实践。

一、完善产权制度，促进技术进步与保护企业家精神

产权保护、科技人才体制改革方面，党中央、国务院相继印发了《关于深化人才发展体制机制改革的意见》（中发〔2016〕9 号）《实施〈中华人民共和国促进科技成果转化法〉若干规定》（国发〔2016〕16 号）《“十三五”国家科技创新规划》（国发〔2016〕43 号）及《关于完善产权保护制度依法保护产权的意见》（中发〔2016〕28 号）等重要文件，推进产权保护法治化，健全以公平为核心原则的产权保护制度，毫不动摇巩固和发展公有制经济，毫不动摇鼓励、支持、引导非公有制经济发展，公有制经济财产权不可侵犯，非公有制经济财产权同样不可侵犯，做到政府诚信和公众参与相结合，加快建

立产权保护长效机制，激发各类经济主体的活力和创造力；通过加快科技成果转化，简政放权扩大高校、科研院所在科研项目资金、差旅会议等方面的管理权限，提出创新人才评价机制、创新创业激励机制等七方面改革任务。2017年全国经济体制改革工作会议进一步强调了甄别纠正一批侵害企业产权的错案冤案、剖析一批侵害产权的案例、总结宣传一批依法有效保护产权的好做法、好经验、好案例的“三个一批”具体举措，激发了企业家及其创新精神，形成保护并促进技术进步和制度创新的新气象。

二、做优国有资本，支持混改和民企发展

（一）国资改革方面

按照党的十八大以来明确的国有资本战略布局调整方向，国有资本正尽快从成熟的、产能过剩产业退出，投向公共服务和引领未来的战略性领域，如黑色金属冶炼和压延加工业，国企占行业规模以上企业收入的比重由2011年的3.78%降至2016年的1.45%，同期医药制造业国企占比则由0.88%增至2.43%；建立健全市场化退出机制，加快处置低效无效国有资产，并以市场化手段实现国有资本形态转换，向长期资本回报率比较稳定的领域和预期资本回报率趋于高涨的企业流动。

（二）混改方面

截至2018年底，国家发展改革委、国务院国资委已推出三批混合所有制改革试点示范项目，涵盖了中央企业和部分地方国企，实现了电力、石油、天然气、铁路、民航、电信、军工等七大重要领域全覆盖，并延伸到国有经

济较为集中的一些重要行业。以试点企业中国联通为例，通过引入腾讯、百度、阿里、京东等民资在内的 14 家战略投资者，联通集团持股比例由 62.7% 降至 36.7%，并同步开展机构精简工作，集团公司管理职能人员编制减少 51.3%，31 个省级分公司压减机构 205 个，集团二级机构正副职退出 14 人，省级分公司中层干部受聘平均退出率 15%，实现了组织扁平高效，资源内耗大幅减少。在试点示范项目之外，也有不少国有企业主动作为，精心谋划，有计划、有步骤地引入具有战略协同性的民营资本和外资，通过各种不同所有制资本的实质性混合，非公有资本在混合所有制改革企业中的“催化剂”作用得以充分发挥，企业法人治理结构进一步得到完善，激励约束机制进一步健全，核心竞争力进一步增强。诸如中信集团以集团 90% 以上的核心资产发起设立中信股份，2014 年通过借壳集团旗下公司中信泰富实现在香港上市，引入包括新加坡淡马锡、泰国正大集团、卡塔尔投资局等境外机构和腾讯、泛海、雅戈尔等国内知名民营企业作为战略投资者，2015 年中信股份继续向泰国正大集团、雅戈尔进行股权转让，通过不断深化改革实现了与战略投资者在金融、制造、房地产、信息技术等多领域协同共赢，提升了中信的品牌价值和核心竞争力[①]。

（三）民营企业发展方面

市场准入负面清单制度[②]在试点地区推进已多年，清单以外的行业、领域、业务等，各类市场主体皆可依法平等进入，清理废除妨碍统一市场和公平竞争各种规定和做法，使民间投资主体真正获得公平的、透明的、开放的

---

① 国家发展改革委.引入民资外资　完善治理结构　国有企业改革向纵深推进［EB/OL］.（2018-04-12）［2019-08-30］. http://www.gov.cn/xinwen/2018-04/12/content_5281874.htm.

② 市场准入负面清单制度，是指国务院以清单方式明确列出在我国境内禁止和限制投资经营的行业、领域、业务等，各级政府依法采取相应管理措施的一系列制度安排。

市场准入条件。[①] 金融机构改革方面，民营银行发展实现常态化，至 2017 年 6 月已有 9 家民营银行开业或批复开业，8 家已获准设立；社会办医环境明显优化，民营医院数量占比超过 56%。[②]

三、全面创新改革试验，激发市场主体活力

全面创新改革试验方面，中共中央办公厅、国务院办公厅于 2015 年印发了《关于在部分区域系统推进全面创新改革试验的总体方案》，8 个省（区、市）的全面创新改革试验相继获批，目标就是以体制机制改革激发创新活力，力争通过 3 年的系统推进、重点突破，改革试验区域基本构建起推进全面创新改革的长效机制。由于我国科技、产业地区分布严重不平衡，受传统体制影响较深，党中央提出“四个探索”（探索发挥市场和政府作用的有效机制、探索促进科技与经济深度融合的有效途径、探索激发创新者动力和活力的有效举措、探索深化开放创新的有效模式），意味着通过发挥社会主义国家政府统筹推进改革的强大效能，打通部门之间资源与要素联系障碍，按照市场经济规律建设横向、扁平化的资源流动与配置模式，能够更有效地动员、集成和转化创新要素，提高各地创新效率。

构建宏观调控有度的经济体制改革实践

发挥发展规划的战略导向作用、健全宏观调控政策体系、完善宏观经济政策协调机制及注重引导市场行为和社会预期是党的十八大以来我国宏观调

① 市场准入负面清单制将全面实施［EB/OL］.（2017-12-20）［2020-09-21］. https://www.sohu.com/a/211607321_481646.

② 本刊记者 . 十八大以来经济体制改革成效显著［J］. 紫光阁，2017（06）：20-23.

控体制改革的重要方面。

一、发挥规划的战略导向作用

改革开放以来，中国的五年计划已经从应用分散知识的经济计划转变为应用整体知识的公共事务治理规划，从对投资和生产做出安排的计划转变为国民经济和社会发展提供总体框架，从微观干预转变为宏观引导，从经济类指标为主转变为公共事务类指标为主，五年规划基本定位成为对宏观经济活动提供框架性指导，为政府履行公共服务职责提供依据。同时，五年规划是富有中国特色的制度安排，经历了长期的制度建设，是“无所不包”的总体政策，能够更好地反映中国政府的宏观引导职能，揭示中国政策过程的一般特征。此外，党中央国务院相继制定并印发《推动共建丝绸之路经济带和21世纪海上丝绸之路的愿景与行动》《京津冀协同发展规划纲要》《长江经济带发展规划纲要》《河北雄安新区规划纲要》，以及《粤港澳大湾区规划纲要》，都对指导区域发展方向、体现国家重大战略方针走向发挥了重要作用。

二、健全宏观调控政策体系

健全宏观调控政策体系方面主要包括更好发挥财政政策对平衡发展的积极作用，提升货币政策的适应性和灵活性，增强消费对经济发展的基础性作用，发挥投资对优化供给结构的关键性作用，精准实施产业政策及创新完善区域政策等六大方面。党的十八大以来，党中央更加强调财政政策和货币政策在宏观调控中的主体地位：党的十八届三中全会指出，健全“以财政政策和货币政策为主要手段的宏观调控体系”；“十三五”规划纲要也要求“完善以财政政策、货币政策为主，产业政策、区域政策、投资政策、消费政策、价格政策协调配合的政策体系”。[①] 以财政政策为例，党的十八大以来现代财政制度建设取得重要阶段性成果，现代预算制度主体框架基本确立，新预算法颁布施行，在推进预算公开、实行中期财政规划管理、完善转移支付制度、加强地方政府性债务管理等方面，一系列重大改革举措密集推出、落地实施；税收制度改革取得重大进展，实现增值税对货物和服务全覆盖，营业税告别历史舞台；资源税从价计征改革全面推进，环境保护税法制定出台，房地产税立法、个人所得税改革、健全地方税体系改革工作稳步推进；财政体制进一步完善，出台推进中央与地方财政事权和支出责任划分改革的指导意见，重点领域财政事权和支出责任划分改革积极推进。财政制度体现政府与市场、政府与社会、中央与地方关系，加快建立现代财政制度是更好发挥财政在国家治理中的基础和重要支柱作用的客观需要，有利于加快国家治理体系和治理能力现代化进程。[②]

三、注重宏观调控的预期引导

党的十八大以来，我国对预期引导更加重视，“十三五”规划纲要明确提出，“改善与市场的沟通，增强可预期性和透明度”；2014 年、2015 年、2016 年的中央经济工作会议都强调要更加注重引导社会预期。强化社会预期管理[③]，包括建立了有效的社会预警机制，建立了常态化的对话对接机制和社会预期事后处理机制等[④]，提高了政策透明度和可预期性，用稳定的宏观经济政策稳

---

① 刘伟，陈彦斌．十八大以来宏观调控的大大新思路［J］．经济研究信息，2017（002）：3–6.

② 肖捷．加快建立现代财政制度［N］．人民日报，2017–12–20（07）.

③ 社会预期管理是社会管理部门利用所掌握的各种政策、工具和手段对公众的社会预期形成和变化进行引导和调节的过程。进行社会预期管理是创新社会管理的手段。

④ 江世银．建立进行社会预期管理的相关机制［EB/OL］.（2015–12–07）［2020–06–02］. http://theory. people. com. cn/n/2015/1207/c49154–27895089. html.

住了市场预期，用重大改革举措落地增强了发展信心。我国对部分热点城市房价泡沫风险的预期引导是一个典型案例，2016 年 7 月和 10 月的中央政治局会议明确提出要“抑制资产泡沫”，原银监会等相关部门随即采取了加强宏观审慎管理等有针对性的措施，目前，针对房价的预期引导已初见成效，较好地抑制了房价上涨预期。①

四、提高宏观调控的科学性和艺术性

围绕处理好政府和市场关系，提高宏观调控的科学性和艺术性，对于促进政府职能的正确履行和市场经济决定性作用的发挥都具有重要意义。

（一）提出区间调控的新思路

党的十八大以来，我国不再偏重于保某一特定目标值，而是提出要对经济增长进行区间调控。这意味着只要经济运行处于合理区间，宏观调控政策就不需要有大动作。例如，2016 年《政府工作报告》将增长区间设定为“国内生产总值增长 6.5% ~ 7%”，这符合我国经济的基本情况，又明确传达了宏观调控政策不会对经济进行过度刺激的信号。

（二）更加注重定向调控

党的十八大以来，我国在区间调控的基础上进一步实施定向调控，其目的在于抓住经济发展中的突出矛盾和结构性问题。通过定向调控可以加大对

---

① 刘伟，陈彦斌．十八大以来宏观调控的大大新思路［J］．经济研究信息，2017（002）：3-6.

小微企业和“三农”工作等薄弱环节和关键领域的支持力度，仅2014年央行就于4月和6月两次实施针对小微企业和“三农”工作的定向降准操作，并于3月和8月各增加支农再贷款200亿元，在定向货币政策支持下，面向小微企业和“三农”工作的贷款增速比各项贷款平均增速分别高出4.2个和0.7个百分点，补短板成效显著。

（三）供给管理与需求管理相结合

供给管理和需求管理是调控宏观经济的两种基本手段，二者相互补充、相得益彰。自2015年11月以来，习近平总书记在中央财经领导小组会议和中央经济工作会议上多次提及推进供给侧结构性改革。“十三五”规划纲要提出，“在适度扩大总需求的同时，着力推进供给侧结构性改革。”宏观调控既要追求短期平稳增长，又要追求长期潜在增长率提高，这就需要需求管理和供给侧结构性改革相互配合。一方面，大力推进结构调整和去产能，短期内会加大经济下行压力和就业压力，需要积极的财政政策和稳健的货币政策加以缓冲；另一方面，以财政政策和货币政策为主体的需求管理主要在短期内对经济波动进行逆周期调节，而供给侧结构性改革的着力点在于优化经济结构、增加有效供给、提高潜在增长率。

（执笔人：李叶妍）

参考资料

［1］张新宁，康乃馨．习近平总书记关于政府和市场关系的思想研究［J］．经济纵横，2017（10）：12-20.

［2］李晶．着力推进“放管服”为实施创新驱动发展战略作贡献［N］．中国工商报，2016-06-08.

[3] 国务院发展研究中心课题组. 新一轮改革的战略和路径 [M]. 北京：中信出版社，2013.

[4] 郭宗杰. 行政监管与反垄断互动演进的历史逻辑——以传统垄断行业的规制改革为视角 [J]. 华南师范大学学报（社会科学版），2014（4）.

[5] 张坤. 互联网行业反垄断研究 [D]. 长沙：湖南大学，2016.

[6] 周民良. 区域全面创新改革试验：区域发展新焦点 [N]. 中国经济时报，2016-06-24（5）.

[7] 鄢一龙，吕捷，胡鞍钢. 整体知识与公共事务治理：理解市场经济条件下的五年规划 [J]. 管理世界，2014（012）：70-78.

[8] 王绍光，鄢一龙，胡鞍钢. 中国中央政府"集思广益型"决策模式——国家"十二五"规划的出台 [J]. 中国软科学，2014（06）：6-21.

第四章
全面深化改革的战略取向与逻辑进路
——基于中央深改委（组）44 次会议报道的文本大数据分析挖掘

内容提要：党的十八大以来，以习近平同志为核心的党中央以前所未有的决心和力度推进全面深化改革，呈现全面发力、多点突破、蹄疾步稳、纵深推进的良好态势。本文通过对中央深改委（组）44 次全体会议报道的文本分析，探究“改革”如何体现中国共产党的鲜明旗帜和当代中国的时代特征，从整体上把握党中央对全面深化改革的顶层设计与战略布局，以透视中国改革的内在机理和未来图景。

作为一项前无古人的崭新事业，中国的改革既没有既定模式和经验可以借鉴，也没有现成答案可以照搬。其从出场之时起，就一直在探索中前行，由浅入深，由易到难，逐步深化，破解了许多制约和影响发展的重大难题，但是还有许多遗留和新产生的深层次矛盾和问题尚未得到有效的解决。目前，改革进入攻坚期和深水区，老问题与新问题相互交织，国内因素与国际因素相互影响，要处理的问题远比以往更困难和复杂，要完成的任务远比以往更繁重和艰巨。

党的十八大以来，以习近平同志为核心的党中央高举改革开放旗帜，果断作出全面深化改革的重大战略决策，蹄疾步稳推进全面深化改革。本章通过对中央全面深化改革领导小组40次全体会议报道的文本及中央全面深化改革委员会的4次会议报道文本进行大数据分析挖掘，把握其所呈现的特征。同时，就如何优化全面深化改革战略布局提出若干思考，以透视中国改革的内在机理和未来图景，增强改革的系统性、整体性、协同性。

研究工具与样本选择

一、研究工具

文本分析方法（Text Analysis）又称为内容分析方法（Content Analysis），是一种基于定性研究的量化分析方法，是“基于社会科学目的，任何用于文本（或者其他符号材料）上的方法学上的度量”。早期的文本分析方法主要应用于情报学中，近年来逐步被引入到企业管理和公共管理领域，在现代社会科学领域得到广泛运用。文本分析方法的运用基于Sapir–Whorf假说所提出的原理，认为人的语言是其心智处理过程的一个映射，人的认知倾向和关注的焦点在其经常使用的文字中有集中的反应，人们经常使用的文字处于人们认知的中心地带，反映了其思维中最为关注的部分。因此，文字使用频率的变化反映了人们对于事物关注程度的变化。基于此，本章通过对文本资料中出现的某些关键词的词频统计，深度挖掘文本资料，将语言文字等定性资料转换为定量的直观统计数据，抽离具体文本素材的特定使用情景，可以准确地推断和获知文本关注重心。由于世界上的信息大多数为定性的、非结构或者半结构的文本信息，致使大部分文本信息不能直接使用统计软件进行分析，而仅仅通过字面理解进行定性分析往往容易受到有限理性的影响而对文本的解读出现偏差。本章所采用的文本分析方法借用ROST Content Mining System（CMS）软件进行分析，ROST CMS是由武汉大学沈阳博士ROST虚拟学习团队研发的一款内容挖掘软件，可以对数字化的材料进行组织、标引、检索和利用，具有海量性、智能性和客观性等特点。通过定量分析和定性分析的结合，ROST文本挖掘软件可以对各类文本进行词频、聚类、分类、情感等分析，能从数字化的材料中归纳出具有说服力的普遍性结论。

二、样本选择

党的十八届三中全会就全面深化改革做出总体部署，制定了改革的路线图和时间表，科学谋划了6大方面、15个领域、336项改革举措，并明确成立中央深改组（全称为“中央全面深化改革领导小组”），下设经济体制和生态文明体制改革、民主法制领域改革、文化体制改革、社会体制改革、党的建设制度改革、纪律检查体制改革6个专项小组，全面负责改革的顶层设计、总体布局、统筹协调、整体推进和督促落实。研究确定经济、政治、文化、社会、生态文明体制和党的建设制度等方面改革的重大原则、方针政策、总体方案成为中央深改组的主要职责。2018年3月，中共中央印发了《深化党和国家机构改革方案》。该方案指出：为加强党中央对涉及党和国家事业全局的重大工作的集中统一领导，强化决策和统筹协调职责，将中央全面深化改革领导小组改为中央全面深化改革委员会。“组”改“委”也体现了改革的延续性和中央将改革进行到底的决心。

深改组自2013年12月30日成立至党的十九大前共召开38次会议，于2014年1月22日召开第一次会议，于2017年8月29日召开第三十八次会议。党的十九大会议后，新一届深改组议事人员发生调整，共计召开2次会议，时间分别为 2017 年 11 月 30 日、2018 年 1 月 23 日。“中央全面深化改革领导小组”改为“中央全面深化改革委员会”分别于 2018 年 3 月 28 日、2018 年 5 月 11 日、2018 年 7 月 6 日、2018 年 9 月 20 日召开会议，累计 4 次。截至 2018 年 10 月，中央全面深化改革领导小组及中央全面深化改革委员会就“全面深化改革”战略布局累计召开 44 次会议。

以党的十八届三中全会和中央全面深化改革领导小组成立为标志，我国全面深化改革的恢宏大幕壮丽开启。习近平总书记亲自主持召开了 38 次中央全面深化改革领导小组会议，共审议、通过 350 多个重大改革方案，中央和国家有关部门共出台 1 500 多项改革举措。2014 年，中央全面深化改革领导小组确定的 80 个重点改革任务基本完成，各方面共出台 370 个改革方案；2015 年，中央全面深化改革领导小组确定的 101 个重点改革任务基本完成，各方面共出台 415 个改革方案；2016 年，中央全面深化改革领导小组确定的 97 个重点改革任务基本完成，各方面共出台 419 个改革方案；2017 年，中央全面深化改革领导小组已审议 86 个重点改革文件；2018 年，中央深改委（组）审议了 68 个文件方案。党的十八届三中全会提出的 60 条、336 项改革举措，党的十八届四中、五中、六中全会分别推出的改革任务和举措，得以贯彻落实和逐步落地。重要领域和关键环节改革取得突破性进展，主要领域改革主体框架基本确立，中国特色社会主义制度更加完善，国家治理体系和治理能力现代化水平明显提高。

党的十九大以来，以习近平同志为核心的党中央弘扬改革创新精神，更加坚定改革决心。将“全面深化改革”列入新时代坚持和发展中国特色社会主义的基本方略。习近平总书记在十九届中央全面深化改革领导小组第一次会议上明确提出三个“不能变”，进一步强调了全面深化改革必须坚持的原则。2018 年 3 月 28 日，中央全面深化改革委员会首次亮相，向全党全社会释放了以更大力度、更实措施推进全面深化改革的强烈信号。根据习近平总书记在十九届中央全面深化改革领导小组第二次会议上的重要指示精神，《党的十九大报告重要改革举措实施规划（2018—2022年）》对158项改革举措进行梳理，涉及建设现代化经济体系、建设创新型国家、深化国资国企改革、实施乡村振兴战略、推动全面开放、发展社会主义民主政治、深化依法治国实践、繁荣社会主义文化、保障和改善民生、建设美丽中国、全面从严治党等各个方面。列明牵头单位、改革起止时间、改革目标路径、成果形式等要素，形成了未来5年全面深化改革的“大施工图”，立下“确保到2022年全面完成党的十九大提出的目标任务”的军令状。改革所涉及的领域更宽，涵括国防和军队体制、纪律检查体制、司法体制、财税体制、户籍制度、央企薪酬、教育、农村土地、公立医院和科技体制等各个领域。正是基于中央深改委（组）在全面深化改革伟大事业中的枢纽地位，以及中央深改委（组）全体会议的日益规范化和制度化，其会议报道的文本可以成为社会各界更好地透视中国改革战略和进程的窗口。本文通过下载新华网有关党的十八届三中全会以来所有的中央深改组及中央深改委全体会议的新闻报道，在对44次会议报道文本进行格式化处理的基础上，形成了共计十万字的文本作为我们分析研究的基础性资料，以便考察以习近平同志为核心的党中央领导集体对于全面深化改革重点领域、关键问题和战略布局的整体阐释。

中央深改委（组）44次全体会议报道的语义网络分析

中央深改委（组）44次全体会议报道文本的语义网络分析见图4-1。共有22个词的出现频数都在200次以上，具体包括：改革（1 624）、深化（468）、全面（443）、领导（383）、中央（353）、发展（315）、推进（310）、制度（296）、落实（288）、机制（271）、强调（270）、小组（258）、体制

（251）、加强（238）、问题（227）、管理（224）、建设（220）、试点（217）、完善（212）、会议（204）、坚持（203）、国家（202）。其中，“改革”作为最重要的高频词，出现 1 624 次。我们对其进行了专门的语义网络分析，具体结果见图 4–2，以便发现与改革相关的一些关键信息。

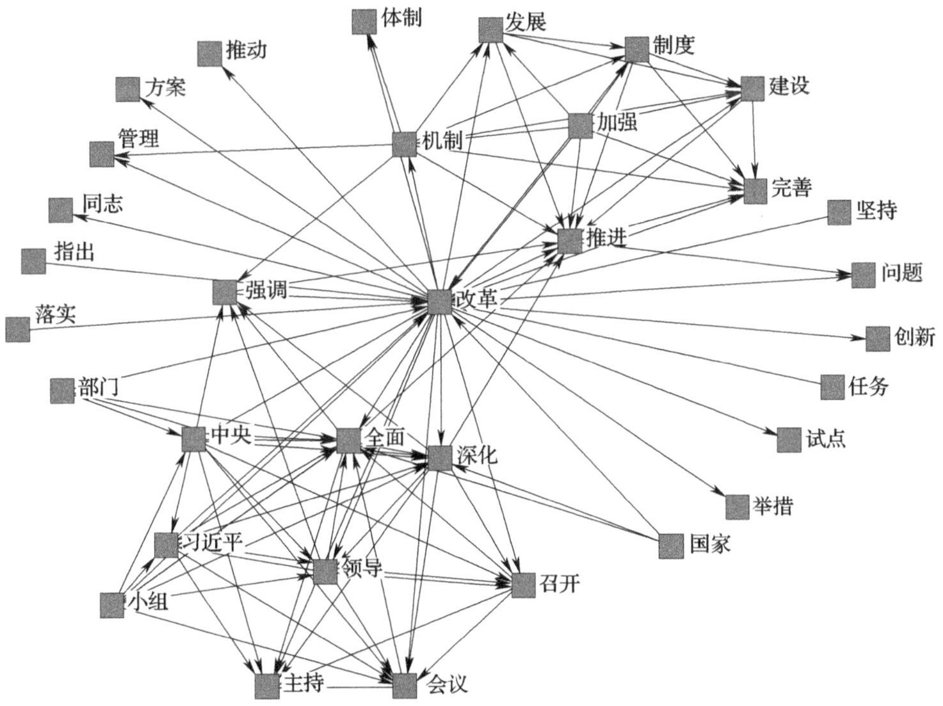

图 4–1　中央深改委（组）44 次会议报道的文本语义网络分析

结果发现，与“改革”相关的关键词主要包括：改革的主体，如中央深改组、习近平等；改革的内容，如体制、机制、制度，也包括对方案、体系、法律的改革；改革的对象，既包括国家层面的改革也包括部门层面的改革；改革的态度，如推进、加强、积极、坚持等；强调改革的责任与落实，以及改革要有一定的问题导向和问题意识等。从中央深改委（组）44 次全体会议报道的语义网络分析图可以看出，以习近平同志为核心的党中央部署全面深化改革具有以下特点：

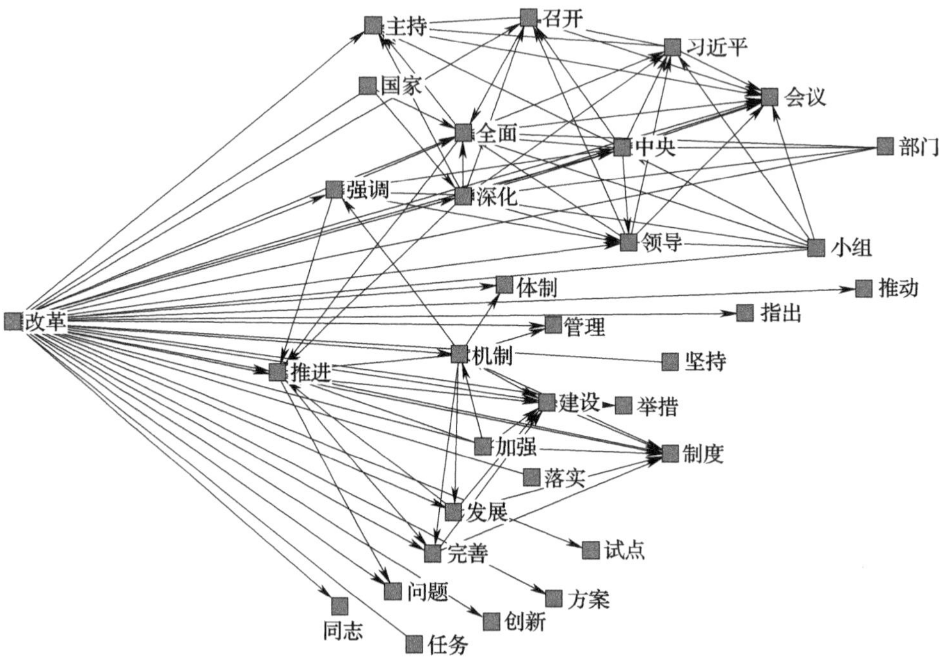

图 4-2　44 次全体会议报道中“改革”一词的语义网络分析

一、改革体现全面、深化特征

在 44 次中央深改委（组）的会议报道中，“深化”一词共出现 468 次。“全面”一词共出现 443 次。全面深化改革的根本在改革，重点在全面，关键在深化。而深化又主要体现在改革的全面发力、多点突破、纵深推进上，也体现在重大改革举措要在重要领域和关键环节取得突破性进展上。主要领域“四梁八柱”性质的改革主体框架已经基本确立，关键领域改革不断提速，全面深化改革的大逻辑、大框架眉目日渐清晰。改革涉及经济、政治、文化、社会、生态、党建、财税、国防、科技、行政、司法、执法、教育、医药、卫生、编制、人事等方面。面对千头万绪的改革任务，既要敢啃硬骨头、打攻坚战，也要遵循改革规律，讲究战术打法。以重要领域和关键环节为突破口，全面深化改革不断向纵深推进。经济体制改革是中国全面深化改革的重点，而金融领域的改革开放又因其具有重大牵引作用而备受关注。经济体制改革核心问题是处理好政府和市场的关系，使市场在资源配置中起决定性作用和更好发挥政府作用。党的十九大之后，习近平总书记为全面深化改革划出重点，提出“国有企业要成为深化供给侧结构性改革的生力军”“资源枯竭地区经济转型发展是一篇大文章”“实施乡村振兴战略要物质文明和精神文明一起抓”……面对改革攻坚要解决的一系列深层次矛盾、困难和问题，习近平主席在2018年新年贺词中发出号召：“我们要以庆祝改革开放40周年为契机，逢山开路，遇水架桥，将改革进行到底。”

二、制度、机制和体制是改革的主要内容

制度建设是全面深化改革的主要议题。在44次中央深改委（组）的会议报道中，“制度”一词共出现296次。其中，关于具体的制度有较为丰富的呈现，如：收入分配制度、生态文明制度、党的建设制度、行政审批制度、工商注册制度、劳动教养制度、干部考核评价制度、社会主义司法制度、户籍制度、财政制度、薪酬制度、招生制度、土地制度、风险保障金制度、宅基地制度、农村集体经济组织制度、村民自治制度、人民监督员制度、分级诊疗制度、人民陪审员制度、法律职业资格制度、考核制度、价格监管制度等。“机制”一词共出现271次，除了对于体制机制弊端、体制机制创新的描述外，报道中有数十种关于机制的具体描述，包括联系机制、经营机制、社会稳定评估机制、评价机制、考核机制、运行机制、决策机制、统筹协调机制、督办督察机制、宣传引导机制、信息公开机制、保护机制、制约机制、惩戒机制、配套机制、转接机制、用人机制、招录机

制、规范机制、追究机制、监督机制、问责机制、分配机制、约束机制、激励机制等，表明机制创新对于全面深化改革具有基础性保障作用。而“体制”一词共出现251次，充分表明新的中央领导集体对体制问题的高度重视。从语义网络上看，与体制相关的高频用法主要集中在深化体制改革、推进体制发展、机制体制改革。结合具体的文本分析，发现主要涉及经济体制、政治体制、文化体制、社会体制、生态文明体制、纪律检查体制、司法体制、科技体制、财税体制、征管体制、执法体制、国家公园体制等具体领域。

三、全面深化改革重在推进、落实

在44次中央深改委（组）的会议报道文本中，“落实”一词共出现288次。其表述主要体现在对于落实的态度和方法上，如贯彻落实、抓落实、分头落实、落实到位、细化落实、推动落实。“推进”一次出现310次，推进政府购买服务、推进军民融合深度发展、推进学前教育普及普惠安全优质发展、经济体制改革领先推进、民主法制领域改革协调推进、推进改革决策机制等。“要拿出实实在在的举措克服形式主义问题”“要把调查研究突出出来，把存在的矛盾和困难摸清摸透，把工作做实做深做好”“激发制度活力，激活基层经验，激励干部作为，扎扎实实把全面深化改革推向深入”“一定要有求实精神，真刀真枪干”……习近平总书记的一系列重要讲话，为抓好改革落实提供了根本遵循。伴随着改革任务陆续推出，抓改革落实始终是党中央和各地区各部门工作的重中之重，也以此推动一系列重大改革落地生效。比如，环保督察“回头看”的利刃，刺破了生态文明体制改革进程中诸多敷衍塞责的“落实假象”，而中央改革办组织的改革全面督察和专项督察，则从机制层面将方方面面抓改革落实的情况进行了“真实还原”。

四、改革重视顶层设计与先行先试相结合

在44次中央深改委（组）的会议报道文本中，“领导”一词共出现383次，“中央”一词出现353次，“小组”一词出现258次。面对改革开放的复杂形势和繁重任务，尤其是错综复杂的社会利益关系格局，执政者必须抓好“顶层设计”。“试点”一词出现217次，“管理”一词出现224次，“建设”一词出现220次。中国幅员辽阔，各地区发展条件千差万别。为激励有条件的地区先行探索新的发展路径和治理机制，中央决策者区别对待试点地区和一般地区，对试点地区的政策试验给予特殊授权，对相关政策创新给予支持和保护。“改革需要试点，而试点要服务于全局，基层探索要关照全局”“创建改革试点”以及“发挥好试点对全局性改革的示范、突破、带动作用”等。在深改组第十七次会议上，习近平总书记指出，全面深化改革任务越重，越要重视基层探索实践。深改组第二十五次会议中，习近平总书记强调，地方是推进改革的重要力量。顶层设计，看的是全局，体现的是中国特色社会主义的“制度自信”。基层探索“摸着石头过河”，瞄准的是纵深，在没有先例的前提下“摸寻”规律，弥补经验短板。

优化全面深化改革战略布局需要把握好几个关系

改革开放的全面深化过程，实质上也是思想再解放的过程。中国特色社会主义进入新时代，我国社会主要矛盾已经转化为人民日益增长的美好生活需要和不平衡不充分的发展之间的矛盾。优化全面深化改革战略布局，必须进一步解放思想，着重处理好政府与市场关系、改革与开放关系、顶层设计与地方试验关系、现实利益与长远利益关系。

一、正确处理好政府与市场的关系

改革开放40年来，政府与市场的关系问题一直是经济体制改革的核心问题。在计划经济时代，政府一直在经济中发挥主导作用乃至“决定”作用。随着改革开放的不断深入，市场在经济中的作用不断发生变化，政府与市场的作用边界一直是各方关注的焦点。政府究竟是发展的主体还是推动发展的主体？过去的逻辑是：经济社会要发展，发展成为政府的责任，政府确定一个必须实现的增长速度目标，然后层层分解。这就非常容易造成政府职能越位、缺位、错位等问题。在经济社会发展的一些具体领域，政府与市场的作用边界不够清晰，时有发生，对经济体制改革造成严重制约。比如，国有企业是政府部门的“附属”“生产车间”，政企不分、政资不分；非公企业经常遇到的“玻璃门”“弹簧门”“旋转门”，就是政府干预市场导致“所有制壁垒”的典型例证。党的十八届三中全会提出“市场决定资源配置是市场经济的一般规律，健全社会主义市场经济体制必须遵循这条规律”。这就要正确认识和把握市场规律的内涵，即市场通过价值规律、竞争规律、供求规律等规律的作用实现资源的有效配置。更好发挥政府作用，建立健全市场体系、统一市场规则、营造市场公平竞争环境。政府要毫不动摇地坚持社会主义市场经济改革方向，进一步健全社会主义市场经济体制。

在处理政府和市场关系上，市场决定资源配置，政府要成为推动发展的主体。马克思说，市场上“不承认任何别的权威，只承认竞争的权威”。市场是配置资源最有效的形式，政府要对市场失灵进行有效补充。只有通过“有效市场”“有为政府”的有机结合，才能促进经济高质量发展。如果政府与市场的关系不能有效理顺，那么改革将难以顺利向前推进，将要多走弯路。

二、正确处理好改革与开放的关系

深化改革、扩大开放，是中国经济社会自身发展的需要。任何割裂改革和开放关系的做法终将经不起时间的考验。对外开放很难一帆风顺，内部涉及利益调整，外部涉及国际关系处理，需克服重重阻力，战胜各种困难挫折。近年来，国际形势风云变幻，贸易保护主义思潮抬头，多边贸易机制建设阻力重重，区域经济合作和全球治理机制碎片化加剧，特别是美国政府推行的单边主义、保护主义和经济霸权主义行为极其嚣张霸道。中国绝不能因外部挑战而自乱阵脚，改革绝不能放缓，开放的大门不能关闭。中国还需要将外部压力转化为发展的内在动力，更加凝心聚力地办好自己的事情，坚持以人民为中心，加快建设现代化经济体系，坚定推动经济高质量发展。

优化全面深化改革战略布局，必须推进新一轮高水平对外开放，坚持实现开放发展。时代特色体现在统筹国内国际两个大局，把推进全面深化改革同参与全球治理体系改革和建设紧密结合上。当前，要利用好自由贸易试验区这个创新载体和创新窗口，推动“一带一路”建设，积极参与国际和全球合作机制建设。进一步拓展开放范围和层次，完善开放结构布局和体制机制，推动形成全面开放新格局。

三、正确处理好顶层设计与地方试验的关系

正确处理顶层设计和地方试验的关系，是全面深化改革的一个重要问题。一方面，对那些事关全局、处在中央和地方政府层面的制度安排，如宏观调控架构、市场监管内容、社会保障模式等，需要精心的顶层设计，建立国家部委共同推进、上下联动的改革工作机制。另一方面，现阶段改革的复杂程

度显著增加，有些领域专业性、技术性很强；各项改革之间相互依赖和制约增加，关联性较强；部门利益驱动下的“自我改革”，有可能扭曲基于全局利益的制度安排。因此，新一轮改革不仅要有中央强有力的统一领导和协调，对各项重大改革，还应设立改革意识强、专业化水平高的工作团队，深入调研、广集信息，精心设计改革方案；实施中加强跟踪评估、适时修正，尽量减少失误、避免“折腾”。

尊重首创精神，给地方基层更大探索空间。改革具有较强的复杂性和不确定性，需要通过分散化决策试错，“摸着石头过河”。优化全面深化改革应当更加尊重亿万人民群众的首创精神，给地方和基层更大的发挥积极性和创造性的空间，及时比较、鉴别、优化、提升，形成全国性政策。对那些勇于和善于改革的先行者以更多的宽容和支持。对经实践证明行之有效、符合规律的做法，适时上升到必要的法律层面，巩固改革成果。

四、正确处理好现实利益与长远利益关系

改革是一个曲折的过程。妥善把握和处理好复杂的利益关系，是改革最终取得成功的关键因素。当前社会利益分化，思想观念活跃，信息传播快捷，围绕改革出现多种声音是正常的，但必须妥善处理好改革现实利益和长远利益关系。改革开放的历史进程是由浅入深、由经济领域不断向政治领域、社会管理领域、文化领域、生态领域、党的建设领域、国防和军队建设领域等拓展，领域越来越宽、力度也越来越大。有些改革举措能够起到“立竿见影”效果，有些改革举措需要“厚积薄发”，有些改革举措对于现实和长远来说，既有共同利益关系的一面，也存在着矛盾的一面。

正确处理好现实利益与长远利益关系，亟须破除一切不合时宜的思想观念和体制机制弊端，突破利益固化的藩篱。当前，改革步入了深水区和攻坚

期，能不能革除体制机制弊端，能不能突破利益固化的藩篱，逐步形成合理的发展格局和利益结构，是全面深化改革面临的主要挑战和重大难题，决定着全面深化改革能否继续深入推进。应当着眼长远，少算旧账、多算新账，重在形成新的体制机制和利益预期，增加改革共识，使每个通过诚实努力、勤奋工作的人都能获得相应成果，共享改革红利。同时，积极稳妥把握相关改革出台时机、步骤和力度，保持宏观经济和社会大局稳定。

优化全面深化改革战略布局的主要领域和着力点

党的十九大报告明确指出，坚持全面深化改革。站在新的历史起点，面向“两个一百年”奋斗目标，亟须厘清在新形势新任务下全面深化改革的主要领域及其主要着力点。

一、完善社会主义市场经济体制

加快完善社会主义市场经济体制的核心问题是处理好政府与市场的关系，使市场在资源配置中起决定性作用和更好发挥政府作用。

其一，完善社会主义市场经济体制，需要围绕新时代我国经济发展的基本特征，即由高速增长阶段转向高质量发展阶段。改革既是动力又是保障，动力在于，通过深化改革，打破体制机制瓶颈制约，解决阻碍高质量发展的体制问题，而经济体制创新形成新的运行机制，又为推动经济高质量发展奠定基础和提供保障。

其二，完善社会主义市场经济体制，需要紧扣两个“重点”，明确完善市场经济体制的关键突破口。必须以完善产权制度和要素市场化配置为重点，实现产权有效激励、要素自由流动、价格反应灵活、竞争公平有序、企业优胜劣汰。产权制度是社会主义市场经济的基石，保护产权是坚持社会主义基本经济制度的必然要求。完善产权制度是深化经济体制改革的重点之一。建立健全归属清晰、权责明确、保护严格、流转顺畅的现代产权制度，必须坚持和完善我国基本经济制度，核心是加强产权保护，保护各种所有制经济产权和合法利益。市场机制对资源配置的作用首先就要求有一个完整的市场体系，从而使得供求、竞争、价格等市场行为发生互动关系并调节资源的充分流动。市场在资源配置中起决定性作用，前提是要形成统一、竞争、有序、开放的市场体系。

其三，完善社会主义市场经济体制，需要坚持“三有”改革，加快经济体制重点环节取得实质进展。通过打破垄断实现公平竞争、放宽服务业准入限制以及完善市场监管等完善市场机制；通过完善产权制度、推动国有企业做大做强、发展混合所有制经济、支持民营企业发展以及激发和保护企业家精神等增强市场微观主体活力；通过发挥发展规划的战略导向作用、健全宏观调控政策体系、完善宏观经济政策协调机制以及注重引导市场行为和社会预期等提高宏观调控效果。坚持市场机制有效、微观主体有活力、宏观调控有度的经济体制改革，不断增强我国经济创新力和竞争力。

二、深化机构和行政体制改革

深化机构和行政体制改革是全面深化改革的重要内容，直接关系国家治理体系的完善和治理能力的提升，对各领域改革发挥着体制支撑和保障作用。

其一，统筹推进各类机构改革，完善国家治理的组织架构。统筹考虑各类机构设置，科学配置党政部门及内设机构权力、明确职责。深入到政府机构内部，并逐步优化内设机构的设置；破解机构合并后的“同床异梦”现象，切实推进合并后的机构整合和职能融合。统筹使用各类编制资源，盘活既存人力资源并激活新增人力资源，形成科学合理的管理体制，优化配置政府编制管理。

其二，深化简政放权、坚持放管结合，进一步转变政府职能。职能转变是深化行政体制改革的核心。通过大幅减少和下放审批事项等途径，把本级该放的权力切实放下去、放到位，激活市场主体活力；同时创新对市场和社会的监管方式，做到“放”与“管”结合；规范行政行为、优化办事流程，增强政府公信力和执行力，建设人民满意的服务型政府。

其三，处理好中央和地方各级权力配置。赋予省级及以下政府更多自主权，充分调动地方积极性、因地制宜做好工作；在省市县对职能相近的党政机关探索合并设立或合署办公，进一步推动机构职能的精简整合，形成管理合力；深化事业单位改革，推进政事分开、事企分开、管办分离，创新事业单位管理体制和运行机制，增强事业单位活力。

三、加快生态文明体制改革

生态文明建设关系人民福祉、关乎民族未来，加快推进生态文明体制改革，建立健全生态文明制度体系，是生态文明建设的重要保障。当前，面对“生态文明建设正处于压力叠加、负重前行的关键期”，打好污染防治攻坚战，建设美丽中国，还有不少制度短板和漏洞亟待补齐。

其一，建立健全有利于充分发挥市场作用的体制机制。通过构建归属清晰、权责明确、监管有效的自然资源资产产权制度，实施自然资源和环境产权管理，健全资源有偿使用制度，完善价格、财税、金融等经济政策，推行市场化机制，形成多用资源加倍付费、损害环境加倍赔偿、保护环境多多受益的市场体系，激发各类主体建设生态文明的内生动力。

其二，改革生态环境监管体制。加强对生态文明建设的总体设计和组织领导，完善生态环境管理制度，体现山水林田湖草“生命共同体”系统保护的需要，体现生态系统的综合性和监管的综合性，克服以往多头监管和“碎片化”监管问题。

四、提高保障和改善民生水平

增进民生福祉是发展的根本目的，必须始终把人民利益摆在至高无上的地位，让改革发展成果更多更公平惠及全体人民。

其一，以制度建设筑牢人民生活保障。在教育、就业、收入分配、医疗保险以及最低生活保障制度等方面发力，构建、实施和完善不断满足人民日益增长的美好生活需要的人民生活保障制度。

其二，打赢脱贫攻坚战。消除贫困，改善民生，最终实现共同富裕，是社会主义的本质要求；没有农村的小康，特别是没有贫困地区的小康，就没有全面建成小康社会。重点攻克深度贫困地区脱贫任务，确保到 2020 年我国现行标准下农村贫困人口实现脱贫，贫困县全部摘帽；建立起可持续的脱贫机制，做到脱真贫、真脱贫。

在全面深化改革过程中，必须始终坚持和加强党的领导。“人民有所呼，改革就要有所应”，改革是中国共产党始终保持先进性、纯洁性的不竭原动力。随着改革广度和深度的拓展，剩下的都是难啃的硬骨头，党的领导是突破利益固化藩篱、坚定不移推进改革的关键。

（执笔人：张文明）

参考资料

［1］党的十八大以来全面深化改革取得哪些重大突破？［J］. 共产党员，2017（22）：12-13.

［2］唐皇凤 . 全面深化改革的战略布局：基于中央深改组 19 次全体会议

报道的文本分析［J］. 湖南社会科学，2016（3）：1-8.

［3］张纪南. 深化机构和行政体制改革［J］. 中国机构改革与管理，2018（01）：6-9.

［4］罗来军."坚持全面深化改革"的内涵和实质［J］. 前线，2017(12)：23-27.

［5］文宏，赵晓伟. 政府公共服务注意力配置与公共财政资源的投入方向选择——基于中部六省政府工作报告（2007—2012年）的文本分析［J］. 软科学，2015（6）：5-9.

［6］曾忠禄. 有限理性与竞争情报［J］. 情报理论与实践，2006（1）：29-32.

专 题 篇

第五章
加快完善产权制度体系　以“保护严格”促进产权有效激励

内容提要：有效的产权保护制度可以保障市场秩序稳定运行，充分激励市场主体活力，提升市场预期，是社会主义市场经济的基石。当前，我国产权保护制度还存在诸多的问题，不能有效地激励市场主体释放经济活力。本章在分析论证产权保护制度现状和存在问题的基础上，结合国外产权保护经验和国内改革实际，针对性地提出了完善产权保护制度，促进产权有效激励的对策和建议。

经过改革开放40多年的发展，我国非公经济获得蓬勃发展，逐渐成为拉动我国经济增长的中坚力量，为积累社会财富、创造就业岗位、促进经济社会发展、增强综合国力作出了巨大贡献。然而，当前我国产权保护状况仍然存在很多值得担忧的问题，与建立统一开放、竞争有序的现代市场经济体系还有相当大的距离。各所有制产权未能实现平等保护，对非公经济的产权保护不力，公权力侵犯私权和民营产权的现象时有发生，严重损害人民大众的财产安全感，毁坏社会信心和对未来的良性预期，消磨企业家投资兴业的积极性，对经济社会发展造成巨大的负面效应，致使企业家纷纷移民，资本外流和高端人才流失现象严重，给市场经济健康运转带来巨大风险。不仅如此，国有资产流失现象一定范围内也依然存在、农村产权侵权引起集体性严重事件屡见不鲜、知识产权滥用和侵权等，极大打击了市场主体创新积极性，扰乱了市场经济秩序，而这一切棘手问题解决的关键是建立和完善产权保护制度。有效的产权保护是解决资本外流和非正常移民的关键，也是稳定社会关系，有序推进各项改革任务的重要保障。正是基于此，产权保护制度在当前完善社会主义市场建设中被提到了前所未有的高度，需要以问题为导向，加快完善产权制度体系，以“保护严格”促进产权有效激励。

大力推进产权保护制度改革的重要意义

一、产权制度是保障市场秩序运转的基础

有效的产权安排是经济增长的关键，只有产权受到充分的保护和获得足够的尊重、产权保护制度较好地得以实施，公平、有序的市场竞争才有可能存在，经济增长才有可能出现。否则，产权严重残缺，其运行的交易成本无限高，经济效率必然低下。产权的主要功能是为经济主体参与市场经济活动提供激励和约束，减少不确定性，将外部性内部化。完善产权制度，使各种所有制经济和各种类型的产权得到清晰界定、顺畅流转和严格保护，这是规范市场主体生产经营行为、优化资源配置、降低市场交易成本、形成良好市场秩序的重要保障，是社会主义市场经济体制有效运行的基础前提。进一步巩固公有制为主体、多种所有制经济共同发展的基本经济制度，也要求健全覆盖各种所有制经济的产权制度体系，依法保护各类产权，推动产权公平交易流转，夯实社会主义市场经济的微观基础。

二、产权制度能够有效激发市场主体活力

产权保护是对企业家和创新创业者最有效的激励。建立健全产权制度可以有效激发市场主体活力和创造力，激发各类市场主体的创新积极性，稳定社会预期，增强经济发展的持久动力，推动高质量发展。追求和拥有产权及其收益，是市场经济条件下各类市场主体开展生产经营活动的根本动力所在。农村家庭联产承包责任制改革、国有企业改革等一系列改革实践都有力证明，建立健全产权制度可以有效激发市场主体活力和创造力。在我国经济发展进入新常态后，要有效应对挑战、保持经济持续健康发展，必须进一步激发市场活力和创新精神，稳定社会预期，充分发挥各类市场主体特别是企业家创业创新、投资兴业的积极性、主动性、创造性，增强经济发展的持久动力。要做到这一点，完善产权制度尤为关键。

三、产权保护是提振市场信心的制度保障

严格的产权保护制度为投资者提供了稳定、长远的预期，有利于投资者制定实行长期的投资和经营计划，也使得稀缺资源得到保护和合理配置，从而通过市场竞争和产权自由转让提高资源使用效率。产权关系的公平是社会公平的基本内涵，产权制度的稳定是社会稳定的重要保障。在广大人民群众物质生活条件得到极大改善、个人财产不断增加的情况下，对财产安全的保护显得尤为重要。完善产权制度，更加有效地保护产权，就是保护人们诚实劳动，保护人们对美好生活的向往，营造公平稳定的社会环境。随着我国中等收入群体扩大、居民财富增加以及技术进步对经济增长的贡献加大，企业家、城乡居民、科技人才等不同群体对明晰产权权

益、加强产权保护的诉求都非常强烈，但目前一些领域产权制度还不健全，一些领域产权保护不力，必须着力完善产权制度，依法全面平等保护各类产权。只有这样，才能形成鼓励通过自我奋斗、诚实劳动、合法经营创造财富、实现人生价值的良好氛围，才能形成社会公平正义和国家长治久安的良好局面。①

产权保护制度存在的主要问题

当前我国产权保护状况仍然存在很多值得担忧的问题，与建立统一开放、竞争有序的现代市场经济体系还有相当大的距离。特别是未能实现对不同所有制经济产权的平等保护，公权力侵害私有产权和民营企业资产等现象还时有发生；公有产权受到内部人侵犯和公有资产流失的情况依然在相当范围内存在；侵犯知识产权、严重损害技术创新积极性的行为也易发多发。这些都损害人民大众的财产安全感，毁坏社会信心和对未来的良性预期，消磨企业家投资兴业的积极性，对经济社会发展造成负面效应。

一、国有产权制度体系不完善

（一）国企产权管理和经营效率不高

在产业领域实物形态的“国有企业”仍是国有经济的主要实现形式。各级政府作为市场的监管者，同时分别拥有管理和控制着一个庞大的国有企业群，成为经济体制诸多矛盾的一个焦点。当前多数国有企业已初步建立现

① 善长．产权制度是社会主义市场经济体制的基石［N］．中国纪检监察报，2017-12-26（001）．

代企业制度，但很不完善，部分企业尚未形成有效的法人治理结构，权责不清、约束不够、缺乏制衡等问题较为突出，一些董事会形同虚设，未能发挥应有作用。新一轮混合所有制改革过程中，民营企业对未来参股控股国有企业信心不足，混合所有制改革内生动力不强。国有股“一股独大”现象仍然突出，已进行“混改”的企业股权结构依然不合理，只有产权多元化的形式，没有公司有效治理的实质。改制上市国企在产权结构、股东结构、法人治理结构，少数股东的知情权、参与权，企业构架、管控能力等方面还有不少问题。国资监管机构对改制企业管理的行政化倾向严重，管理没有体现出垄断性和竞争性企业的差异性，没有体现国有独资企业和股份制企业的差别化，考核体系全部是以利润为核心，只要有国有资本就要“一竿子管到底”，董事会和公司治理不能有效发挥作用，大大降低了竞争性企业市场活力和运行效率。

（二）自然资源资产产权制度不完善

长期以来，由于历史条件、认识水平以及发展要务使然，产权所有人虚化弱化，全民所有自然资源资产产权主体代表缺乏明确法律规定，集体所有权的自然资源所有者与管理者分开。由于缺乏明确人格化的所有者，致使所有者权益不落实，自然资源市场化配置比例偏低，市场配置资源的决定性作用尚未充分发挥。由于所有权人不到位，受经济利益驱动，自然资源管理中“重开发、轻保护”、资源保护制度落实不到位、资源利用总体粗放的现象在一些地区还普遍存在，导致我国自然资源资产产权管理不力、资源资产滥用，配置低效，自然生态环境破坏严重。自然资源资产的统一登记体系尚未形成，资产核算体系和监管体系尚未建立。

（三）国有企业产权制度改革政策实施落地不充分

国有企业产权制度改革涉及政府、企业、职工、社会等诸多主体利益，影响面大，情况复杂，协调难度大。国企改革系列文件，大多规定了改革方向和原则性要求，改革容错机制和法律保障缺乏，地方政府在结合本地情况制定实施意见和配套政策时比较谨慎，配套文件的出台普遍滞后，一定程度上影响了国有企业改革的进度和政策实施效果。国有企业拥有显性或隐性优势，对非公经济存在歧视或不公正待遇，与非国有企业产生排异现象和不公平竞争，同股不同权、同股不同酬，决策权不平等、收入分配不公平，在一定程度上挫伤了非国有产权主体的积极性，甚至有民资参与国有企业项目，存在政府及国有企业在混合过程中政策稳定性不强、不守诚信乃至出现违约的现象。国有资产流失现象仍然存在，比如，国有产权由于所有者和代理人关系不够清晰，存在内部人控制、关联交易等。

案例一　3.4 亿处级巨贪张新华一审被判死刑　将穷国企变成摇钱树

2014 年 12 月，被称为“广州史上最大贪腐案”的白云农工商系列腐败案在广州市中级人民法院一审宣判。广州白云农工商联合公司原总经理张新华，因犯受贿罪、贪污罪、非国家工作人员受贿罪，涉案金额高达近 4 亿元之巨，被法院判处死刑，立即执行，并处没收个人全部财产。

法院审理查明，1998 年 6 月至 2013 年 5 月，张新华在白云公司及其下属公司转让国有土地使用权和合作开发房产项目中，为相关单位、个人提供帮助，收受贿款共计 5 680 万元人民币和 730 万港元。2003 年后，张新华未经上级同意，私自成立广田公司、新雨田公司，陆续通过虚设债务、低估资产、主动诉讼及和解、以物抵债等方式无偿取得白云公司及其下属公司的房产、地块，进而通过出租、转让获取的利润以及股东集资方式，继续侵吞白云公司及其下属公司的房产、土地。根据评估，侵吞国有资产2.8亿多元。据专业机构评估，该案中被张新华违规处理的土地面积多达110万平方米，相当于154个标准足球场那么大，建筑面积约55万平方米，可追回的涉案资产市值近50亿元。此外，法院还查明，2010年至2011年，张新华还利用自己控制广田公司、新雨田公司的职务便利，为江门一家公司受让广田公司的债权及相关地块提供帮助，收受“好处费”超过3 529万港元和450万元人民币，被认定为构成非国家工作人员受贿罪。在新一轮国企改制如火如荼之际，白云农工商系列腐败案的教训对于加强国有资产监管具有警示意义。

二、非公有制经济产权保护不平等

（一）立法差别对待公有制经济和非公有制经济

法律制度体系的不完善和条文的不合理是造成产权保护不完善、产权人合法权益被侵犯、现行司法救济途径不完整、国有产权保护机制僵化等问题的主要原因之一。在现行法律体系中，虽然产权保护条款分布在不同的法律法规中，但在条款的设置上尚存在不平等保护的内容，有些具体的法律法规与非法、违法犯罪的鉴定标准因产权关系不同而作出不同的规定。甚至，现有法律法规还在产权平等保护方面存在空白区域。对公有制经济采取原则性保护，对私有财产则是非原则性保护。对公私财产的保护从保护范围、适用标准到量刑幅度，实行区别保护甚至有的保护缺失。例如，刑法中某些立法规定，只惩治侵害国有经济利益的行为，对侵害非公有制经济利益的同类行为却不予规制。[①] 同样是侵犯财产权，从公有单位向私营单位的资金转移，数额较大的将构成挪用公款罪，最高可判处无期徒刑，但从私营单位向公有单位的资金转移，不论多少，一般被视为“集资”“入股”等，根本与罪无关，因为刑法对此无明文规定。

（二）非公有制经济歧视仍然以各种形式存在

在一些行业，民营企业仍然受所有制的歧视和偏见，国有企业在审批上的优势依然明显，非公企业很难获取国有企业相对便利的审批程序。国有企业在获取土地、矿产等自然资源、特许经营权、政府项目、银行贷款、资本市场融资以及市场准入等方面具有明显优势；外资企业有较强实力，受到国家和地方的青睐；民营企业则处于不利的地位。在申请行政许可等业务时，经常因政策变化出现办理周期长、重复申报内容等难题，往往导致企业错过发展良机。特别是在传统的国资垄断行业，尽管市场准入条件不断放宽，逐步向民间资本开放，但放开后国有企业既是裁判员又是运动员，民间资本要想真正进入并与其竞争，面临困难。

（三）非公有制经济产权保护不到位

现行法律关于公私财产之间的区分还不够明晰，且物权法、合同法、知识产权法、刑法等关于产权保护的法律法规还存在模糊地带，给司法实践带来了困难。司法执法理念存在差异，重国有轻民营、重打击轻保护、重办案轻服务的问题仍然存在。执法司法有待进一步规范，仍然存在利用公权力侵

---

① 赵秉志，左坚卫. 清除法律障碍实现刑法平等保护非公经济［N］. 检察日报，2017-08-09(003).

害私有产权，以及适用产权保护司法政策不当等问题。部分案件涉案财产处置不够严格规范，执法机关未能依法严格区分个人财产和企业法人财产，对涉案财物随意扩大扣押范围，认定标准不严，财物保管不当、丢失损毁严重，案件久拖不决，给民营企业家造成较大经济损失和精神损害，造成较大社会影响。部分基层执法司法部门能力建设不够，基层行政权大于司法权的现象仍然存在。非公有制经济产权侵权案件“执行难”问题还未从根本上解决。政商关系失衡，政府不守信、高度的金融规制、扶强不扶弱的招商引资等因素，导致民营企业的成长环境较差，其抵御风险能力也相对薄弱，企业家安全感降低，部分资产外流海外的现象较为明显。

案例二　保护私有财产第一案：陕北民营油田产权被收回案

1994 年 4 月 13 日，原中国石油天然气总公司和陕西省政府签订了《关于开发陕北地区石油资源的协议》，从中石油和陕西延长油矿管理局已登记的探矿权、采矿权区块范围内，划出 1 080 平方公里的区域，交由地方市县组织开发。陕北各市县政府出台优惠政策，通过招商引资，鼓励民营企业加入石油开采的行列，给民营投资者颁发了石油开发营业执照，并签订了石油开采协议。1999 年 7 月，原国家经贸委和国土资源部联合发布了“国经贸石化 1239 号文件”，要求陕北当地各县政府“坚决停止和纠正允许投资商参与石油开采活动的做法”和“杜绝越权审批石油区块及井位的行为”。2003 年春，陕北地方政府采取“先收井，后清算”的办法，突然强行收回油田，2 000 多位油老板的油井顷刻间挂上县钻采公司的牌子，几十亿元民营资产变成了“国有”。7 月开始，当地出现了长时间的大规模群众上访。陕北油田特许经营权强行收回事件在全国引起了轩然大波。

资料来源：朱雨晨．保护私有财产第一案［J］．中国新闻周刊，2004（40）：34-36.

三、知识产权保护制度有短板

我国经过几十年的发展，建立了现代化的工业经济体系，依靠知识产权创新驱动型经济逐渐显示出强大的竞争优势。当前，建设世界科技强国与全面推进依法治国，为完善我国知识产权保护体系、提升知识产权保护能力带来重大机遇，新技术特别是大数据与人工智能的运用，又给知识产权保护带来新挑战。[①]我国在知识产权保护上还存在诸多短板。

（一）知识产权保护和维权意识薄弱

知识产权保护存在“政府热、市场冷；中央热、地方冷；面上热、心里冷”的现象，降低了知识产权成果转化为市场竞争力的实际效能。尤其是很多初创企业忽略知识产权保护，待企业发展到一定规模或者经营的品牌有了知名度后，往往因为商标等知识产权问题遭遇难以承受的风险和损失。传统市场中假冒伪劣、盗版侵权等问题多发，企业的主体责任意识不强，市场信用体系不健全等知识产权问题依然突出。不仅如此，知识产权保护法律和手段的滞后，使维权“时间长、举证难、成本高、赔偿低”，企业维权“赢了官司、输了市场”的困境极大地打击了知识产权侵权维权的积极性。

（二）知识产权成果转化运用不高

知识产权保护是企业在市场竞争中的有力保障，而专利保护则会为一家

① 易继明．保护知识产权就是保护创新［N］．人民日报，2018-07-08（5）．

企业带来源源不断的财富价值。知识产权发明和市场信息不对称、知识产权集成难、有效知识产权成果转化的专业人才和机构缺乏、知识产权转化运用政策体系不健全，创造发明人利益保障机制未形成等原因，造成市场主体运用知识产权的能力还不够强。重点领域知识产权精准服务和市场转化较为滞后，服务资源布局不均，服务资源碎片化、服务内容同质化、服务渠道单一化，企业急需的个性化、专业化服务难以有效及时满足，已有的服务资源和服务内容不能实现跨区域共享、远程实时指导，服务内容、服务路径和服务时效难以满足企业高质量知识产权服务的需求。

（三）知识产权保护制度有待完善和创新

“互联网 +”背景下，新业态、新产品、新商业模式的不断涌现，大量新型创新成果对知识产权保护规则更新与完善提出了更高的要求，知识产权保护面临制度缺失和制度建设困境。新型知识产权保护主体复杂化、侵权行为及方式多样化、侵权对象扩张化、线上线下维权取证难等更是给知识产权保护带来了巨大的挑战。植物新品种保护、商业秘密、反不正当竞争等新型知识产权保护不充分。而现有的法律法规设置的内容不能给予新型知识产权成果及时有效的保护，市场经济主体大量的创新成果迫切需要知识产权制度与时俱进。另外，现有审查周期和标准无法适应和跟进互联网产业迭代周期不断缩短的特点，企业创新成本和风险高，创新竞争激烈，侵权违法成本低，新型成果有市场无保护等，直接影响了企业和个人的创新创业热情，给创新驱动发展造成困境。

案例三　中国人发明青蒿素却丢掉几十亿美元专利市场

中国是第一个发现青蒿素可以治疗疟疾的国家，也是第一个成功提取高纯度青蒿素的国家。2015 年，屠呦呦凭借发现青蒿素喜获诺贝尔医学奖。

然而，由于我国知识产权制度建设起步较晚、知识产权意识淡薄、知识产权管理体制机制等原因，青蒿素的专利权不在中国，国际市场上许多相关药物的专利权都掌握在外国企业手中，中国青蒿素由于缺乏知识产权保护，痛失多达几十亿美元的专利市场。

1967 年，中国动用了超过 60 家科研机构大约 500 名科学家开始了新的抗疟疾药物的研究。1971 年，屠呦呦研究团队从中药青蒿中分离得到抗疟有效单体，命名为青蒿素。当时我国还未建立知识产权制度，直到 1985 年中国首部《专利法》才正式开始实施。在此之前，由于没有专利机制和专利意识，屠呦呦团队科研人员先后在各种学术刊物上发表了一系列关于青蒿素的论文。专利授权的基本前提是“新的”，即在申请专利前，没有在其他途径公开过。因此，在发表了诸多文章后，屠呦呦团队发现的青蒿素也因此失去了国际专利权保护的机会。

在 1985 年之前，我国没有人知道如何将药物进入国际市场，如何完成国外认可的临床实验，更重要的是没有任何企业能按照国际标准生产药物。因此，我国生产的青蒿素类药物，长期无法进入国际市场，青蒿素在国际市场上的商业化，是依靠法国的赛诺菲和瑞士的诺华两家国际药企与中国有关方面开展合作推动完成。由于中国没有申请青蒿素基本技术专利，美国、瑞士国家的研发机构和制药公司便开始根据中国论文披露的技术在青蒿素人工全合成、青蒿素复合物、提纯和制备工艺等方面进行广泛研究，并申请了一大批改进和周边技术专利。诺华经过多年的经营，通过购买研发等一系列方式，在复方青蒿素专利领域已经形成了自己独有的专利壁垒。这段青蒿素发展历史，给中国经济效益造成的损失是非常严重的。中国的科学家在青蒿素药物研发过程中所犯的一系列知识产权制度、政策以及相关决策错误，无论是出于无奈还是意识薄弱，已经使得我国在这个领域内不仅优势尽失，而且落入了国外的专利壁垒中，处处受制于人。

资料来源：曾庆平．从青蒿素的专利之痛谈起［N］．中国知识产权报，2013-03-06（005）．

四、农村产权保护制度供给弱

长期以来，由于农村集体经济组织主体缺位，集体资产、资源和资金监管制度不完善，农民集体经济组织成员财产权益得不到有效保障。

（一）集体成员确权和经营性资产股份制改革规则欠缺

农民集体经济组织成员身份界定是农村集体资产股份制等改革的基础，但由于农村人员流动性较大，外来人员较为复杂，界定难度较大。由于清产核资工作技术性强、工作量大，各地情况千差万别等原因，核产清资工作难度较大。农村集体资产股份制改革股权设置、股权管理、股权流动的规则和相关机制不完善，农村集体经济合作社试点和农民对集体资产股份占有、收益分配、有偿退出及抵押、担保、继承权试点的一些具体政策不够明确，难以较快推进。随着农村集体资产规模日益庞大，亟须尽快尽早将集体资产确权到户，否则容易引起资产流失或者被侵占，不利于农村社会经济的稳定和发展。

（二）土地产权确权还存在一些实际问题阻碍了改革的推进

农村土地确权登记制度是政府加强对农民合法土地权益的保护、赋予农民长期而有保障的土地使用权的重要制度。我国土地确权登记法律规定模糊，土地确权登记规则缺乏系统化的顶层设计。由于历史原因、思想认识不充分、政策实施不到位、土地确权纠纷仲裁体系不健全以及统一的操作细则欠缺等，农村土地产权权利归属不明确，土地产权纠纷还未得到有效的解决。政府部门颁发的产权证书自相矛盾，“有地无证、有证无地、一地多证、一证多地、无地无证”等问题依然普遍存在。土地确权数据采集和共享应用不充分，部门协调机制不健全。

（三）农村土地产权流转制度不完善

我国目前存在对农村土地产权流转认识不足、土地流转程序不规范、土地流转价格评估机制不健全、流转市场不成熟、土地流转收益分配不规范、土地流转风险防范体系不配套等问题。农村土地流转登记备案的法律规定较为混乱，现行法律对于农村土地承包经营权确权的方式、期限、内容、标准等，没有统一的规定。农村集体土地“三权分置”作为一项重要的农地流转制度改革进入实质性的推进阶段，而农村土地承包经营权和宅基地使用权“三权分置”改革只有顶层设计，具体实施细则和配套政策有待完善。土地经营权的属性不明确，土地所有权、承包权、经营权权利边界不清晰。土地产权流转机制不完善，未能形成统一的流转市场，土地流转制度和其他制度之间衔接不畅，配套政策和机制不完善，严重制约农村集体土地产权流转的有序进行。

五、居民财产权保护不到位

（一）土地征收征用制度不完善

我国的征地范围过宽，补偿标准偏低，征地程序不够规范。我国的《宪法》《物权法》《土地管理法》等法律对农地征收征用以“公共利益”为启动程序的标准规定，由于“公共利益”的客观标准存在一定的模糊性，“公共利益”存在着极大的不确定性。关于“公共利益”的范围界定，具体实施程序和参考标准等都缺乏明确的规定，导致行政机关自由裁量空间大，“公共利益”被滥用，损害了农民土地利益。少数地方借“公共利益的需要”之名强征强拆公民房屋、强征农民土地，而一些被拆迁者、被征收者的合法权益却得不到应有保障，比如补偿较低，或不够公平合理，引发群体性事件、刑事案件等尖锐矛盾，造成恶劣的社会影响。另外，土地使用权到期后续期的法律安排缺位。目前，关于住宅用地使用年限续期的法律依据主要是物权法第一百四十九条规定，“住宅建设用地使用权期间届满的，自动续期”。目前的法律条文由于缺乏细则，如何“自动续期”存在不确定性，难以操作。

（二）居民投资财产权和金融资产保护不到位

一是居民投资财产权保护制度不完善。我国现行法律对民间投资财产权保护不完善，民间投资更因其“私人”性质，长期受到法律、制度和观念上的歧视，其发展进程也陷入了一个有内在潜力而缺少实际空间的“瓶颈”局面。二是良好的民间投资环境市场尚未形成。经济秩序还不规范，不公平竞争现象依然存在，市场竞争不充分与过度竞争并存，垄断现象与不正当竞争行为时有发生，尤其是行业垄断、地方保护、市场分割等问题仍比较突出，导致居民投资市场预期差，民间投资活力不足。三是公司大股东侵害中小股东权益的事件频频发生。公司大股东利用法人治理结构不规范、股份形成机制不完善、多数决策原则以及利用关联企业转移公司资产等方式侵害中小股东的权益。四是居民金融资产保护体系有待完善。居民金融投资理财法律监管不到位，监管权责分配不明，主体不一。金融资产管理运营平台定位模糊，账户信息保护不到位。

(三)居民信息财产滥用侵权现象严重

随着移动互联网兴起，用户包括身份、银行财产等相关数据和互联网应用绑定越来越紧密，泄露风险和威胁越来越大，网络安全问题也日益凸显，非法获取、泄露甚至倒卖个人信息等侵害个人信息安全的事件时有发生，企业合规和执法监管面临挑战。虽然我国有近40部法律、30余部法规涉及个人信息保护，《中华人民共和国消费者权益保护法》《中华人民共和国民法总则》(2021年1月1日《中华人民共和国民法典》施行，该法废止)《中华人民共和国网络安全法》《中华人民共和国刑法》等法律法规明确了责任主体、犯罪要件等，形成了个人信息法律保障网络，但个人信息保护法至今尚未出台，对个人信息安全的管理权分散在不同部门，工信、工商、公安等都有权管理，但都管得不彻底，部门之间配合度不高，联动性不强。企业对于个人信息重视程度不高，个人信息管理技术不强，管理手段落后、系统安全和保障不足，引起系统性风险和个人信息泄露，造成居民人身权和财产权受到侵害。个人因信息泄露造成财产等损失，因涉案金额小、数量多，造成信息权侵权损害维权难度高。

完善产权保护制度对策和建议

一、完善国有产权制度

加快构建全民所有自然资源资产产权制度。构建全民所有制自然资产产权，要从法律上落实全民所有自然资源资产所有权，明确自然资源所有权、使用权等产权归属关系和权责，适度扩大使用权的出让、转让、出租、担保、入股等权能。建立统一行使全民所有自然资源资产所有权人职责的体制、机制，授权有关部门或机构代表全民对各类全民所有自然资源资产的数量、范围、用途实行所有权意义上的统一监管，享有所有者权益，有效约束生产者开发自然资源的行为，强化其保护自然资源的法律责任。推进所有者主体人格化，严格区分国有企业、国有控股企业、股份有限公司和法人独资企业的性质，严格按照国家和地方有关规定控制协议出让矿业权，明确所有者权责，保护自然资源资产的所有者权益，公平分享自然资源资产收益。完善自然资源资产负债表落实机制，建立健全自然资源资产有偿使用制度和市场化交易机制，充分利用市场手段，通过合理定价反映自然资源的真实成本，通过许可证交易等市场手段将产权明晰的自然资源资产放权市场，实现市场在生态环境资源配置中的作用。

健全国有经营性资产产权管理制度。产权制度改革是管理体制创新的关键环节，我国的国有资产管理体制改革乃至整个经济体制改革，在一定意义上就是围绕着经营性国有资产展开的。健全国有企业履行出资人的职责，健全所有者权、责、利统一，人、财、事管理规范的国有资产监督管理体制。改革国有资本授权经营体制，分离国有企业产权、所有权、使用权、经营权，理顺所有者、代理人、经营者的权责关系。通过国有资本投资运营公司，实现国有产权的自由流动和优化配置，推动国有企业优化布局，缩小战线，减少虚资产，做强实资本。正确区分国有资产监督职能与管理职能的属性差异，健全国有资产监管体制，厘清治理边界，从管理全口径的资产向管理出资人资本转变，从管理经营者向管理股权代表转变，从管理企业重大事项向部分委托董事会授权管理转变，改进监督服务方法，完善出资人财务监督体系。建立企业家充分行使企业经营权的激励机制，使其得到市场评价报酬，积极调动国有企业管理人员的经营企业积极性。加快建立完善的国有产权流转市场，尤其需要有一个规范的资本市场对国有资产的配置和运行效率给出客观评价。继续支持国企通过上市改制融资，建立非上市公司产权交易市场，促进国企产权流动和多元化。

完善混合所有制经济各类产权管理制度。用混合所有制的方法深化改革国有企业的实质是产权制度改革，这是党的十八届三中全会关于国有企业深化改革的重大制度创新，也是探索公有制与市场经济紧密结合的具有中国特色的独特模式。注重保护产权是国企组织实施发展混合所有制经济的要求之一，混合所有制改革是一个非常复杂的系统工程，涉及股权结构设计、各方利益调整、激励机制重构、产权市场交易以及资产价值判断等企业内外的各种活动，确保各类产权得到平等保护，确保股权转让、增资扩股等市场信息公开透明，确保市场交易过程严格监管和第三方机构的作用有效发挥，这都需要以产权法律制度建设为前提。需要理顺国有资本所有者及行使国有资本出资人职责的机构与混合所有制企业之间的关系，理顺国有产权与非国有产权之间的关系，深化改革强化国企市场主体地位。完善国有企业法人治理结构，建立和健全管理人员能上能下、员工能进能出、收入能增能减的动态管理机制。坚持决策层与经营层有效分离，使各类产权所有者成为平等主体，依据产权关系参与混合所有制企业经营决策。

二、健全非公有产权平等保护制度

平等保护各所有制经济产权。平等是一种神圣的法律，一种先于所有法律的法律，一种派生各种法律的法律，一种原则。[①] 完善保护不同所有制经济的产权，需要破除法律政策方面的不平等限制，实现身份平等、机会均等

---

① ［法］皮埃尔．勒鲁．论平等［M］．王允道译．北京：商务印书馆，1998.

和规则公平。加强对非公有制经济产权保护，完善保护私有财产权法律制度，清理修改不利于私有产权保护的法规政策，确保个人和非公企业法人财产权不受侵犯，促进非公有制经济健康发展。[①] 健全投资者权益保护的法律环境，清理在贷款审批、利率计算、贷款担保、土地使用、税收等政策条件上不利于非公经济健康发展的歧视性政策，采用统一的衡量标准，制定不区分所有制的政策待遇，保障各所有制经济主体享有平等的权益。健全民营企业家参与涉企政策制定协商机制，提升民营企业家在法律政策制定实施过程中的话语权。加快政府和社会信用体系建设，建立亲清型政商关系，规范政府依法行政，诚信履职，引导民营企业家严格按照制度和规矩诚信经营。将政务履约和守诺服务纳入政府绩效评价体系，建立政务失信记录，建立健全政府失信责任追究制度及责任倒查机制，加大对政务失信行为惩戒力度。激发和保护企业家精神，在全社会形成尊重企业家、包容企业家、鼓励企业家创业的良好营商环境。

严格执法司法程序和加强市场主体公平裁判。在现代市场经济条件下，产权的本质是契约，保护产权就是保护契约，这就需要政府依法行政，严格执法程序，积极发挥维护市场主体守信、守约的重要作用。在执法、司法和行政实践中加强对平等市场主体之间产权纠纷的公平裁判。加强执法、司法人员素质教育，提高执法、司法队伍的执业水平。严格规范政府机关在违法犯罪中调查的事项和程序；严格限制政府在调查活动中，随意进入民宅，随意查询、扣押、冻结、处理涉案财产的行为；在涉及扣押、没收公民财产的行政行为时，增加司法审查制度。政府不得法外设定权力，没有法律规定和依据不得作出损害公民、法人和其他所有制合法权益或者增加其义务的决定。规范经济犯罪初查制度，对涉及民营企业的经济犯罪初查，应履行与正式刑

① 陈和．完善社会主义市场经济法律制度［N］．经济日报，2014-10-31（1）．

事立案一样的报批程序后才能进行调查工作。营造保护非公经济投资者财产安全和人身安全的法律环境，全面落实行政执法责任制度。纠正行政执法中不作为、乱作为、有案不立、有案不移、以罚代刑的行政行为。推行和落实政府权力清单制度，强化行政权力制约。探索设立产权争议调解中心和仲裁中心，建立专门的产权争议解决机制。

建立健全产权保护政策落实协调推进机制。政策如何有效落地，形成有效的约束力，有待相关职能部门协同推进，尤其是地方政府执法部门和司法部门的有效配合。持续落实党中央、国务院关于完善产权保护制度依法保护产权的决策部署，抓紧制定务实管用的实施细则，提高运用法治方式保护产权的水平，推动重点举措落地，健全产权保护长效机制。完善产权行政保护与司法保护法律适用规则，进一步加强执法衔接和协作，建立统一的行政机构与司法机构产权保护的执法标准。出台统一的产权侵权司法鉴定标准。明确移送机关和被移送机关对移送案件进行监督的具体办法和责任后果。建立有效的产权保护行政执法和司法执法的信息共享和应用机制，减少行政执法和司法执法的信息传输环节，提高信息传送的质量和效率。建立长效的产权纠错保护机制，针对现实发生的破坏产权的事件，从案例研判入手，剖析案例，对存在的问题及时处理和矫正、进行经验教训总结，形成案例指引机制，不断完善产权保护的社会环境和制度环境。

三、健全知识产权和各种新型产权制度

加强知识产权保护激励和促进知识产权成果转化。我国的发展动力正从要素驱动、投资驱动转向创新驱动阶段，知识产权激励创新所呈现出的潜能也与日俱增。有效的知识产权成果转化不仅是促进知识产权成果扩散的机制，而且也是形成良性创新机制的重要环节。要健全集聚创新人才的体制机制，

建立完善以科研能力和创新成果为导向的人才评价标准，改革科技奖励制度。完善知识产权创新保护的法律制度，细化和完善知识产权创造、使用、交易、保护制度规则，建立知识产权案件的统一审理标准，探索建立知识产权侵权惩罚性赔偿制度。修订《中华人民共和国科学技术进步法》《中华人民共和国促进科技成果转化法》等法律法规，研究制定商业秘密保护法、职务发明条例等，研究逐步建立支持创新的风险投资法律体系，为推动创新和促进知识成果市场化提供保障。加快知识产权成果转化和应用市场机制建设，培育专业化和知识产权服务体系，聚合优质专业力量，为重点领域企业提供优质知识产权服务。

完善“互联网 +”知识产权保护制度。推进“互联网 +”知识产权保护，为实施创新驱动发展战略营造良好的市场环境。完善著作权法、商标法、专利法等法律中有关网络知识产权的规定，出台相关行政法规和司法解释，构建我国网络知识产权保护法律体系。在刑法、专利法、产品质量法、著作权法等法律中增加对于微信、微博等互联网领域侵犯产权行为的惩处规定。修改与补充新的经济形态下知识产权保护刑法、民法规则等，加大对侵犯非公主体财产权犯罪行为的惩罚力度，对同一类犯罪行为在罪名、定性、内容、处罚、量刑上保持一致。适时扩展知识产权保护范围，及时将具有商业价值的数据和数据链、商业方法、商业模式、发明技术等企业各类新型创新成果严格保护起来。加强网络知识产权保护行政执法及综合治理，以保护网络著作权、商标权为重点，严厉查处违法违规互联网文化产品及其经营单位。探索建立针对跨境电子商务中侵犯知识产权行为的追溯机制，重点打击通过电子邮件、网购等渠道进口、出口假冒知识产权商品的行为。加强网站备案、域名和 IP 地址管理等工作，畅通举报、投诉渠道，同时督促、指导网络服务提供者严格审核网站内容，增强自律能力。强化网络知识产权司法保护，适时制定相关司法解释，及时发布指导性案例、典型案例，统一裁判标准和尺度。

创新知识产权保护模式和强化知识产权侵权打击力度。与时俱进的更新和健全适应新经济形态的知识产权保护规则，完善细化企业知识产权保护制度，确保制度实施的针对性和有效性。尽快改革和完善知识产权司法鉴定制度，完善保全证据公正业务收费的标准。本着既严格保护又鼓励创新的原则探索新型知识产权保护模式，对看得准的新生事物，要有针对性地定制知识产权保护模式，一时看不准的，先实行包容式审慎监管，推动创新经济繁荣发展，对潜在风险大、社会风险高的领域，要严格知识产权保护和监管，消除风险隐患。进一步明确有关商标侵权案件非法经营额计算标准，尽快出台有关侵犯商业秘密犯罪的证据规则和标准。尽快出台有关侵犯商业秘密犯罪案件受理、立案、侦查、结案等执法标准。充分利用先进技术手段提升知识产权精准打击力度，运用大数据、云计算、物联网等信息技术，降低知识产权保护成本，提高知识产权保护效率。探索适应市场价值判断的知识产权损害赔偿核算依据，加快引入实施惩罚性赔偿制度、法定赔偿上限、举证责任倒置等制度。缩短知识产权侵权审理周期，充分发挥知识产权保护行业机构等社会力量，探索知识产权纠纷多元解决机制，畅通知识产权侵权维权救济途径，破解知识产权侵权维权瓶颈。

四、补齐农村集体产权制度短板

全面开展农村集体资产清产核资和股份合作制改革。清产核资是农村集体产权改革的前提和基础，经营性资产股份合作制改革是当前农村集体产权制度改革的重点。通俗地讲，清产核资就是搞清楚集体的家底，有多少地、有多少间房、房屋出租每年有多少收益等。把农村集体资产的所有权确权到不同层级的农村集体经济组织成员集体，并依法由农村集体经济组织代表集体行使所有权。加快推进集体经营性资产股份合作制改革，推动资源变资产、资金变股金、农民变股东，保障农民集体资产股份权利。推进经营性资产股份合作制改革，主要在有经营性资产的村镇，特别是城中村、城郊村和经济发达村开展，从东部发达地区逐步向中西部地区延伸，通过试点的方式，由点及面，有序推进。

完善农村集体产权确权登记制度。健全农村集体经济组织，赋予集体经济组织特别法人主体地位，使农村集体发展有组织、有载体，健全乡村治理体系。尽快完善和统一农村集体产权确权登记的执行细则，理清农村集体经济组织成员边界，对村集体成员科学合理确权。成员权确认的规则设置需要尊重历史、兼顾现实、程序规范，还要兼顾国家、集体和农民群众利益平衡，获得群众的认可。因地制宜探索“确权确股不确地”的确权方式，针对一些土地情况复杂、矛盾纠纷多、问题难度大的地区，可尝试探索“确权确股不确地”的方式推进确权登记工作。进行确权登记培训和宣传，及时总结和推广各地确权登记典型做法和经验，建立有效交流反馈机制。

健全农村集体产权流转制度和退出制度。深入推进农村土地承包经营权流转制度改革创新，健全农地流转合同制度及政府相关部门备案审查制度，强化对农民利益和流转秩序的维护。健全和完善组织登记制度、成员确认和管理制度，组织机构设置和运行制度、资产财务管理制度、法律责任制度、监管制度等农地产权流转相关制度，建立健全制度间有效衔接机制。法律明确和规范“土地流转”的概念及规则。完善和细化农村承包经营权和宅基地“三权分置”规则。承包地和宅基地“三权分置”的核心就是要增强经营权或租赁使用权的稳定性、流通性，发挥其担保融资功能，实现农民财产性权利。明晰“三权分置”中各项权利的名称和性质，明确经营权属性和实现方式。强化“三权分置”制度与其他配套衔接机制，以改革试点的方式推进“三权分置”制度改革创新，探索农村土地承包经营权和宅基地使用权有偿转让、有偿调剂、有偿收回等方式，引导农村产权以多种形式规范有序流转、交易和退出。建立产权交易平台，让集体资产能交易、能投资、能增值，实现集体经济壮大发展。建立符合农村实际需要的产权流转交易市场，引导进城落户农民依法自愿有偿转让农村土地承包权、宅基地使用权、集体收益分配权。

五、完善居民财产权保护制度

完善土地征收征用补偿制度。在宪法、物权法等法律中，严格界定“公共利益”的含义、目的、范围，确定行政征收的法定条件、程序和补偿标准，以此避免以公共利益的名义，通过征收征用方式侵犯私有财产权。细化对于“征收征用”的限制性条件的规定，明确“公共利益”的范围，避免以公共利益的名义，通过征收征用方式侵犯私有财产权。修订国家赔偿法，提高农民在土地增值收益中的分配比例，扩大赔偿范围和提高赔偿标准，将国家赔偿纳入统一的司法程序中，进一步缩短诉讼时间。规定公共利益的认定引入听证程序，构建多元的公共利益代表机制，以平衡公共利益与私人权利，以此确定那些拆迁房屋、征收土地的事项真正符合公共利益。抓紧出台住宅建设用地等土地使用权到期后续期的法律安排。建立健全居民住宅财产权保护制度，使中等收入群体对政策具有稳定的预期和现实的保障。

完善居民投资财产和金融资产保护制度。重视保护投资者特别是中小投资者合法权益，通过创新金融体系、强化投资理财渠道监管、规范交易方式、探索网络交易模式，让居民拥有更为多样的金融理财工具和产品。进一步完善中小投资者保护的法律体系，在证券法、公司法层面中增加更多地涉及投资者尤其是中小投资者保护的内容。积极推动监管部门尽快制定涉及中小投资者保护的系列规章制度，将股东行权、纠纷调解、支持诉讼等从操作层面规范化和精细化。加强上市公司监管，规范可持续回报股东的分红制度。完善社会保障体系，保持金融市场健康发展，建立完善的金融市场监控体系，缩小地区经济发展差异以及国家制定相关法律制度来保障城镇居民金融资产较快增长。完善政策法规，加强对投资租赁行为的服务、指导和规范管理，维持良性运行市场秩序，保护民间投资的合法权益。

健全个人信息权保护制度。个人信息财产权是主体对其个人信息的商业价值进行支配的一种新型财产权，在信息化时代，如何使法律制度更加合理，既有效保护个人信息，又促进信息有效流动，是立法过程中着力需要解决的价值平衡问题。尽快出台个人信息保护法，强化数据综合治理，在个人权益保障和行业发展之间取得平衡。完善、详细地在民法典分则中对个人隐私权、个人信息权做出具体规定。完善个人信息规范、合理使用制度，强化个人信息侵权打击力度，着力解决网上虚假信息诈骗、倒卖个人信息等突出问题。完善个人信息权保护制度，强化事先监督，加强对持有公民个人信息、企业信息机构的监管，增强个人信息审查义务，设立信息使用者和受益者对信息来源进行合法性审查的合理谨慎义务，探索建立个人信息侵权惩罚性赔偿制度，通过加大违法成本，遏制滥用信息行为。鼓励、引导社会力量，对企业信息安全工作开展监督、评价和评级等，督促企业重视信息安全系统建设和信息权保护。

（执笔人：李红娟）

第六章
深化要素市场化配置改革　以“拆除藩篱”推动要素自由流动

内容摘要：本文从分析要素市场化配置改革与建设现代化经济体系的关系入手，认为要素市场化配置是现代化经济体系的基本特征；要素市场化配置是市场发挥资源配置决定性作用的重要基石；要素市场化配置是影响实体经济发展质量和活力的显著因素和制度短板。本章在分析了我国金融、土地、科技、劳动力资源市场化配置滞后主要表现的基础上，分别就我国金融、土地、科技、劳动力资源以及数据资源市场化配置改革提出政策建议。

要素市场化配置改革是建设现代化经济体系的重要制度保障

一、要素市场化配置是现代化经济体系的基本特征

党的十九大报告指出，建设现代化经济体系，必须“把提高供给体系

质量作为主攻方向，显著增强我国经济质量优势”。而供给体系的形成源于各种生产要素的组合、配置和使用，提高供给体系质量必须从供给源头即形成供给的生产要素层面深化改革。提高供给体系质量，表面上看是提供有创新、有竞争力的产品，但背后是要素生产率的问题。生产要素的市场化程度，是市场在配置经济资源中发挥决定性作用的核心，决定了供给的市场化程度，也决定了供给质量与供给效率。只有生产要素层次的市场化改革得以真正深入，逐步提高要素资源配置市场化的程度，才能发挥市场决定配置资源的有效功能，才能增加市场决定的有效供给，提高资源配置效率和供给质量。因此，从供给源头深化改革，遵循市场逻辑并增强市场供给功能，稳步有序推进要素市场化改革，发挥市场配置资源和形成供给的决定性作用，是提高供给质量的关键环节和根本路径，也是现代化经济体系的基本特征。

二、要素市场化配置是市场发挥资源配置决定性作用的重要基石

党的十九大报告强调，经济体制改革必须以完善产权制度和要素市场化配置为重点，实现产权有效激励、要素自由流动、价格反应灵活、竞争公平有序、企业优胜劣汰。这充分表明了要素市场化配置的重要性，是完善社会主义市场经济体制的关键，这是由完善市场经济体制面临的严峻形势所决定的。市场经济是通过市场机制配置资源的经济形式。市场机制对资源配置的作用首先要求有完整的市场体系，从而使得供求、竞争、价格等市场行为发生互动关系并调节资源的充分流动。可以说，市场经济体制的有效运行，完备的市场体系是其先决条件。市场体系是相互联系的各类市场的有机统一体，不仅包括消费品和生产资料等的商品市场，也包括土

地、资本、劳动力等的生产要素市场，各类市场之间存在着相互制约、相互依赖、相互促进的关系，如果某一类市场发育不全、发展滞后，就会影响其他市场的发展和功能发挥，从而影响市场体系的整体效率，并最终影响市场经济机制的作用。市场在资源配置中起决定性作用，就必然要求形成要素的市场化配置机制，这也是社会主义市场经济体制的重要内容和本质要求。

三、要素市场化配置是影响实体经济发展质量和活力的显著因素和制度短板

当前我国要素市场化配置面临严峻的形势。我国在实行40多年的改革开放后，形成了较为健全的商品市场（我国社会消费品零售总额、农副产品收购总额和生产资料销售总额中，市场调节的比重达到98%以上）但要素市场发展仍然有较大进步空间。突出表现在，一是普遍存在的二元结构双轨运行现象。实质上，不仅仅是二元双轨，而是多元多轨。一方面，有公开的、透明的、可调控的市场；另一方面，还有一个不公开、不透明因而也不可调控的市场。二是价格扭曲。突出的是要素价格形成机制不健全，政府定价范围仍然过多过宽，定价规则不透明，政府不当干预存在。三是市场壁垒。例如，城乡或不同城市之间的户籍壁垒和公共服务供给不均等，妨碍劳动力的自由流动。资本市场上，交易所和银行间债券市场的参与主体、交易品种和托管清算均未实现统一，等等。可以说，要素市场化配置改革滞后，已经成为影响和制约我国实体经济发展质量和活力的短板。

我国要素市场化程度仍然滞后

一、政府对主要金融要素配置的直接干预仍然过多，政府行为挤出效应明显

（一）国家长期对金融行业的准入保持严格管制，金融市场开放性不够

不同市场主体往往难以获得同等的金融市场准入条件，特别是我国长期以来在金融领域对民间资本进入设置了诸多限制，甚至在某些金融领域，外资企业能够进入，而国内民营资本却被挡在门外，在进入金融行业时往往遭遇“弹簧门”“玻璃门”。金融业准入方面限制过多或限制不当，使我国商业银行业的相对垄断成为现实，抑制了金融业的竞争，也扭曲着实体经济对于金融资源的真实需求。

（二）金融市场主体存在结构型缺陷，市场竞争不充分

在我国现行银行结构中，全国性大银行较多，区域性中小银行偏少，特别是为小型微型企业和农户服务的金融机构严重短缺，这是由新中国成立后和改革开放以来我国经济发展对金融业的历史定位造成的。而这种结构性缺陷就必然导致了金融市场竞争不充分，银行资本利润率远远高于社会平均资金利润率。如 2018 年我国 A 股市场所有上市公司创造利润共计 3.38 万亿元，其中银行类上市公司的利润就占到了 44.1%。而更严重的问题是，由于国有企业和大型企业本身的市场优势和国家信用保证，大银行基于资本逐利性都

会选择给这些企业贷款，国有商业银行纷纷撤离农村市场也印证了这个问题。因此，在中小企业和涉农贷款业务上大银行不屑于竞争，同时区域性中小银行严重缺乏又导致中小银行市场竞争不充分，综合导致了长期困扰我国经济发展的中小企业融资成本高和贷款难的问题。而在金融市场十分发达的美国，至今仍有 7 000 多家银行，大部分是区域性的中小银行，我国仅有银行 2 000 多家，远远满足不了地方经济发展和小微经济主体对融资的需求。

（三）金融市场价格长期受管制，资本市场行政管制色彩明显

长期以来，我国政府对金融业实行严格的价格管制，导致金融市场无法形成有效的价格机制。若要在金融体系真正发挥市场配置资源的决定性作用，就必须完善主要由市场决定价格的机制，如，利率汇率市场化改革以及放松资本管制等，让资金价格（利率、汇率）决定于市场资金供求，调节市场资金供求，在金融资源的配置中发挥杠杆作用。另外，我国资本市场仍然存在明显的行政管制色彩，如交易所和银行间债券市场的参与主体、交易品种和托管清算均未实现统一、股票的发行和上市交易受到严格的行政审批限制等。

（四）金融机构市场退出机制不完善，“大而不倒”破坏市场规则

金融机构的市场化退出机制不仅是建立市场竞争规则的重要内容，同时也是促进市场有效运行的重要前提；不仅是提高金融体系效率和竞争活力的重要前提，同时也是促进公平公正竞争、防止道德风险的重要前提；不仅是

金融机构实现商业化、市场化经营的重要前提，同时也是有效实施金融宏观调控和金融监管的重要前提。当前，我国虽然已经开始改变以国家信用为后盾充当金融机构“护航者”的状态，但建立有效安全的市场化退出机制是一项复杂的系统工程，因为既要让高风险的金融机构及时顺畅退出市场，解决金融机构“大而不倒”、经营失败而不倒，最后要由中央银行和各级财政实施救助的道德风险问题，真正实现公平竞争、优胜劣汰，同时又要最大限度地保护存款人和纳税人的权益，保持金融业务与服务的连续性，隔离退出机构的风险传染，防止发生金融挤兑风潮和金融系统性风险，确保金融体系的稳定。

二、土地市场化程度整体较低，土地供给和利用效率均偏低

（一）土地市场化程度难以大幅度提高

一是城市土地市场化面临发展困境。由于我国地方政府对土地财政的依赖程度呈波动上升趋势，2018 年土地出让收入再创新高达 6.5 万亿元，占一般公共预算收入的比值高达 35%，同比增长 25%，土地财政的弊病短期内仍难以消除。同时，与一级市场相比，城市土地二级市场整体不够活跃，在土地资源趋紧和产业结构转型升级的背景下，如何利用二级市场盘活土地资源、提升土地使用效率，这也是未来城市土地问题的一大重点。二是农村土地在土地公有性质不改变、耕地红线不突破、农民利益不受损三条红线下，农村土地市场化进程要服从农业生产与粮食安全、农民与农村稳定的诉求，呈现出小步慢走的特征，即使是步子最大的集体经营性建设用地入市也面临多重限制。现阶段土地流转涉及的农户数量多、经营规模小，难以实现产业化和

规模经营，在社会保障制度的不完善、安土重迁等社会观念等因素的制约之下，大规模且标准化的土地交易市场也很难形成。

（二）土地供给结构不尽合理

当前工矿仓储用地和基础设施用地占比过高，商服用地和住宅用地比例较低，2017 年基础设施用地和工矿仓储用地分别占土地总供应面积的 61% 和 20%。长期以来在“以地谋发展”的思路下，地方政府倾向于通过高价出让商住用地、低价出让工矿仓储和基础设施用地的方式来发展本地区经济，这种做法一方面推动了本地区工业化和城镇化进程，另一方面也导致了房价的快速上升。与此同时，工矿仓储用地常以协议出让或挂牌出让，基础设施用地常用无偿划拨方式出让，政府在其中经常发挥直接行政干预的作用，划拨土地面积占土地供应总量的比例近几年还在不断升高，直接拉低了城市土地整体市场化水平。

（三）土地市场化区域差异较大

由于土地的不可移动性，决定了其在空间上的配置无法像劳动力、资金等要素一样实现充分的自由流动。从全国三大区域看，东部地区城市土地市场化程度最高，中部次之，西部则明显落后。从地级市的视角看，经济发展越落后的地区，政府对于土地市场的干预程度越高，越倾向于采用低价、定向的方式出让土地。从土地供给角度看，由于土地资源受到国家高度的计划控制，其地区间分配并未与经济发展格局完全匹配，土地供给接近于均匀化。2003 年以来国家出于区域均衡发展的考虑，土地供应向中部和西部倾斜，到 2017 年东部、中部和西部的供地面积分别占供地总量的 37.4%、27.2% 和

35.4%，中西部供地面积占比提高。土地供给的倾斜为中西部的发展提供了助力，但也使得东部地区城市用地压力趋紧，抬升了城市生产和生活成本。

三、科技资源市场化改革严重滞后，激励制度远未有效建立

（一）科技资源优化配置方面仍有很大提升空间

一是一些科技资源配置过度行政化，分散重复低效等问题突出，未能集中高效利用。二是科技经费分配机制不合理。科研经费多头管理、条块分割，科研立项交叉重叠、多部门重复申请经费所造成的浪费等现象也较为突出。三是短期考核机制和行政化干预影响了科技资源使用质量。片面追求短期效果的考核评价机制不利于科学研究中基础理论的探索和公共知识的创造，对科研项目的过度行政化干预也影响科研人员创造性的发挥。四是创新型领军人才的人财物支配权、技术路线决策权等方面的自主权还比较有限。

（二）企业主导技术研发创新的体制机制尚未形成

政府应承担科技立法、优化公共服务、营造公平竞争环境和加强监管等引导作用和功能，高校和科研院所是创新成果的供给者，企业是科研成果应用的主体。对于科技成果转化的主体，大多数观点认为大学、科研院所是科技成果转化的主体，但实际上多数大学的首要任务是“教书育人”，而重点大学及科研院所的研究活动也不完全以技术开发与研究为主。高校和科研院所与企业组建的联合体、改制院所、中介组织应作为科技成果转化的主体。目前，政府对微观经济干预过强，政府更多地将宏观市场资源分配到重化工、

房地产、基础设施等行业，反而对企业技术创新的引导和支持不足，无法对从事技术创新的微观主体形成正向激励。要素市场扭曲和高级要素还未市场化，也使得资源配置难以聚集到技术创新上。另外，由于我国与世界前沿技术存在差距，企业更倾向于引进跟踪模仿国外技术、低水平复制生产能力，而不愿意走具有市场风险的自主创新道路。因此，企业难以真正成为技术创新的主体。

（三）产学研合作机制仍不顺畅，产学研结合的技术创新体系尚未形成

科学产出与技术创新两个环节之间缺乏有效衔接，突出表现为大学和科研院所与产业界之间的脱节，导致相关科学产出难以迅速有效地配置到产业发展的应用领域。目前我国 70% 的科研力量在高校和科研机构中，游离于企业之外，科技人才与企业的脱离严重阻碍了企业创新。始于 1999 年改制的科研院所，由于改革得不够明晰和彻底，出现了科研机构身份与行为的背离，也是造成产学研合作机制不畅的症结所在。科技成果转化机制不健全，致使科技成果转化的动力不足。应该说在科技成果转化中，中央政府对技术创新的热情很高，但企业和科研院所的动力不足。

（四）科技评价制度、激励制度等不能适应科技发展新形势的要求

科技评价导向不够合理，片面追求短期效果的考核评价机制不利于科学研究中基础理论的探索和公共知识的创造。唯核心期刊论、“以论文论英雄”情况严重。大量科研人员为获得晋升、项目经费，将大量精力用在发表论文

上，难以潜心做科研。激励优秀人才、鼓励创新创业的机制不完善，科技人员的积极性和创造性还没有得到充分发挥。具体表现在，一是从评价体系上看，目前大学和科研院所以立项、发表论文、获奖和职称评定为主要导向，科研人员缺乏科研成果转化的积极性。二是从利益分配机制上看，由于对知识产权、成果转化收益等合作成果分享缺乏明确可操作的约定，导致科研人员缺乏积极性。三是人才流动机制不健全。科研人员跨体制、跨部门双向流动机制的缺失，影响了科技人力资源在全社会的有效配置。

四、劳动力市场配置受制于较多隐形制约，市场化程度仍不充分

（一）劳动力要素的市场化配置高度受制于其他制度安排

在计划经济时期，劳动力资源主要靠行政手段安排配置，不同劳动群体被分割，造成劳动者收入、就业、福利等方面的制度性、结构性不平等。改革开放以来，市场开始逐步代替计划成为配置资源的主要手段，传统体制下壁垒森严的劳动力资源城乡分割被打破，形成了体制内和体制外劳动力市场。体制内市场上，微观放权的改革使企业劳动效率提高，冗员现象显性化，并且在国企所依托的这个劳动力市场上，职工工资并不是由劳动的边际生产力决定的，而是由制度决定的。体制外市场上，农村转移剩余劳动力的收入是由市场决定的，大量农村剩余劳动力的进入和非国有企业用工量的不断增加，促进了体制内劳动力市场的改革。体制内外两个市场的矛盾迫切需要建立一个由市场发挥作用的统一的劳动力市场。与此同时，与其他市场相比，劳动力市场更多地受到制度变动的支配。我国劳动力市场长期以来受到户籍制度的影响，并且在传统的城乡二元经济结构的共同作用下，形成了我国劳动力

市场的城乡二元结构。从更深层次来看，财税制度、就业体制、土地制度、教育制度等都是和户籍制度相关联的影响劳动力市场的系统制度，在这些制度的共同影响下，我国劳动力市场的主体地位受到制约，影响了劳动力自由流动、劳动条件的确定等多个方面。

（二）劳动力市场分割问题突出

第一，劳动力市场的城乡分割。以户籍制度为典型代表的制度安排和传统的城乡二元经济结构共同作用，形成了我国劳动力市场的城乡二元结构，即劳动力市场的城乡分割。这种分割阻碍了我国新型城镇化发展，一方面，造成农村转移劳动力难以融入城市，子女教育、养老保险、住房等问题凸显；另一方面，在农村也带来了转移劳动力留守儿童的养育问题、留守老人的赡养问题。

第二，劳动力市场的地区分割。改革开放之后，劳动力开始大规模流动，经济发达地区成为劳动力输入地，经济欠发达地区成为劳动力输出地，由于劳动力市场的地区分割，各地一些制度性的限制，将劳动力分为本地劳动力和外来劳动力。对于外来劳动力还存在着或明或暗的就业歧视。例如，有的地区实行外来劳动力暂住证制度，当地政府可以向办理了“暂住证”的外来劳动力提供“市民待遇”，但是外来劳动力的工作、生活、子女教育等方面仍然受到限制。社会保险的统筹层次较低，就业失业、社会保障登记制度与管理尚未形成省级乃至全国联网，外来劳动力社保接续问题突出。另外，为了降低本地的登记失业率，一些地方政府往往首先考虑辞退外来劳动力，以给本地的劳动者腾出岗位。

第三，劳动力市场的行业分割。在我国劳动力市场上，不同行业的劳动力市场间存在劳动力流动障碍，有的垄断行业的劳动力与行业之外的劳动力交流不畅，这样就妨碍了劳动力的自由出入，形成“二元市场”，从而使垄断行业高于其他行业的生产率只有垄断行业内部人士可以获益。从平均工资水平也可以得出结论，平均工资较高的部门大部分是垄断部门，垄断收益是这些部门或行业高收入的源泉。

第四，劳动力市场的身份分割。身份制度是在计划经济体制下的一种人事管理制度。例如，随着市场经济的深入发展，很多单位都在弱化干部身份这一概念，但是这一概念仍然影响着我国的劳动力市场，如尚未就业的大学毕业生大多不愿去办理就业失业登记证，因为一旦办理就会失去其干部身份，会影响其工资、福利、职称等待遇。另外，随着用工形式的多元化，劳务派遣等新的用工形式出现，在一个企业内部就会出现派遣员工与企业自身员工不同的身份区别，随之有可能产生的就是在同一企业内部存在同工不同酬的问题。

（三）劳动力市场的价格严重扭曲

第一，劳动力市场中的收入分配差距过大，橄榄型收入分配格局趋势未形成。当前在企业工资分配中存在收入差距过大的问题，普通劳动者工资过低，主要是农民工、一线职工、私营企业以及国有困难企业职工工资收入低，垄断行业收入畸高、部分国企高管人员薪酬过高。从基尼系数来看，主要发达国家的基尼系数一般在 0.24 ~ 0.36，而我国 2014 年基尼系数达到 0.467，明显超过国际公认的合理收入分配差距 0.4 的警戒线，表明我国收入分配差距仍然过大。我国工资收入分配领域金字塔形格局没有得到明显改变，提低扩中限高的调整任务依然繁重。

第二，工资决定机制存在问题。在工资的市场决定机制方面，劳动力市场的制度性分割造成了劳动力要素难以充分流动，从而使劳动力价格无法真实反映要素供求关系和人力资本水平，降低了劳动力资源的配置效率。在工资集体协商方面，集体协商的覆盖面窄，作用发挥得不充分，依然存在着“不愿谈”“不敢谈”“不会谈”的问题，工资集体协商作用发挥得不充分是造成劳动者报酬偏低的关键因素。

（四）劳动关系矛盾凸显且多发

由于企业在生产过程中时常出现损害职工权益的现象，增加了劳动关系的风险，这些现象具体表现为：企业用工不规范，劳动合同签订率低或违法解除劳动合同，劳务派遣用工不规范，不合法外包明显增加等；拖欠职工工资，同工不同酬，一线职工工资水平过低；不缴或者欠缴社会保险费；超时加班，不落实带薪年休假制度，不依法支付加班工资；劳动条件和劳动保护不完善，部分行业工伤和职业病多发；劳动管理手段滞后，管理方式粗暴，缺乏人文关怀。这些不规范、不合法现象的普遍存在导致了劳动关系领域的矛盾凸显、多发。

改革思路、改革任务和改革路径

一、金融资源市场化配置改革

金融市场的主要要素构成包括交易对象、交易主体、交易工具和交易价格，因此在金融体系中建设统一开放、竞争有序、平等交换的现代市场体系就应该包括金融市场主体的自由进入、金融市场主体之间的平等竞争、金融市场价格由市场决定、金融市场存在安全有效的优胜劣汰机制等内容，这也可以说是市场的决定性作用在金融领域的具体表现。围绕这几个方面推动金融要素市场化改革，充分体现市场对金融要素资源的决定性作用，应成为下一轮金融改革的重点任务。

（一）允许具备条件的民间资本依法发起设立中小银行等金融机构，促进不同市场主体的自由平等竞争，构建更具包容性的金融服务业

允许具备条件的民间资本依法发起设立中小型银行等金融机构，既是完善金融市场组织体系、提升资源配置效率、更好地服务实体经济的关键举措，也是扩大民间投资市场准入范围、激发民间资本活力的重要方面。健全多层次资本市场体系。构建多层次、广覆盖、有差异、大中小合理分工的银行机构体系，优化金融资源配置，放宽金融服务业市场准入，推动信用信息深度开发利用，增加服务小微企业和民营企业的金融服务供给。建立县域银行业金融机构服务"三农"的激励约束机制。推进绿色金融创新。完善金融机构市场化法治化退出机制。

（二）以显著提高直接融资比重为目标，以满足经济转型升级和服务城镇化建设为重点，有针对性地完善金融市场体系

发挥市场对金融资源配置的决定性作用和金融对经济转型以及城镇化建设的服务功能，有赖于多层次的金融市场和丰富的金融产品。制定出台完善股票市场基础制度的意见。坚持市场化、法治化改革方向，改革完善股票市场发行、交易、退市等制度。鼓励和引导上市公司现金分红。完善投资者保护制度，推动完善具有中国特色的证券民事诉讼制度。完善主板、科创板、

中小企业板、创业板和全国中小企业股份转让系统（新三板）市场建设。稳步扩大债券市场规模，丰富债券市场品种，推进债券市场互联互通。统一公司信用类债券信息披露标准，完善债券违约处置机制。探索对公司信用类债券实行发行注册管理制。加强债券市场评级机构统一准入管理，规范信用评级行业发展。实现场内外市场、银行间及交易所市场的互联互通，建立统一的债券监管体系。明确地方政府债务主体，提高地方融资活动透明度，启动发行市政收益债，综合运用资产证券化、引入保险和养老金等机构投资者拓宽地方政府融资渠道。

（三）完善市场利率体系和利率传导机制，倒逼国内金融机构转型升级，三年内基本完成利率市场化进程

发挥市场对金融资源配置的决定性作用必然要求利率由市场决定。着力健全市场利率定价自律机制，提高金融机构自主定价能力。做好贷款基础利率报价工作，为信贷产品定价提供参考。推动大额可转让存单的利率市场化，取消贷款利率下浮限制，扩大市场化定价的金融产品规模，形成完整的市场化基准收益率曲线。通过引导民间资本进入正规金融体系，也可以增加金融供给，使利率能够真正反映资金价格。

（四）五年内基本实现人民币资本项目可兑换，在局部市场成为国际储备货币，完善以市场供求为基础、参考一揽子货币进行调节、有管理的浮动汇率制度

主动有序扩大金融业对外开放。稳步推进人民币国际化和人民币资本项目可兑换。逐步推进证券、基金行业对内对外双向开放，有序推进期货市

场对外开放。逐步放宽外资金融机构准入条件，推进境内金融机构参与国际金融市场交易。完善以市场供求为基础、参考一揽子货币进行调节、有管理的浮动汇率制度，增强人民币汇率双向浮动的弹性和灵活性，扩大波动区间。

（五）尽快建立存款保险制度等宏观审慎监管制度框架，完善金融机构市场化退出机制，建立以并购为主的主动性市场退出渠道

金融体系准入的放松以及自由平等竞争、利率和汇率的市场化，必然会促使金融机构经营状况分化，带来市场化的优胜劣汰。因此要加快建立功能完善、权责统一、运作有效的存款保险制度，促进形成市场化的金融风险防范和处置机制。存款保险制度要覆盖所有存款类金融机构，实行有限赔付和基于风险的差别费率机制，建立事前积累的基金，具备必要的信息收集与核查、早期纠正及风险处置等基本职责，与现有金融稳定机制有机衔接，及时防范和化解金融风险，维护金融稳定。还要完善金融机构市场化退出机制，通过明确金融机构经营失败时的退出规则，包括风险补偿和分担机制，加强对存款人的保护，有效防止银行挤兑。减少金融领域“拉郎配”式的行政性重组，在城市商业银行等区域性金融机构经营状况总体稳定的情况下，及早推进并购重组和股权多元化，以控制和化解风险隐患。

（六）金融监管重点转向防风险和保护金融市场消费者，明确地方政府监管责任，和其他部门形成监管合力

针对日趋活跃的跨市场金融创新活动，强化央行对金融体系系统性风险

防范的协调职能。明确地方政府对地方性金融机构的监管权力与责任，构建中央与地方分层有序的金融管理体系。充分发挥金融监管协调部际联席会议制度功能，不断提升监管协调工作规范化和制度化水平，重点加强货币政策与金融监管政策、交叉性金融产品与跨市场金融创新的协调，实现金融信息共享，减少监管真空和监管重复，形成监管合力。

二、土地资源市场化配置改革

作为优化土地资源配置的重要手段，土地市场化的推进不仅有利于提升土地利用效率，也有助于促进经济发展模式的优化和升级。结合土地市场化现阶段面临的瓶颈和要素市场化发展的一般经验，农村和城市的土地市场化改革可以在以下方面予以突破。

（一）建立健全城乡统一的建设用地市场

加快修改完善土地管理法实施条例，完善相关配套制度，制定出台农村集体经营性建设用地入市指导意见。全面推开农村土地征收制度改革，扩大国有土地有偿使用范围。建立公平合理的集体经营性建设用地入市增值收益分配制度。建立公共利益征地的相关制度规定。

（二）以“三权分置”作为农村土地市场化改革突破口

尽管受限于基本国情，现阶段农村土地不可能实行完全自由交易，但农村土地市场化仍然存在极大的发展空间。承包地经营权的流转、宅基地使用权的流转、集体经营性建设用地入市、增减挂钩等政策的推行，一方面将会提升农村土地的使用效率，还权赋能，提升农民从土地中获得的增值收益，另一方面为城市土地发展提供新的土地资源。在发展方向上，农村的土地市场化应与乡村振兴、产业发展紧密结合，通过农地流转的扩大化、新型农业主体的培育来促进现代农业的发展。

1. 在法律层面统一“土地承包经营权”“承包权”“经营权”“宅地基资格权”“宅基地使用权”等相关概念及内涵

首先，应在相关法律法规和国家、部委层面的政策文件统一“土地承包经营权”“承包权”“经营权”“宅地基资格权”“宅基地使用权”等相关概念的使用，并对概念的内涵进行明确规范。其次，修改当前立法中关于农村承包经营权和原宅基地使用权的规定。

2. 基于“三权分置”改革完善土地权利登记制度

其一，基于“三权分置”的原则，明确土地权证登记的客体不再是承包经营权和宅基地使用权，而是三权分置后的承包地承包权和宅基地资格权（主体只能为农村集体经济组织的农民），而承包地经营权和新分离出来的宅基地使用权效力可在证书他项权中进行明确，或者直接给相应权利主体（可为农民或其他主体）颁发承包地经营权证或宅基地使用权证。其二，规范各项权利确权登记工作。确权工作的不规范，既不利于长期稳定农民土地承包权和宅基地资格权，也在很大程度上影响建立在土地确权基础上的农村土地资源流动。规范农民土地确权要做到三个方面的工作：健全承包合同产生权利的规范；健全登记记载权利的规范；健全证书证明权利的规范。其三，在土地权利登记中要尊重农民意愿，不能强制，不顶替包办，坚持协商原则，确保农民土地权益在确权工作中得到体现与保障。

（三）深化产业用地市场化配置改革

健全长期租赁、先租后让、弹性年期供应、作价出资（入股）等工业用地市场供应体系。在符合国土空间规划和用途管制要求前提下，调整完善产业用地政策，创新使用方式，推动不同产业用地类型合理转换，探索增加混合产业用地供给，提升融合研发、创意、设计、中试、无污染生产等新型产业功能以及相关配套服务的用地利用效率和多样性，支撑新产业和新业态的发展。

（四）鼓励盘活存量建设用地

充分运用市场机制盘活存量土地和低效用地，研究完善促进盘活存量建设用地的税费制度，建立健全城镇低效用地再开发激励约束机制和存量建设用地退出激励机制，推进城镇低效用地再开发。由省级部门牵头，加快开展调整（撤销）建设用地批文审批，盘活批而未供土地转用指标。推进存量用地二次开发，实施增量土地差别化出让制度改革。以多种方式推进国有企业存量用地盘活利用。深化农村宅基地制度改革试点，深入推进建设用地整理，完善城乡建设用地增减挂钩政策，为乡村振兴和城乡融合发展提供土地要素保障。

（五）完善土地管理体制

完善土地利用计划管理，实施年度建设用地总量调控制度，增强土地管理灵活性，推动土地计划指标更加合理化，城乡建设用地指标使用应更多由省级政府负责。在国土空间规划编制、农村房地一体不动产登记基本完成的前提下，建立健全城乡建设用地供应三年滚动计划。探索建立全国性的建设用地、补充耕地指标跨区域交易机制。加强土地供应利用统计监测。实施城乡土地统一调查、统一规划、统一整治、统一登记。推动制定不动产登记法。

三、科技资源市场化配置改革

党的十八大以来，中央、各部委、各地方密集出台有关科技体制改革等相关制度和措施，为深化科技体制改革，实施创新驱动发展指明了方向，下一步改革任务主要是落实以下工作。

（一）加快建立企业主导产业技术创新的体制机制

党的十九大报告指出，要继续深化科技体制改革，建立以企业为主体、市场为导向、产学研深度融合的技术创新体系，加强对中小企业创新的支持，促进科技成果转化。要进一步明确政府与市场之间的关系，政府应减少对微观市场的干预，对于不存在市场失灵的环节政府应逐步退出，发挥市场在配置科技资源中的基础作用。技术研究组合的建立和解散都是由各方根据市场机制来决定的，各相关主体围绕着共同的利益寻找潜在的合作机会，依据市场化规则、市场价格、市场竞争、市场购买等实现效益最大化和效率最优化。要全面加快和推进要素市场化改革，激发企业技术研发投入的积极性；加大知识产权保护力度，让企业通过技术创新得到合理的市场报酬；让不同所有制企业公平分享科技资源；落实企业研发费用税前加计扣除政策，鼓励企业自己建立研发机构；对技术创新型企业进行科技奖励，鼓励企业牵头实施国家重大科技项目。

（二）完善科技创新资源配置方式

改革科研项目立项和组织实施方式，坚持目标引领，强化成果导向，建立健全多元化支持机制。完善专业机构管理项目机制。加强科技成果转化中试基地建设。支持有条件的企业承担国家重大科技项目。建立市场化、社会化的科研成果评价制度，修订技术合同认定规则及科技成果登记管理办法。建立健全科技成果常态化路演和科技创新咨询制度。深化基础研究国际合作，组织实施国际科技创新合作重点专项，探索国际科技创新合作新模式，扩大科技领域对外开放。加大抗病毒药物及疫苗研发国际合作力度。开展创新要素跨境便利流动试点，发展离岸创新创业，探索推动外籍科学家领衔承担政府支持科技项目。发展技术贸易，促进技术进口来源多元化，扩大技术出口。

（三）完善激励机制

改善相关政策和制度环境，建立起以企业需求为主导，企业、高校和科研院所积极参与、风险共担、利益共享的科研成果转化合作机制。着力改善制度环境，为科技成果转化提供更多的公共技术服务体系。收入分配制度的改革要体现倾斜于科研人员和研发活动的导向，激发微观个体从事创新和科技成果转化活动的热情。完善风险投资机制，创新商业模式，促进科技成果资本化、产业化。顺应新技术带来的业态模式变化要求，适时调整行业监管规则。强化知识产权创造、保护、运用，完善知识产权法律法规体系建设，加强对权益人的产权激励和权属保护。鼓励通过各种灵活弹性的方式最大限度实现科研机构人力资源与民营中小科技型企业现有要素的有效结合。健全职务科技成果产权制度。深化科技成果使用权、处置权和收益权改革，开展赋予科研人员职务科技成果所有权或长期使用权试点。强化知识产权保护和运用，支持重大技术装备、重点新材料等领域的自主知识产权市场化运营。

（四）培育发展技术转移机构和技术经理人

加强国家技术转移区域中心建设。支持科技企业与高校、科研机构合作建立技术研发中心、产业研究院、中试基地等新型研发机构。积极推进科研院所分类改革，加快推进应用技术类科研院所市场化、企业化发展。支持高校、科研机构和科技企业设立技术转移部门。建立国家技术转移人才培养体系，提高技术转移专业服务能力。

（五）进一步完善人才培养机制

建立具有国际竞争力的人才管理制度，增强对高端人才的吸引力。依托重大科研项目和建设项目，加大学科带头人和领军人才的培养力度，探索建立企业首席科学家制度，拓宽海外人才引进渠道，积极引进海外高端人才和紧缺人才。要高度重视以领军人才为核心的科研团队建设，促进科研人员协作创新。改革人事管理制度，减少阻碍科技人才自由流动的体制障碍。加大对优秀青年科研人才的奖励力度，使一批有真才实学、成就突出的青年科研人才脱颖而出。努力培养造就一大批具有国际水平的战略科技人才、科技领军人才、青年科技人才和高水平创新团队。

（六）强化对创新进行正面激励的文化建设

倡导创新文化，建立宽松的创新生态环境，允许积累、允许试错，为基础研究提供良好的支持，努力培育潜心致研的氛围。培育企业家创新精神，倡导创新意识，提高全民科学文化素质，培育创新文化环境。从而形成全社会对鼓励创新的正向激励环境，提升全社会创新意识、创新能力和创新自觉，使创新渗透和根植于民族精神和社会文化之中。

四、劳动力资源市场化配置改革

（一）继续构建公平有序落户的户籍政策

1．进一步调整户口政策

推动超大、特大城市调整完善积分落户政策，探索推动在长三角、珠三角等城市群率先实现户籍准入年限同城化累计互认。放开放宽除个别超大城市外的城市落户限制，试行以经常居住地登记户口制度。建立城镇教育、就业创业、医疗卫生等基本公共服务与常住人口挂钩机制，推动公共资源按常住人口规模配置。

2．创新人口管理

健全居住证积分管理制度。以居住证为载体，完善积分入户政策，建立健全与居住年限、参加社会保险年限等条件相挂钩的基本公共服务提供机制。居住证持有人可通过积分等方式，阶梯式享受基本公共教育、基本医疗卫生、就业扶持、住房保障、社会福利、社会救助、公共文化、计划生育等方面的服务。居住证持有人应当按照权责对等的原则，切实履行服兵役和参加民兵组织以及地方规定的公民义务。积极拓展居住证的社会应用功能，不断扩大向居住证持有人提供公共服务的范围。探索全国范围内可换算的居住证积分计算制度，引导人才全国范围内自由流动。

3．加强城乡人口基础信息平台建设

建立完善覆盖全国实际居住人口、以公民身份证号码为唯一标识、以人口基础信息为基准的人口基础信息库。依托政务信息资源共享平台，整合各有关部门的人口信息资源，建立全国人口综合信息服务管理平台，分类完善劳动就业、教育、收入、社保、房产、信用、卫生计生、税务、婚姻、民族等信息系统，逐步实现跨层级、跨部门、跨地区信息整合和共享。

4．明确农民进城落户不得以退出农村土地及其他集体经济组织权益等为条件

加快推进农村土地承包经营权确权、登记、颁证的同时，依法保障农民的土地承包经营权、宅基地使用权、集体经济组织成员的集体财产权和收益分配权等，按照坚持依法、自愿、有偿的原则，引导农业转移人口有序流转土地承包经营权，不得以退出土地承包权、宅基地使用权、集体收益分配权作为农民进城落户的条件。

（二）探索城乡统一的就业制度

1．建立覆盖城乡的职业培训体系

整合培训资源，形成社会化的职业培训网络，健全政府购买培训成果等惠及城乡劳动者的职业培训制度和运行机制。实行劳动预备制度、职业资格证书制度和就业准入制度，引导城乡劳动者提高职业技能，促进劳动者实现素质就业。鼓励指导企业开展职工培训，用足用好企业税前列支职工培训经

费的政策。对职工参加紧缺职业（工种）提高技能层次培训的，各地政府应给予适当的补贴。重点加强被征地农民转移就业培训，落实被征地农民免费培训政策。根据各地产业政策和新增就业领域的特点，制订培训规划，增强培训效果，促进培训与就业的有机结合。

2．规范企业劳动用工管理

所有用人单位必须认真贯彻各项劳动保障法律法规。企业必须严格执行劳动合同制度，依法与包括农民工在内的所有职工签订劳动合同，进行录用备案登记，依法参加社会保险。劳动保障部门要建立企业用工数据库，强化对企业用工行为的监督和动态管理。规范劳务派遣等用工形式。依法维护城乡劳动者的合法权益，促进劳动者的稳定就业。

3．畅通劳动力和人才社会性流动渠道

健全统一规范的人力资源市场体系，加快建立协调衔接的劳动力、人才流动政策体系和交流合作机制。营造公平就业环境，依法纠正身份、性别等就业歧视现象，保障城乡劳动者享有平等就业权利。进一步畅通企业、社会组织人员进入党政机关、国有企事业单位渠道。优化国有企事业单位面向社会选人用人机制，深入推行国有企业分级分类公开招聘。加强就业援助，实施优先扶持和重点帮助。完善人事档案管理服务，加快提升人事档案信息化水平。

4．完善技术技能评价制度

创新评价标准，以职业能力为核心制定职业标准，进一步打破户籍、地域、身份、档案、人事关系等制约，畅通非公有制经济组织、社会组织、自由职业专业技术人员职称申报渠道。加快建立劳动者终身职业技能培训制度。推进社会化职称评审。完善技术工人评价选拔制度。探索实现职业技能等级

证书和学历证书互通衔接。加强公共卫生队伍建设，健全执业人员培养、准入、使用、待遇保障、考核评价和激励机制。

（三）鼓励有知识、有技能的人才去农村并留在农村

1．大力引进各类人才去农村

要通过制定优惠政策，提高生活待遇，改善工作条件，引导和鼓励各类人才到农村工作，切实壮大农村人才队伍，提高农村人才队伍素质。健全农村双创机制，支持农民工返乡就业，鼓励高校毕业生、科技人员到农村施展才华。鼓励并引导退伍军人去农村工作，“军营走出好村官”。建立农村实用人才保障机制，围绕农村实用人才的市场配置、职称、医疗和养老保险等，联合相关部门研究、探索和建立农村乡土人才的社会化管理机制，尽早研究制定诸如农村人才流动、农村实用人才的聘用合同鉴证、农村人才争议处理等办法，保护农村各类人才的合法权益，为农村人才发挥聪明才智、推动农业和农村经济快速发展营造良好的社会环境。

2．建立健全农村人才的激励机制

鼓励农村实用人才进行科研开发、咨询服务、技术推广，支持农村实用人才兴办民办科研实体和开发型经济实体，扶持在外务工人员返乡创业，在创业培训、科技立项、税费优惠、信贷支持、金融服务等方面，各有关部门要按国家政策规定给予优惠和支持。改革和完善分配办法。

3．探索各类人才加入农村集体经济组织的办法

以赋予紧缺型人才、技能型人才农村集体经济组织成员资格或收益权股

份的方法，激励他们更好地服务于农村产业的发展和集体经济的壮大。

五、加快培育数据要素市场

随着数字经济的发展，数据在推动经济效率提高、催生新型产品和服务供给、引导消费扩容提质、带动经济增长方面，发挥出越来越重要的作用。数据的生产要素特征日益显现。为更好地发挥数据在推动社会经济发展中蕴含的生产能力，为数字经济发展提供强大的要素支撑，培育完善、成熟的数据要素市场体系势在必行。

（一）推进政府数据开放共享

正确认识数据对市场的作用，把政府垄断的数据向社会开放，对于经济发展和社会治理也具有十分重要的作用。政府数据向社会和市场的开放，也是政府数据满足公共服务的重要职能，是政府信息公开透明的体现。要优化经济治理基础数据库，加快推动各地区各部门间数据共享交换，制定出台新一批数据共享责任清单。研究建立促进企业登记、交通运输、气象等公共数据开放和数据资源有效流动的制度规范。通过政府数据向社会和市场开放，大大提高公共资源的利用效率，进而提高社会收益。

（二）提升社会数据资源价值

突出社会数据要素的重要性，认识对海量信息源的价值，实现新数据对传统数据的替代，通过利益机制的调整开发数据市场和建立新的数据收益关系，制定社会数据相关发展规划，推动社会数据成为生产要素。培育数字经济新产业、新业态和新模式，支持构建农业、工业、交通、教育、安防、城市管理、公共资源交易等领域规范化数据开发利用的场景，形成数据生产、使用和储存的产业生态和产业链，推动数据要素和数据产业的健康发展。发挥行业协会商会作用，推动人工智能、可穿戴设备、车联网、物联网等领域数据采集标准化。

（三）加强数据资源整合和安全保护

探索建立统一规范的数据管理制度，提高数据质量和规范性，丰富数据产品。研究根据数据性质完善产权性质。制定数据隐私保护制度和安全审查制度。推动完善适用于大数据环境下的数据分类分级安全保护制度，加强对政务数据、企业商业秘密和个人数据的保护。

（执笔人：郭冠男）

参考资料

［1］国办督察组 . 紧盯问题不放 推动改革深化［N］. 人民日报，2017-06-19（9）.

［2］鲁利玲 . 推进要素市场化［J］. 中国改革，2005（10）：49-52.

［3］王廷惠 . 深化供给体系关键环节改革提高供给体系质量［N］. 南方日报，2016-12-19（F02）.

［4］郭冠男 .“三权分置”给农村土地改革添活力［N］. 北京日报，2015-12-18（003）.

［5］郭冠男 . 发挥市场在金融资源配置中的决定性作用［J］. 宏观经济管理，2015（02）：43-45.

［6］李平 . 改革开放40年科技体制改革发展历程［N］. 经济日报，2018-09-13（14）.

第七章

完善市场监管体系建设
在建设现代化经济体系中有所作为

内容提要：本章从研究主题“市场监管应在建设现代化经济体系中有所作为”出发，首先明确了我国市场监管的职能与定位及其在建设现代化经济体系中的重要作用，其次通过梳理我国市场监管体系五阶段建设历程及五方面主要成效，厘清了我国市场监管体系发展现状，进而从三大环境建设过程、监管制度、监管机构和职责及三大监管机制多角度剖析存在的问题及成因，具有一定的创新性。基于此，并借鉴美国、日本和中国香港等发达国家或地区的先进经验，提出深化行业市场准入制度改革等进一步完善市场监管体系建设的六大政策建议。

党的十九大报告站在新的历史起点上，审时度势，对建设现代化经济体系作出了重大战略部署。“建设现代化经济体系是一篇大文章，既是一个重大理论命题，更是一个重大实践课题”。新时代背景下，市场监管应该而且能够在建设现代化经济体系理论与实践中有所作为。

市场监管应在建设现代化经济体系中有所作为

一、市场监管的职能与定位

市场监管是我国政府的重要职能之一。当前，加强和改善市场监管是政府职能转变的重要方向，是维护市场公平竞争、充分激发市场活力和创造力的重要保障，是国家治理体系和治理能力现代化的重要任务。2014 年 6 月国务院出台了《关于促进市场公平竞争维护市场正常秩序的若干意见》（国发〔2014〕20 号），着眼市场秩序构建，积极创新监管理念、监管机制和监管方法，强化重点领域市场监管；2017 年 1 月国务院印发《“十三五”市场监管规划》，作为今后一段时间做好市场监管工作的基本指南，为市场监管提供了一个明确的框架，向广大市场主体发出了清晰的信号和稳定的预期，明确了要着力形成综合监管与行业领域专业监管、社会协同监管分工协作、优势互补、相互促进的市场监管格局。

政府关键是做好“规则”的制定者，更好地发挥市场监管职能（赵振华，2015）。市场监管职能具体是指政府通过并依据法律法规对包括一般商品市场（消费品市场和生产资料市场）和生产要素市场（金融市场、劳动力市场、技术与信息市场、房地产市场、产权市场等）中的一切行为进行监督管理的政府行为及活动。市场监管的主要目的是通过对各类市场交易中市场主体的资格认证、交易行为和秩序的规范约束、交易权益的保护管理等监督行为，营造宽松便捷的市场准入环境、公平有序的市场竞争环境和安全放心的市场消费环境，建立权威高效的市场监管体制机制。

当前经济体系建设背景下，市场监管主要定位于“市场裁判员”和“市场服务员”，即政府市场监管部门作为市场经济活动的管理者和监督者，对市场主体之间的经营活动和经济运行的总体秩序进行调节和监督时，必须站在公平正义的立场上维护社会公正；另一大职责在于弥补市场机制缺陷，调解市场经济主体之间的矛盾，只在存在市场缺陷的地方运用行政权力调配和调整社会资源，在那些应该由市场配置资源的地方维持秩序，最终营造一个安全便捷、公平有序的市场经济秩序。

二、市场监管在建设现代化经济体系中的作用

尤其对于我国这样的发展中国家，有为的政府及有效的市场监管尤为重要。不仅涉及重大的市场经济秩序问题，也涉及重大的民生问题，关系到整个市场经济发展是否平稳健康。

党的十九大提出的建设现代化经济体系包括七大目标：一是建设创新引领、协同发展的产业体系，二是建设统一开放、竞争有序的市场体系，三是建设体现效率、促进公平的收入分配体系，四是建设彰显优势、协调联动的城乡区域发展体系，五是建设资源节约、环境友好的绿色发展体系，六是建设多元平衡、安全高效的全面开放体系，七是建设充分发挥市场作用、更好发挥政府作用的经济体制，实现市场机制有效、微观主体有活力、宏观调控有度。当前，我国市场监管至少能够在上述七大目标中的“建设统一开放、竞争有序的市场体系”和“建设充分发挥市场作用、更好发挥政府作用的经济体制，实现市场机制有效、微观主体有活力、宏观调控有度”两方面大有可为，发挥推进改革理论发展与实践进步的重要作用。

市场监管在建设现代化经济体系中发挥作用需要找到基本着力点，即如下三方面：一是市场监管有助于克服市场失灵；二是市场监管有助于维护市场秩序；三是市场监管有助于营造有利于企业发展的外部环境。可以理解为，我国社会主义市场经济体制运行的时间并不长，在市场经济环境下人们的观念、意识和行为的转变尚需一定的过程，因此市场失灵的状况可能更加普遍，

对市场监管的需求也更加广泛。市场监管的重要作用之一即通过矫正一定程度的市场失灵，使市场配置资源的作用得以正常发挥，促进市场经济的健康发展。同时，在市场经济条件下，市场秩序是各个市场主体在进入、退出及交易过程中共同遵循的规则，制度通过规则规范每一个社会主体的行为，从而在社会经济系统中维护秩序。随着反不正当竞争法、反垄断法、《公平竞争审查制度实施细则（暂行）》等一系列法律法规的相继出台和稳步实施，我国的市场竞争规则已基本形成，对于保护市场公平竞争、维护市场竞争秩序、提高经济运行效率、保护社会公共利益已经并持续发挥着十分重要的作用。最后，企业的外部环境是指影响企业的各种外部因素，包括政治环境、法律环境、经济环境、市场环境、社会文化环境和技术环境。了解企业外部环境及其对企业运营的影响，对开展市场活动是至关重要的。政府对市场的监管，相当于对市场中的企业制定“游戏规则”，其作用体现在为市场中的企业创造良好的外部法律环境和市场环境。新时代背景下，我国的市场监管能够给市场主体较清晰的信号和稳定的预期，有利于激发全社会创新创业活力，加速形成企业自主经营、公平竞争的良好外部环境。

总之，我国政府市场监管将通过树立现代市场监管理念，改革市场监管体制，创新市场监管机制，强化市场综合监管，不断提升市场监管的科学性和有效性，促进经济社会持续健康发展，积极服务并大力促进现代化经济体系的建设。

我国市场监管体系建设历程及主要成效

一、我国市场监管体系建设历程

本章将我国市场监管体系建设历程大致分为五个阶段，由于我国曾经历经济体制转轨，在相当长时期内采用计划经济体制，产业监管体系也经历了从不存在（只有政府管理体系）到初步建立的时期，即从第一阶段到第二阶段再到第三阶段，随着我国市场经济体制建立并完善，政企逐步分开，才真正有了实际意义上的监管。随后通过监管机构、监管方式和手段不断改进与完善，指导监管体系建设继续市场化方向迈进。

第一阶段（1949—1977 年）：新中国成立以来，党领导人民经历了国民经济恢复时期（1942 年至 1952 年）、社会主义改造和社会主义制度建立时期（1953 年至 1956 年）、社会主义曲折发展的十年建设时期（1956 年至 1966 年）以及“文化大革命”时期（1966 年至 1976 年），这期间市场监管工作的主要内容紧紧围绕着保障国家计划实现，为计划经济体制而服务。

第二阶段（1978—2002 年）：党的十一届三中全会之后，党把工作重心重新放到经济建设上面来，我国迎来了改革开放的新时期，市场主体根据价格、竞争、供求等信号自主地判断和选择个人经济活动，形成自发自主的市场经济秩序，政府只在那些因利润低而无法吸引私人和企业提供物品和服务的公共领域进行行政引导，政府市场监管包括建立与市场经济相适应的一系列法律法规、维护市场经济秩序并履行政府公共服务职责的政府规制机构等，是以市场为中心，为市场经济秩序的统一、有序、开放和健康发展创造条件。但这一阶段，以油气产业为代表的许多行业的市场监管表现出显著的政监合一特征，即政府管理与监管职能未能分离，其后果就是监管不足。

第三阶段（2003—2010 年）：2003 年设立能源局（直属国家发展改革委）、原先人民银行集货币政策和金融监管于一身正式转变为“一行三会”的新型监管格局等一系列监管机构改革举措，标志着政监分离市场监管新时代的到来。在这一曲折又漫长的过程中，我国市场监管法律法规日臻完善，监管方式和手段不断改进，风险的评测和处置机制逐步健全，监管专业化水平和有效性大幅提升。

第四阶段（2011—2015 年）：“十二五”时期，我国政府不断推进市场监管体系建设，加大行政体制改革力度，以深入推进商事制度改革为重点，加强事中事后监管，积极推动大众创业、万众创新，有效激发了经济发展活力，进一步规范了市场竞争秩序。但总体上看，我国市场监管形势依然复杂严峻，风险高发和矛盾凸显的阶段性特征仍然明显，长期以来重事前审批、轻事中事后监管的传统思维影响深远，政府监管理念亟待更新，监管体制亟待调整，监管能力亟待提高。

第五阶段（2016 年—）：2016 年以来，《国务院关于在市场体系建设中建立公平竞争审查制度的意见》（国发〔2016〕34 号）、《公平竞争审查制度实施细则（暂行）》（发改价监〔2017〕1849 号）和《2017—2018 年清理现行排除限制竞争政策措施的工作方案》（发改价监〔2017〕2091 号）相继印发，2017 年初《"十三五"市场监管规划》出台并实施，2018 年 3 月按照国务院机构改革方案要求进行了大幅度机构整合，组建国家市场监督管理总局，不再保留国家工商行政管理总局、国家质量监督检验检疫总局、国家食品药品监督管理总局。随后，机构改革配套执法程序、执法文书统一规范工作积极展开，将工商、质监、食药监的执法程序进行梳理整合，推行统一的执法文书，已基本完成了所涉 120 部法律、215 部行政法规、327 部部门规章的梳理工作。通过上述市场监管体制的顶层设计与制度建设，监管机构职能实现了整合统一，监管相关制度规章更加先进与完善。未来我国市场监管体系仍将按照《"十三五"市场监管规划》等政策文件要求继续市场化方向改革。

二、我国市场监管体系建设主要成效

经历了上述五大阶段的发展与变革，新机构框架下一体化监管体系初步建立，监管体制机制持续创新，社会满意度平稳提高，改革红利不断释放，监管服务能力进一步增强，市场经济秩序进一步规范，我国统一大市场潜力进一步发挥，社会信心进一步提振，统一开放、竞争有序的市场体系进一步实现。

（一）商事制度改革有效激发市场活力

推进商事制度改革是党中央、国务院做出的重要改革部署，是减少行政审批、转变政府职能、释放市场潜力的重要举措，宽进严管的市场环境逐步优化。首先，进一步落实证照相关改革，全面推开“证照分离”“多证合一”“证照联办”改革工作，重点推进落实国务院政府工作报告中提出的“进一步压缩企业开办时间”，同时在全国范围内推行简易注销登记制度改革，积极会同有关部门，加快推进法人和其他组织统一社会信用代码制度建设。浙江省“最多跑一次”改革得到李克强总理的批示肯定并以国办《政务信息交流》方式向全国推广；广东省深圳市率先在全国开展企业名称自主申报制度改革，取消企业名称预先核准，申请人可以通过“企业名称自主申报系统”进行名称自主查询、比对、申报，同步压缩银行开户时间，充分提升开办企业的便利度，进一步压缩企业环节和缩短办事链条。商事制度改革对大众创业创新的激励效果明显，以浙江省为例，截至2018年5月底，全省实有市场主体总量621.5万户，比商事制度改革前净增66.4%，其中在册企业210万户，比商事制度改革前净增93%。总体来看，商事制度改革思路清、措施实、推进快、效果好，切实发挥了先手棋、突破口的作用，激发了市场活力，促进了产业结构优化，创造了更多就业机会，改善了营商环境，在服务改革发展大局中成效显著。

专栏　地方商事制度改革典型做法

1. 浙江省：“最多跑一次”

浙江省在“四张清单一张网”改革基础上，推行“最多跑一次”改革。梳理公布“最多跑一次”事项，梳理制定全省统一规范的办事指南，建立动态调整机制。推行“一窗受理、集成服务”。建立“前台综合受理、后台分类审批、综合窗口出件”的全新工作模式，实现受理与办理相分离、办理与监督评价相分离。保证申请人在申请材料齐全、符合法定受理条件时，从受理申请到形成办理结果，全过程只需一次上门或零上门。截至2018年底，浙江省“最多跑一次”的实现率和满意率分别达到90.6%和96.5%。

2. 广东省深圳市：“减环节、降时间、提效率”

为全面贯彻落实国家市场监管总局提出“北上广深四市要在2018年实现企业开办时间压缩到8.5天内”的目标，深圳通过“减环节、降时间、提效率”将企业开办时间进一步压缩，减少开办企业环节至3个。自2015年7月1日开始起实施企业名称自主申报改革，取消了“名称预先核准”环节，整合税务登记、刻章许可备案、社保登记、住房公积金缴存单位登记等环节，将开办企业环节压缩到3个环节，成为目前广东省开办企业具有最少程序和环节的城市。3个环节分别为“多证合一”商事登记、刻制公章、申领发票。

3. 上海市青浦区：“联盟式”+“精准化”服务

“联盟式服务”是上海市青浦区企业登记的传统服务品牌，注册许可大厅联合13个基层所窗口以及区内45个招商机构，形成了“1+13+45”的青浦区企业登记全景式服务架构体系，辖区内97%以上的企业登记已纳入该体系，青浦区还率先试点全程电子化登记，实行招商机构企业登记申请全程网上申报。通过“管家式服务”“组团式服务”等精准化服务形式，送政策进园区、进社区，根据企业需求现场提供政策咨询，让企业切实享受到政策的红利，同时区局建立了重点企业、重大项目每月信息梳理发布机制，2017年以来汇总梳理各类重点信息和动态396条，为42个重大项目、重点企业提供了百余次精准化服务。

4. 湖北省武汉市：“马上办、网上办、一次办”

将需要企业和群众“跑腿”的行政权力和政务服务事项，分类编制市、区、街道（乡镇）三级 9 653 项“三办”事项清单。按照“一事项一标准、一子项一编码、一流程一规范”的要求，对“三办”事项逐项编制标准化的办事指南和一次性告知书，通过政府网站、宣传手册等形式向社会公开。不断扩大审批服务“三办”覆盖面，推动“一次办”向“马上办”、“马上办”向“网上办”、“网上办”向“不用办”迈进，不断扩大“零跑腿”事项范围。

资料来源：各地方政府调研汇报材料整理；中共中央办公厅　国务院办公厅印发的《关于深入推进审批服务便民化的指导意见》；湖北省武汉市“马上办网上办一次办”经验做法，http://www.gov.cn/zhengce/2018-05/23/content_5293101.htm。

（二）重点领域监管进一步规范市场秩序

2014 年，国务院出台了《关于促进市场公平竞争维护市场正常秩序的若干意见》，着眼市场秩序构建，积极创新监管理念、监管机制和监管方法，强化重点领域市场监管，市场竞争秩序进一步好转。以公平竞争审查为契机，按照“谁制定、谁审查、谁负责”的原则细化监管机制、程序和标准，明确例外规定、社会监督和责任追究。创新市场监管方式，一改实施多年的市场巡查办法，于 2017 年底基本实现了“双随机、一公开”在市场监管领域的全覆盖，并通过国家企业信用信息公示系统向社会及时公示抽查结果，企业自身树立起较强的公示意识，改革举措得到社会满意度 98.2% 和 97.5% 的良好评价。改进和加强竞争执法，加大反垄断案件查处力度，积极开展经济检查、打击传销和规范直销工作。以新业态监管为突破口，网络市场监管扎实推进，2018 网络市场监管专项行动（网剑行动）新阶段已经启动，通过认真开展经济检查各项工作，打击电信网络新型违法等行为，完善网络商品交易监管系统数据库，严厉查处虚假违法互联网广告，有效维护了市场竞争秩序。浙江省在2017年与原国家工商总局签署网络监管部省战略合作协议，建设“全国电子商务监测中心”并承建“国家电子商务信用建设工程”，进一步理顺网络监管工作机制，率先推进互联网广告业标准化建设。整治虚假违法广告部际联席会议工作机制进一步健全，广告监测体系日臻完善，广告市场秩序进一步好转。全国市场秩序总体平稳，市场监管区域性风险和系统性风险得到有效防范。

（三）消费者权益保护为扩大消费创造条件

消费维权是一个国家经济文明的重要体现，是市场经济成熟发达的重要标志。我国消费者权益保护事业快速发展，基本建成了具有中国特色、较为完整的消费者权益保护法律制度和工作机制，切实保护消费者合法权益，进一步营造了安全放心的消费环境。《中华人民共和国消费者权益保护法》2013年修正并在全国贯彻实施，同时一系列配套规章和规范性文件制定出台。重点领域消费维权工作取得新进展，流通领域商品质量监管和有关服务领域消费维权不断强化，集中开展重点商品抽查检验和专项整治，着力解决损害消费者利益的突出问题，对消费者诉求集中的重点企业进行约谈指导，认真查办消费侵权案件。加强“12315体系”建设，着力构建“大维权”工作机制。综合运用工商职能，充分发挥消协组织作用，建设消费维权志愿者队伍，与相关部门、新闻媒体联动，建立部门协作维权机制、区域消费维权协作机制。完善小额纠纷快速调解机制，建立“12315消费者申诉举报远程视频调处平台”，积极推行诉转案，加强对12315数据的分析利用等，有力提升了消费维权水平。

（四）市场监管体制改革创新取得一定进展

我国积极探索建立健全与改革相适应的市场监管制度，强化市场监管各子系统的协调配合，市场监管体制改革迈出新步伐。2011年以来，工商、质检、安监等部门逐步从省以下垂直体制改为属地管理体制。2013年后，改革完善食品药品监督管理体制，整合工商、质监、经贸、药监等部门的食品监管职能，新组建了食药监局，对食品生产、流通和消费环节实行集中统一监管，实现食品药品全流程无缝监管。近年来，一些地方特别是省以下地方政府整合了工商、质监、食药监等部门，以“二合一”或“三合一”等模式组建市场监督管理局（委），积极促进队伍、职能、业务融合，着力加强服务与监管机制创新，推进职能、资源大整合，不断探索一体化市场监管模式。通过机构整合、队伍调整、业务充实，提高了基层监管效率，消除了监管的灰色地带，维护了市场秩序和消费环境。

（五）法治和信用信息体系建设形成重要保障

市场监管法治体系建设是维护公平竞争市场秩序、创造良好的发展环境和消费环境的重要保障。“十二五”时期以来，我国全面推进法治建设，法律法规制度体系不断完善，运用法治思维和法治方式推进改革的能力不断提升。修订并出台实施商标法、消费者权益保护法、广告法等法律。围绕依法推进商事制度改革，制定《企业信息公示暂行条例》，修改《中华人民共和国公司登记管理条例》等8部行政法规，废止《中外合资经营企业合营各方出资的若干规定》等2部行政法规。一些部门制定了系列配套实施规章，修订、废止了一批不相适应的规章。突出立案销案、行政强制、自由裁量等重点，促进了规范执法。实行执法人员持证上岗制度，全面推行行政指导，深入开展法治建设评价工作。积极开展法治宣传教育。各级市场监管部门加大了新法律法规宣传教育培训力度，提升了执法人员依法行政的能力和水平。各地积极建立完善案件指导、大要案挂牌督办、案件移送等制度，切实加强了执法监督，进一步规范了行政执法行为。

推进国家企业信用信息公示系统建设等改革举措出台，用信息化助推全过程市场监管，做到全程留痕、全程可控、责任可追溯，这一重大举措对推进监管体制改革、创新监管机制也具有重要作用。我国出台《企业信息公示暂行条例》《企业公示信息抽查暂行办法》《经营异常名录管理暂行办法》等规章制度和规范性文件，积极构建以信息公示为基础、以信用监管为核心的新型监管体系，全国各地通过信息公示、年报抽查、建立经营异常名录等手段，推进部门信息共享与联合惩戒，建立经营异常名录、企业黑名单等制度，初步建立了“宽进严管”的工作机制。信息化业务应用不断拓展，通过 12315 消费维权、网络交易监管、商标行政执法、“商标三期”系统信息化建设，推动完善企业登记和管理系统。2016 年 7 月，全国网络商品交易平台监管服务系统全面上线运行，与落实专项巡视整改、与线上线下一体化监管、与其他部门协同监管相结合，切实提高了网络市场监管执法效能，构建起线上线下全覆盖、全业务领域分工协作、齐抓共管的市场监管新格局。广东省深圳市还通过“一网、一微、一端”，强化了市场主体信用监管，其中：一网（深圳信用网）已征集近 330 万商事主体（含注销）的登记、监管、案件、资质认证、表彰处罚、纳税状况、信贷状况等 6.3 亿条信息，成为华南地区最大的企业信用数据库；一微（企业信用查询）已嵌入微信、支付宝“城市服务平台”和银联钱包 App；一端（“信用深圳” App）除查询企业信用外，还具备商家评价、投诉举报、定位导航等功能。

制约市场监管体系建设的体制机制障碍及其成因

参照《国务院关于印发“十三五”市场监管规划的通知》（国发〔2017〕6号）中重点任务对于市场环境的划分法以及监管体制机制的分类总结，主要从市场准入环境、竞争环境和消费环境“三大环境”论述市场监管重点领域的问题及原因，再从监管制度、监管主体与保障机制层面剖析监管体制机制梗阻及成因。

一、三大环境建设过程中的阻碍及原因

（一）市场准入环境问题突出

市场准入环境现在最大的问题是行业准入以及退出双向机制建立健全的问题。首先，行业准入仍面临诸多障碍。有些地方审批部门懒政怠政、不作为、不在状态，企业面临着“门好进、脸好看、事不办”的困境，导致一些行业一部分符合条件的企业名义上允许准入但实际上入不了门，这一现象集中体现在教育、医疗等公共社会服务领域。其次，国有企业的先行者地位实际上形成了对民营企业的准入壁垒。在一些行业，民营企业仍然受到所有制歧视和偏见，尤其电力、军工等高技术含量、高利润领域，往往要求具备较高的业绩经历和资质许可，而这些业绩和资质许可要求通常标准苛刻，只有国有企业甚至是大型国有企业才能达到，变相将有实力的民营企业拒之门外。在PPP项目中，很多项目设定了不合理的较高门槛，实际上变相为国有企业“量身定做”，民营企业参与度很低。最后，市场主体退出通道或机制仍较落后。截至2018年11月，全国各类市场主体达到1.09亿家，市场主体井喷式

增长的同时，因某种原因停止经营的市场主体（包括破产企业、僵尸企业等）也大量增加，然而目前提供给这类企业退出市场的通道仍然不通畅。虽然简易注销制度能够解决一部分问题，但是有债权债务、税务问题的企业仍然难以退出。

（二）市场竞争环境显著滞后

市场竞争环境的问题分企业、产业、政府三维度。首先，企业公平竞争的意识与相关工作显著滞后。一是从市场主体本身来讲公平竞争意识滞后。在新旧体制转换过程中，经济领域存在许多制度"真空"区，因而就有市场主体趁机非法获取短期利益，生产和销售假冒伪劣产品、偷税漏税、逃避债务责任、忽略劳动者的健康和安全、不顾及对环境造成的污染等，形成了不正当竞争的恶劣现象。二是从监管部门而言公平竞争审查工作进展不一。对公平竞争自我审查制度的理解不到位，尚未吃透国家、省（区、市）下发的公平竞争审查制度相关文件精神，对基层而言理解和操作难度依然存在，这导致了规范性文件实质性审查工作相对滞后，具体增量政策措施审查工作尚未正式开展，存量文件清理也没有全面推开。

其次，产业补贴政策过多。这是过度监管现象的表现之一，政府过多地运用行政权力对产业领域尤其垄断产业进行市场监管。例如，政府放弃直接的价格管制方式，转而采取税收、补贴等间接影响产品价格的方式调节市场价格；政府采取对资金、土地、行业规划、产业政策等调控政策，如政府规定的专项贷款、专项资金、对土地的使用方向、使用条件等，一定程度上有利于明确经济发展目标、拉动落后产能，但往往效果过犹不及，且容易受到国际上有贸易往来的经济体误解或诟病。2007 年 3 月 30 日，美国商务部认定来自中国的部分商品收到了补贴，影响了贸易公平，提交世贸组织裁决，并于同年6月1日开始征收99.65%的反补贴税。近年来中美贸易摩擦集中，核心问题之一也是强制技术转让等产业政策让美方找到了制裁中国的借口。

最后，地方保护与行政保护主义依然存在。地方保护与行政保护主义属于监管错位，即政府管了不该管的经济活动或者滥用职权为区域发展牟取利益。政府歧视性对待不同所有制、不同注册地企业的市场准入，形成地方保护主义，限制和阻碍整体国民经济的健康发展；我国行政体制改革不完善，企业负责人同时又是政府监管部门负责人，形成行政保护主义，使许多企业得到了不合理的行政保护。

形成上述阻碍的原因主要在于：首先，经济体制转轨仍在进行时，企业制度、分配制度、产权制度等相关配套制度的重建尚未完成，市场中各种行为和秩序还没有形成规范，市场主体繁杂且按照各自利益需求出牌，造成整个市场关系复杂和混乱。其次，行政权力对社会经济活动的辖射和管控能力仍然大量存在，法律法规多是原则性的规定，具体的监管内容和标准多是模糊处理，给监管主体提供了自由裁量的空间。

（三）市场消费环境仍需优化

首先，消费者的合法消费权益太容易被侵犯。目前我国公众和消费者的监督、维权意识薄弱，消费维权协调难度大，消费维权机构职责不明确。往往忽略了除市场监管部门外，法院、农业、仲裁机构等相关部门都有依法维护消费者权益的职责。同时，在基层存在消费者权益保护协会与消费者协会两个机构、两套系统，却干着相同的工作，导致部门职责划分不清，出现推诿扯皮现象，极大地影响了消费者权益保护工作的效率。

其次，行政部门干预过多，社会组织参与度不足。一方面，全能型政府市场监管理念和模式未得到根本改变。政府在消费维权过程中行政干预过多，没有充分发挥企业、政府、行业、媒体、公众等社会各方参与市场监管的力量。另一方面，消费维权的市场信用机制不健全。我国的信用体系建设相对滞后，虽然已建立起企业信息公示平台，但市场监管的部门协同、信息披露共享、联动响应等机制不健全，企业信息的集成度并不高，守信激励与失信惩戒机制尚未有效建立，尚未形成“一处违法，处处受限”的信用约束机制。

形成上述阻碍的原因主要在于：一是我国社会性监管不足。社会性监管是为了保障劳动者和消费者的安全和健康，保护环境和防止灾害发生而在全社会范围内对所有厂商和消费者的经济活动进行的监督管理。长期以来，我们过多关注经济性监管而对社会性监管体制建立高度忽视，并且经济性监管中的社会监督力量调动也极为薄弱。二是法律体系中缺乏对规制者的规制以及社会公众对公共权力的监督，广大消费者到监管主体之间存在着层层的委托代理链条，社会监督成本随着链条的加长而增加。三是巨额赔偿制度正在着手建立。目前侵权案件普遍处罚力度疲软，有的甚至停留在补偿性赔偿这一层面，一些消费者即便维权成功，也往往得不偿失。

二、监管制度、监管机构及其职责方面问题及成因

本书作者进行的调查问卷与其他机构进行的调查问卷结果一致显示，目前我国政府市场监管及服务不到位。具体表现在部门监管力量薄弱、监管水平不高，企业失信成本低，政府主动服务意识不强、不愿担责致使办事难等方面，制度性交易成本仍有较大降低空间[①]；对民营企业而言，反垄断反不正当竞争、打击假冒伪劣商品、保障食品药品安全等方面监管满意度较低。

---

① 刘尚希，傅志华，徐玉德．我国营商环境的调研与评估［EB/OL］．（2018-05-18）［2019-09-09］．https：//mp.weixin.qq.com/s/Y_XCr9wWCzBnwOkywE88_w.

首先就监管制度而言，事中事后监管缺乏标准化、规范化的流程、程序设计，出现监管内容不清晰、基层监管压力大、监管程度不够精细化等问题。同时，工商、质监、食药监等市场监管机构改革整合后，原分属不同市场监管部门的执法队伍名义上已完成整合，但基层市场监管执法工作中存在“上面千条线、下面一根针”现象，面对原不同部门、不同程序的法律规范，一线执法人员难以准确适用，具体执法实践还亟待规范。针对现实生活中需要加强监管的领域或方面，需改革监管体制，从而实现监管机制创新。

其次就监管主体而言，政府监管能力的“有限性”与实际推进中监管需求的“无限性”之间的矛盾比较突出。近年来，市场主体激增，监管对象面广量大与监管资源队伍有限的矛盾更加突出，具备综合监管和专业监管能力的人才较为缺乏，面对新经济跨界竞争、网络效应、平台模式等新特征，“不会监管、不能监管”的矛盾逐步突出，例如互联网平台垄断的判定标准、平台型企业售假或食品安全问题的赔偿机制等尚不明晰，由此带来的新问题、新情况都需要相应的专业监管执法队伍或专业人才培训予以保障。

三、三大监管保障机制存在的问题及原因

企业信用监管机制、信息化监管机制及综合执法监管机制三大监管机制建立的过程中，主要遇到如下障碍：首先，涉企信息归集不全面。政府部门履职过程中产生的行政许可、行政处罚信息没有按照相关规定及时、准确、全面地向国家企业信用信息公示系统归集，影响到协同监管和联合惩戒等工作的开展。其次，信息化程度有待提高。政府部门业务系统与协同监管平台不对接，信息归集共享渠道不畅通，影响了监管信息的有效整合和共享应用。最后，综合执法职能整合有待完善。部分基层监管单位虽然已经实行综合执法改革，还存在职能整合不到位、运转机制不顺畅问题，部分地方工商、质

监还处于独立办公、分开运作的状态。

导致上述三方面问题的原因在于：首先，机构改革配套的业务体系尚未健全。新成立的市场监管总局是多职能、多专业的整合，内部机构职能配置和业务流程的梳理需要按照内在逻辑进行再造，还需要一个理顺的过程。其次，市场监管职能泛化降低了能效。分级管理后，基层市场监管部门承接了大量当地政府指派的创文创卫、市容整治、社会综治、新农村建设、信访维稳等任务，牵扯基层大量人力物力，使得市场监管执法力量难以集中到市场监管和执法办案上来，影响市场监管效能。

发达经济体市场监管体系建设的经验与启示

本章选取美国、日本和香港等发达国家或地区，比较分析其建设市场监管体系的历史经验，总结归纳对我国完善市场监管体制机制有价值的做法及启示。

一、发达经济体市场监管体系建设的经验总结与比较

（一）美国

政府市场监管制度发展最完善的是美国。美国市场监管的制度和体制是以自由市场经济、联邦制、三权分立和两党政治为基础，以法律体系完善、执行罚则严格、企业相对集中、社会组织发达、诚信系统健全为条件逐步建立起来的，并随着经济发展和社会进步在不断进行调整和完善。2014 年一项关于“公众对政府市场规制看法”的调查结果显示，近半数公众认为政府监管过多，只有 22% 的公众认为监管不足，并认为联邦政府监管应该只严格限

定在对有关健康、安全、环境的风险控制等社会性规制方面。

美国市场监管体系具有以下特征：以市场机制为基础，政府间接行使监管权力；放松经济性监管，加强社会性监管；监管立法内容细致且操作性较强；独立监管与联合监管相辅相成；监管标准体系完善，指标设定细致入微；处罚规范严格，企业违法成本巨大；注重监管的成本效益分析，充分实现企业信息公开透明，推动失信惩戒和守信激励。尤其是信用体系建设和管理方面非常健全。以公平信用报告法、平等信用机会法等法律法规为基础，建立了大量社会信用信息服务机构。它们主要有三类：资本市场上的信用评估机构、商业市场上的信用评估机构、对消费者信用评估的机构，三类机构职能各有侧重，各自市场的划分十分明确。行业协会影响力较大，比如消费者数据业协会和全国信用管理协会，依据章程和行业规则在各类信用信息服务机构间进行交流、培训、协调，并在行业标准制定、违规行为处罚和企业竞争秩序维护等方面发挥着重要的监督作用。美国信用管理体系有着较为完善的奖罚机制，失信惩戒和守信激励相结合。企业和个人的信用状况有据可查且一清二楚，其信用状况又直接决定了其融资成本和融资数量。美国的信用交易已经渗透到了经济社会的各个领域，一个有不良信用记录的企业将很难取得银行贷款和信贷销售服务等。因此，企业会自觉遵守市场秩序，避免因信用存在“污点”而影响自身的生存和发展。

（二）日本

日本从法律体系构建、机构职能设置到监管理念确立和监管方式的运用，都充分体现出整个市场监管机制的严谨、科学、规范和高效，形成了一个由国家法律规范、政府部门监管、市场主体自律、消费者和社会监督等多层面的市场行为监管体系，确保消费环境安全放心，切实维护消费者权益。日本在 1968 年制订的消费者基本法是消费者保护法律体系的基本法，其他配套法有特定商交易法、消费生活用制品交易法、家庭用品品质表示法、赠品表示法、不当赠品类及不当表示防止法、访问销售法、消费者合同法、住宅质量确保促进法以及地方条例等 30 多部，整个法律体系健全完善。国家设有由经济企划厅、经产省等十几个内阁官厅组成的“消费者保护会议”，是负责保护消费者权益的最高行政会议，会长由内阁总理大臣兼任，会议任务是审议有关保护消费者的基本政策措施的规划事宜以及推进政策措施的实施。内阁府设有国民生活局，是负责消费者权益保护工作的行政机关，下设国民生活中心，具体承担收集整理消费者保护信息和消费者投诉、进行消费者教育与培训、宣传生活消费知识、处理消费者投诉等。同时，对上市商品进行抽检，通过对商品性能、安全性、经济性和适用性进行测验比较，向政府提供完整的制定产品性能标准和安全标准依据，向消费者提供准确的购物信息，防止虚假广告。目前，全国各地共设 538 个中心，负责处理商品和服务消费的投诉和咨询工作。日本市场监管的法律体系完善、监管机制健全。

（三）香港

香港特别行政区作为我国市场经济起步早、发展快的发达经济体，其竞争监管方面的成功经验值得我们学习借鉴。1993 年香港学界、消委会开始研究、探讨竞争立法的必要性，以适应经济多样性的市场主体充分参与市场的公平竞争；1997 年 12 月，香港特区政府设立竞争政策咨询委员会（以下简称竞咨会），由财政司司长任主席，专门研究和检讨与竞争有关的事宜并提出意见；1998 年 5 月，竞咨会发表《竞争政策纲领》，说明特区政府竞争政策的目标，并向各行业说明典型的反竞争行为和活动；2005 年成立竞争政策检讨委员会（临时机构，现已撤销），专门负责检讨香港特区政府竞争政策的未来方向，该委员会于2006年6月提交报告，建议制定跨行业的竞争法；2010年7月，特区政府在广泛征询公众意见的基础上，向立法会提交了《竞争条例》（草案）并于2012年6月获立法会通过，《竞争条例》（香港法例第619章）于2015年12月14日全面生效。《竞争条例》旨在通过禁止妨碍、限制或扭曲竞争的行为，保护和促进香港市场的公平竞争，主要禁止三种不正当竞争行为：第一行为守则，禁止业务实体间的反竞争的协议；第二行为守则，禁止滥用市场权势；合并守则，禁止反竞争的合并与收购安排。第一行为守则与第二行为守则均适用于香港所有的行业。目前，合并守则只适用于涉及《电讯条例》（第106章）下传送者牌照的持有人的合并，《竞争条例》还批准设立了两个法定机构——香港竞争事务委员会（以下简称竞委会）和竞争事务审裁处（以下简称审裁处）。竞委会是独立法定团体，可自行或根据收到的投诉，抑或根据特区政府和其他法庭的转介，负责调查并起诉反竞争的行为；审裁处设立在司法机构下，负责聆讯和审理由竞委会提出涉及竞争事宜的个案、私人诉讼，以及复核竞委会的裁定。审裁处是唯一可以对违反条例的行为进行处罚的机构。

二、对于我国的启示

首先，借鉴美国放松规制改革的经验做法，我国完善市场监管体系，使其在现代化经济体系建设中有所作为需要更充分发挥市场机制在资源配置中的决定性作用。在微观经济领域，政府调节并不比市场调节更有效，政府只需要履行营造良好发展环境的职能，逐步改变直接干预市场资源配置和市场主体经营活动的做法。从这一点出发，应继续坚持深化简政放权和行政审批制度改革。当前应重点取消和下放涉及“经济性规制”的行政审批及其相关权力，降低准入门槛，打破自然垄断，建立完善公开、透明的市场环境。目前我国关于信用管理体系的法律法规还很少，下一步可在国务院发布的《征信业管理条例》基础上，启动主要信用法律的立法程序，做好信用管理体系的基础性工作，建立以企业日常监管信息、良好行为信息、不良行为信息、信用评价信息为主要内容的信用基础数据库和诚信档案。真正转变理念，将企业和社会力量作为与政府监管部门同等的治理主体，使他们在市场监管方面发挥更大的作用，承担更多的责任，给予企业和社会力量更多的利益表达、权益维护、发展选择等方面的主动权，逐步构建以行业自律、新闻监督、群众参与为主要内容的社会监督体系，形成政府与企业、行业组织、人民群众共同参与、共同承担责任的现代市场监管新格局。

其次，借鉴日本政府对市场监管的经验，对我们有如下重要启示：第一，建立以预防为主的企业自我约束机制；第二，强化源头监管；第三，重视培养独立自主的消费者；第四，强化行业协会的自律作用；第五，建立强有力的社会监督机制。政府应在依法履行监管职能，创造公平竞争市场环境的同时，注重强化企业的自我管理，发挥行业协会在促进行业发展和规范、维护市场经营秩序中的重要作用，发挥消费者和社会监督的作用，形成了由政府监管、企业自管、行业自律、社会监督相结合的“四位一体”长效监管机制。

最后，香港市场竞争环境监管体制的启示：一是借鉴香港竞咨会的做法施行公平竞争政策审查。1998 年，发布《香港竞争纲领》后，竞咨会要求各局和部门检讨其主要工作范畴，审视在鼓励竞争的政策下有没有任何不符情况，多年来竞咨会在电讯、广播、金融服务、能源、保险、法律服务、港口、医疗服务、交通、建筑及建造、食物、人才引进、协会经营等广泛的领域内对多个政府部门、公用企业、公益组织采取的政策、措施进行检视，提出纠正或补救建议。结合 2016 年发布的《国务院关于在市场体系建设中建立公平竞争审查制度的意见》（国发〔2016〕34 号），国内其他地区地方政府要充分认识建立公平竞争审查制度的重要性和紧迫性，借鉴香港特区政府的实际做法和实践经验，逐步施行市一级公平竞争政策审查制度。在机构上建议结合市场监管总局的设立，将审查职权赋予指定的部门；在职能上监督指导其他政策制定机构出台的政策措施进行清理自查，对违反审查标准的政策措施提出不予出台或调整修改的核查意见。二是借鉴竞委会的做法宣传营造公平竞争文化。我国反垄断法、价格法、反不正当竞争法的立法均早于香港，但在普法宣传方面，相对较为迟滞落后，全社会的公平竞争观念、公平竞争维权意识、公平竞争文化建设还有待加强，需要借鉴香港做法，抓紧制定行为指南或指引，加大力度开展丰富多样的公平竞争宣传引导。三是尽快建立粤港、深港公平竞争合作交流机制。为加快推进全社会在公平竞争方面的进步，我们有必要尽快建立粤港、深港竞争合作交流机制，签订合作交流协议，建立双方定期联席会议制度，畅通互访交流渠道，共同建立粤港、深港地区大市场竞争秩序，大力弘扬跨境、跨地区的公平竞争文化。

进一步完善市场监管体系建设的政策建议

一、深化行业市场准入制度改革

把深化生产许可证改革作为进一步激发市场活力的重要举措，改革对新产品、新技术进入市场的限制。对于其他部门存在多重管理的产品，其他部门行政审批能够覆盖生产许可证要求的，一律取消生产许可证管理；对于行业协会不断成熟，行业自律、第三方质量评价、用户监督等措施逐渐完善的产品，取消生产许可证管理，交由行业管理；对仍然实行许可证管理的产品，要做到审批更简、服务更优，对仍需要进行许可证管理的事项要实施更加强有力的监管。抓紧做好生产许可证管理目录调整和试行简化审批程序工作的落实和衔接；同时坚持放管结合、并重，加强事中事后监管。着力深化产品质量监督抽查改革，加强统一管理，实施“国抽、省抽联动”“抽检分离”“盲样检测”制度，加大市场抽样（买样）比例，加大后处理力度，主动公开不良信息。落实技术机构质量连带责任，推动建立技术机构对产品质量承担连带责任制度。一方面要督促建立检验检测报告核查机制，确保检验检测数据、结果真实完整，经得起比对核查；另一方面要督促技术机构建立重大信息报告制度，发现被检对象不符合法定要求或强制性标准，可能存在严重质量安全隐患的，要立即向监管部门报告。

二、加强简易注销制度与强制退出机制

切实做好对企业简易注销登记改革的宣传，提高政策知晓度和社会参与度，畅通信息共享渠道，提高简易注销效率。积极推动完善法律法规，进一步完善普通注销制度，同时推动建立完善配套的事中事后监管制度，努力为企业简易注销登记改革提供坚实的法律保障，实现市场准入与退出的双向便利化。按照规划要求建立强制退出机制。配合去产能、去库存，加大对“僵尸企业”清理力度，释放社会资源。对长期未履行年报义务、长期缺乏有效联系方式、长期无生产经营活动、严重侵害消费者权益等严重违法失信企业探索建立强制退出市场制度。对违反法律法规禁止性规定或达不到节能环保、安全生产、食品药品、工程质量等强制性标准的市场主体，依法予以取缔，吊销相关证照。

三、推广与完善公平竞争审查联席制度

进一步强化公平竞争审查和反行政垄断执法工作，推动公平竞争审查制度全面落地，维护公平竞争的市场竞争环境，促进统一开放、竞争有序的市

场体系建设。建立和完善联席会议单位信息自查与监测的互联互通机制，着力提升运用互联网技术的效能。选择部分矛盾集中、社会关注度高、改革呼声大的行业和领域，对违反公平竞争原则的行业准入政策进行清理；对规章制度和条例、全国性政策、地区性政策，建立严格的拟议政府管制政策公平竞争审查制度；制定适合我国国情的“竞争评估工具书”，形成合理易懂的竞争核对清单，方便各级竞争主管机构开展审查工作。并将公平竞争审查融入地方政府政绩考核。探索中央对地方的税收倾斜性优惠措施，鼓励地方政府对公平竞争审查制度主动配合；对于地方经济和就业由于应用竞争政策可能造成的暂时性经济困难，设计合理的补偿机制，降低竞争性政策应用成本；对竞争政策推广和应用有成效的地方和地区给予物质和精神双重嘉奖，对于懈怠者及时进行处分。

四、建立新经济新业态监管新方式

面对市场监管明显滞后于新经济新业态发展的困境，尽快建立科学、灵活、有效的新经济监管体制，坚持“包容审慎”的原则，在反垄断执法过程中，不要轻易给新业态、新模式贴上垄断的标签，要给创新留出一定的时间和空间。市场份额是不是界定新经济垄断的有效指标，如何判定垄断和不正当竞争，需要进一步研究探索来确定。积极探索新的监管方式，比如对平台经济的监管，要加快探索构建“政府监管平台、平台监管个体”的监管新格局；突破传统现场抽检模式，创新网络抽检手段，试点开展手机 App 抽检；充分利用大数据进行监管，尽快构建“用数据说话、用数据决策、用数据管理、用数据创新”的市场监管新体制。最终有效防范新的经济风险，实现多元强化联合监管，推动完善协同共治的新监管格局。

五、强化消费维权、巨额赔偿与社会引导

首先，建立社会动员机制，通过政府购买服务等方式，组织行业协会、专业机构等社会多方力量和多元载体，建立消费教育服务机构，推动消费教育引导基地建设，构建社会化的消费教育引导网络，提升引导水平，着力增强消费者文明消费、科学消费、理性消费的意识。其次，长远来讲要加快建立惩罚性巨额赔偿制度。要对《中华人民共和国消费者权益保护法》等进行及时必要的完善和修订，甚至另行制定法律，把“惩罚性巨额赔偿”制度及相关标准进行详细必要的明确，促使市场主体形成对市场规则和法治的敬畏感。最后，还要依靠舆论媒体的公开报道和宣传，诸如“食品安全宣传周”等。根据不同社会群体特点，找准宣传教育与消费者利益的结合点，引导社会公众强化消费者权益保护意识。着力加大对消费维权相关法律法规的宣传力度，做好即将颁布实施的消费者权益保护法实施条例的集中培训和普法宣传。拓宽宣传领域，提高宣传质量，形成保护消费者合法权益是全社会共同责任的社会共识。发挥媒体的大众传播作用，借助电视台、电台、报纸、网络、多媒体等资源优势，开展多渠道、多层次、多角度的消费知识普及宣传。充分利用微博、微信、抖音等新兴媒体及时发布消费者投诉举报集中反映的问题及典型案例，积极回应社会关切。

六、完善统一高效、社会共治的监管体制机制

首先，清晰划分政府间监管职责，建立统一、高效、权威的综合执法体制。加强中央宏观市场监管和统筹协调，加强协调、监督、指导跨区域执法和地方政府监管，查处重大案件。强化省级监管机构维护市场统一和公平竞

争职责，省以下监管机构要严格依法、依规监管，切实履行监管职责，全面落实行政执法责任制。形成国家、省、市、县四级市场监管综合执法体制机制。其次，明确各级市场监管主体责任，加强市场监管队伍与基层监管能力建设。明确地方政府与本级市场监管部门和上级市场监管部门之间的责任，坚持“谁决策、谁负责”“谁主管、谁负责”原则，对于在市场监管过程中不当履职、违法履职、地方保护导致严重后果的责任人，依法依规追究其责任。推进基层机构、职能、权限、程序、责任法定化，明确权力边界和职责范围，推动执法力量下沉。最后，加强信用监管和大数据监管，构建社会共治体系。完善企业信息归集公示制度，深化与相关部门、单位的市场主体失信信息对接共享，各省（区、市）都要加入全国信用监管体系，提高统计数据质量，运用大数据加强市场环境形势分析。同时，通过发动行业协会、委托专业性机构的力量，优化政府购买服务体系，充实社会监管队伍，提高科学监管水平。

（执笔人：李叶妍）

参考资料目录

[1] 赵振华. 新常态：中国经济增长极限？[N]. 学习时报，2015-03-09（4）.

[2] 王永莉. 国家治理体系现代化视域下政府市场监管职能研究[D]. 海口：海南大学，2015.

[3] 徐长浩. 略论政府市场监管职能[J]. 中国市场监管研究，2009（001）：34-35.

[4] 戈世平. 转变政府职能 加强市场监管[J]. 国家行政学院学报，2002（S1）：71-74.

[5] 刘尚希，傅志华，徐玉德. 我国营商环境的调研与评估[R]. 中国

智库，2018-5-18.

[6] 吴汉洪 . 市场监管应在建设现代化经济体系中有所作为 [N] . 中国工商报网，2018-02-24.

[7] 梁远，许涛 . 美国市场监管的概况、特点和启示 [J] . 中国机构改革与管理，2015 (12)：41-45.

[8] 冯润，罗浩 . 美国市场监管体系建设的经验与启示 [J] . 政法学刊，2014 (01)：32-35.

[9] 王晓文 . 日本市场监管的特点及启示——赴静冈调查报告 [J] . 浙江统计，2009 (02)：18-19.

[10] 国家发展和改革委员会经济体制与管理研究所课题组 . 全国市场监管现代化规划研究报告 [R] . 2017-05.

[11] 国家发展和改革委员会经济体制与管理研究所课题组 . "十三五" 市场监管规划中期评估报告 [R] . 2018-07.

第八章
借鉴国际先进经验做法
创新和完善宏观经济政策协调机制

内容提要： 建设现代化经济体系，急需财政、货币、区域与产业政策等各项宏观经济政策协调配合形成合力。现阶段，要满足经济新常态下主要约束的现实要求，并充分发挥市场在资源配置中的决定性作用。下一步，应更多采取财政政策、货币政策来推动结构性调整与升级；产业政策则应提高政策的连续性与稳定性，尽可能减少对宏观经济稳定带来的不利影响；区域政策应该注重与其他政策协同配套，以更好实现区域协调发展目标。

国家“十三五”规划纲要强调，要完善以财政政策、货币政策为主，其他政策协调配合的政策体系。党的十九大报告在“加快完善社会主义市场经济体制”部分也明确提出，要“健全财政、货币、产业、区域等经济政策协调机制”。建立健全宏观调控协调机制，是社会主义市场经济体制建设的重要内容，也是国家治理体系和治理能力现代化的题中之义。

我国宏观经济政策的沿革与范畴

宏观经济政策在中国通常也被称为宏观政策，这个术语是在政策实践过程中逐渐形成的，体现出与时俱进的特点。1993 年党的十四届三中全会进一步提出了“建立以间接手段为主的完善的宏观调控体系”。在中国，宏观政策的内容比较宽泛，除了货币政策和财政政策之外，还包括投资政策、产业政策、土地政策和区域政策等内容，最近又加入了宏观审慎政策等多种新政策。这些政策可以统称为广义的宏观政策。

虽然广义的宏观政策的内容越来越宽泛，但是符合宏观政策本质（对短期经济波动进行逆周期调节）的主要是货币政策和财政政策等，它们一般被称为狭义的宏观政策。宏观政策的广泛运用源于凯恩斯主义的兴起。凯恩斯主义者认为，当经济体受到总需求或总供给等外部冲击时，由于价格与工资黏性及公众“动物精神”的存在，市场资源配置在受到冲击后不会迅速回到均衡状态，从而使经济呈现出扩张或紧缩的短期波动现象。因此，政府需要通过宏观政策缓冲外部冲击，从而实现对短期波动的逆周期调节，这就要求调控工具具有灵活有效、时滞较短等特点。理论研究与各国政策实践均表明，以货币政策和财政政策等为核心的狭义的宏观政策最适合用来对短期经济波动进行逆周期调节。

党的十八大以来，中国也越来越聚焦于狭义的宏观政策，尤其强调货币政策和财政政策在宏观政策体系中的主体地位。党的十八届三中全会明确指出，要健全“以财政政策和货币政策为主要手段的宏观调控体系”。国家“十三五”规划也要求，宏观政策要“完善以财政政策、货币政策为主，产业政策、区域政策、投资政策、消费政策、价格政策协调配合的政策体系”。此外，中国正在推进以市场化为导向的经济体制改革，也应该构建以市场化为导向的宏观政策体系，只有这样，经济体制和宏观政策体系才能相互匹配，真正提高宏观政策效率。有鉴于此，本章主要评价财政政策和货币政策的协调性，同时为了研究的完整性，兼顾财政政策、货币政策与产业政策、区域政策的协调性。

宏观经济政策的协调机制

本章所指的“协调”特指在中美贸易摩擦分歧尚未化解、外部环境发生明显变化、中国经济下行压力不断加大的背景下各宏观政策之间的协调，以更好地实现稳增长、促改革、调结构、惠民生、防风险各项目标。从理论层面来看，一个经济体要想较好地实现某一目标，各宏观政策之间的有效协调必不可少。例如，传统的IS–LM模型表明：在经济不景气时期，扩张型的财政政策能够刺激总需求，但也会推高利率从而使投资受到负面影响，进而产生挤出效应。这时如果有宽松货币政策与之配合，那么就可以部分或全部抵消挤出效应，从而产生更佳的经济刺激效果。又如，基于动态随机一般均衡模型（DSGE模型）的理论研究表明，金融政策与货币政策的协调配合能够在实现宏观经济稳定的同时，有效管控金融风险并提高居民福利水平。

近年来，中国经济面临持续下行的压力，内外部风险不断攀升。在这样的背景下，如果没有其他政策的协调配合，单个宏观政策难以有效发挥作用。以2016年货币政策为例，年初人民银行打算实施稳健略偏宽松的货币政策来刺激总需求，结果却助推了一线和部分二线城市的房地产泡沫。无奈之下，货币政策又只好回调至稳健偏紧状态以抑制资产泡沫，但稳健偏紧的货币政策不能有效地与积极财政政策共同发力来“稳增长”。货币政策进退两难是因为宏观政策协调出现问题。

结合中国人民大学陈彦斌教授提出的广义协调论和中国宏观经济形势来看，首先，为应对经济持续下行压力，需要货币政策与财政政策协调配合、共同发力。其次，要在刺激经济的同时确保战略性新兴产业优先发展，产业政策不可或缺。再次，在当前经济结构转型和增长动力转换的特殊发展阶段，产业政策与货币政策、财政政策配合得当，会有助于中国经济更快走出困境。最后，要处理好区域经济发展不平衡问题，区域政策与其他政策的协调也十分必要。因此，这里的宏观经济政策协调机制，至少包括货币政策－财政政策的协调机制、货币政策－产业政策的协调机制、货币政策－区域政策的协调机制、财政政策－产业政策的协调机制、财政政策－区域政策的协调机制、产业政策－区域政策的协调机制，其中最主要的是货币政策－财政政策的协调机制。

国外宏观经济调控的措施与启示

随着宏观经济调控理论的发展，国外在宏观经济调控上积累了丰富经验。在我国社会主义市场经济的进程中，合理地吸收这些经验对于我国的经济发展是很有裨益的。与我国不同，国外宏观经济政策主要以财政政策和货币政策等为核心。

一、国外的财政政策

财政政策是为影响经济活动的总水平而对政府支出、税收和借债水平所进行的选择或对政府收入的支出水平作出的决策。西方政府用于调整支出和收入的财政政策工具主要有：预算政策（财政支出政策）、税收政策和公债政策。

西方国家政府在20世纪60年代以后，大都选择了扩张的财政政策以促进和刺激经济增长。如美国便实行了凯恩斯所建议的赤字财政政策，即不惜大量举债来扩大政府支出，同时削减税收收入，使预算支出大大超过收入。应当看到，美国、法国这种以扩大预算支出、实行赤字财政为主要内容的财政政策，在一定时期内曾对经济的增长起过较大刺激作用。它通过种种人为的措施扩大了社会对消费资料和生产资料的需求，从而暂缓了生产过剩的程度，促进了经济的发展，维持了战后20多年的经济“繁荣”。然而，巨额赤字是造成通货膨胀的主要原因之一。

以美国为例，1979年通货膨胀率高达13.3%。而且，巨额财政赤字导致高利率，高利率阻碍经济增长，且会导致巨额国际贸易赤字。1987年10月出现的震撼资本主义世界的股票市场的大动荡，正是美国高财政赤字、高贸易赤字和高外债的必然结果。同时，高财政赤字和高政府债务导致的另一个严重问题是20世纪80年代以来越来越频繁的政府停摆事件。鉴于高额赤字给美国政府带来的巨大困扰，自20世纪80年代以来，随着“滞胀”局面的不断出现，奉行需求管理的凯恩斯主义逐渐退出历史舞台，其所主张的通过财政政策来拉动经济增长的做法也越来越不受欢迎；而仅依靠货币政策来控制通胀等经济过热的操作，则成为近三十年的主流，小政府、大市场的观点深入人心。这种趋势一直持续到2008年美国次贷危机爆发。危机爆发后，为应对百年一遇的金融危机，美国不仅实施了史无前例的量化宽松货币政策，还加大了积极财政政策的实施力度。然而，受历史惯性的影响，美国财政收支体系已经很难支撑大规模的财政支出，因此，相对于积极货币政策来说，积极财政政策受到了更多掣肘。直到特朗普上台以后，这种现象才有所改变。

特朗普上台之际，美国已经基本摆脱了金融危机的泥潭，经济处于微弱复苏阶段，已不需要像奥巴马政府一样通过大规模财政支出刺激经济。因此，特朗普的税改计划更大程度上类似里根执政时期的税改计划。2017年年末，特朗普大规模税改计划获得了参议院通过。此项计划主要内容包括个人所得税、公司税、国际税法改革、免税组织等五大方面。其中，个人所得税、公司税和国际税法改革备受瞩目。此外，美国政府还在2018年推出大规模基建投资计划，重新开启积极财政政策之路。

长久以来，美国对跨国公司收取的高公司税率一直饱受诟病。1999—2008

年，大部分国家平均公司税率明显下降，从 31.4% 下降到 25.9%。其中，欧元区下降最明显，从 34.8% 下降到 23.2%；经合组织（OECD）成员国平均税率的下降也较为明显，从 34.8% 下降到 26.7%。相对而言，美国的公司税率则没有太多变动，依旧较高。过高的公司税导致美国公司不愿意在美国生产投资，而是将资金向欧洲、加拿大等国家和地区转移。特朗普税改政策将美国公司税从 15%、25%、34% 和 35% 的四档税率统一降低为 21%。美国公司税率的大幅度降低，一定程度上缩小了美国和欧元区之间的税率差距。此次税改另一个重要措施是，将居民原则的全球征税体系转变为与欧元区基本类似的属地原则，且鼓励为规避美国税收而滞留于海外的收入积极汇回国内。这在很大程度上解决了长期困扰美国的跨国公司往往将利润留存海外进行再投资的问题。从长期看，这将促使境外资金逐步回流美国境内。另外，此次税改还加快了对房产、农场地等资产的折旧；同时，扩展了小企业在支出金额增加后从税基收入的扣除项，以减少相应的纳税额，扶持中小企业的发展，促进能源产业的技术革新。综上所述，这次税改很可能吸引跨国公司的优质资源重新回流美国。

二、国外的货币政策

货币政策是中央银行通过控制货币供应量以及通过货币供应量来调节利率进而影响投资和整个经济以达到一定经济目标的行为。货币政策的工具主要有：再贴现率政策、变动法定准备率和公开市场业务。当总需求小于总供给时，中央银行通过在公开市场上买进政府债券、降低贴现率和法定准备率等措施增加货币供给，降低利息率，以刺激投资的增长和有效需求的增加。反之，当总需求大于总供给时，中央银行则实行紧缩性货币政策来抑制有效需求。

货币政策的各政策工具各有其特点。第一，变动法定准备率主要影响货币供应总量和信贷规模，冲击力大，时滞短。但由于它以法律形式加以规定，故缺少伸缩性和灵活性。第二，再贴现率政策是中央银行通过变动给商业银行及其他存款机构的贷款利率来调节货币供应量。它的作用强度较大，具有可控性、灵活性以及作用有限性的特点，比较适合用作经常性的政策调节手段。第三，公开市场业务是中央银行在金融市场上公开买卖政府证券以控制货币供应量和利率的政策行为。公开市场业务既可以通过变动买进或卖出的方向来改变货币供给的方向（例如，央行将证券变买进为卖出，立即就可能使增加货币供给变为减少货币供给），这样，央行可以连续地、灵活地进行公开市场操作，自由决定有价证券的数量、时间和方向。而且，公开市场业务对货币供给的影响还可以按货币乘数大体上预测出来。所以，公开市场业务的方向比较明确，可以预期，又具有灵活性、主动性和可调性的特点，最适宜作日常性的政策调节手段。事实上公开市场业务已成为美联储控制货币供给的最主要的手段。

由于各政策手段在用途强度、作用时间以及可控性方面的差异，因此在运用货币政策时应兼顾各自的特点，灵活地进行作用强弱、时滞长短、同向或异向的搭配。例如，由于变动法定准备率的作用十分猛烈，一旦准备率变动，所有银行的信用都必须扩张或收缩。因此，这一政策手段很少使用，一般几年才改变一次准备率。对于比较缓和的通货膨胀，可以在不提高法定准备率的前提下，依靠限制性的其他政策手段压缩信用，抑制需求。而在剧烈的通货膨胀时，可以提高法定准备率，有力地压缩信用规模，但为了缓和法定准备率所带来过大的冲击力，又可在贴现率和贷款程度方面采取稍微宽松的政策限制。又如，中央银行在实行紧的再贴现率政策的同时，在公开市场上买进有价证券，就可以防止因紧的再贴现率政策对各商业银行冲击过猛而引起金融活动和经济增长萎缩。这种紧的再贴现率政策和松的公开市场业务的配合使用，是一种极为有效的松紧搭配，紧是为了抽紧银根，松是为了防止银根过紧而带来过大的副作用。

近年来，美联储十分重视货币政策各手段的搭配，常常是根据各货币政策工具各自的特点进行同向或异向的搭配，常常是松中有紧或紧中有松，有时甚至是不紧不松，充分发挥了货币政策对经济的调节作用。在次贷危机爆发后，美联储根据自身金融市场变化情况，在2007年针对再贴现窗口不足，引入定期拍卖便利（TAF），用于缓解短期借贷市场的压力；在2008年推出了定期证券借贷工具（TSLF）和一级交易商信贷工具（PDCF），为证券交易商注入大量流动性；同年为解决票据发行人的融资需求，推出商业票据融资工具（CPFF）。美联储应对次贷危机的一系列货币政策工具的运用效果较为显著，如定向市场注入短期流动性工具TAF、PDCF、TSLF，以及商业抵押票据—货币基金流动性支持工具（AMLF）、CPFF、货币市场投资者融资工具（MMIFF），在一两年内依次实施上述工具，对美国货币市场流动性紧缩起到了较好的缓解作用。

三、主要启示——注重政策间的配合协调

西方国家的实践表明，政府单独运用财政政策或货币政策来调节经济的作用是有限的，甚至还会带来一些弊病。例如，第二次世界大战以后，西方各国纷纷采取凯恩斯主义的经济政策主张，强调财政政策的作用。尽管在一定时期出现了经济繁荣的景象，但在20世纪60年代出现的“滞胀”局面却使凯恩斯主义者束手无策；又如，从20世纪70年代货币主义在英美等国的实践来看，它虽然在一定程度上抑制了高通货膨胀，却又带来了高失业率和严重的经济衰退的弊病。因此，只有将二者结合起来，才能取长补短，取得好的宏观经济效果。

财政政策与货币政策的搭配基本上分为两类：一类是同项搭配，如扩张性的财政政策与扩张性的货币政策，即“双松”搭配；另一类是逆向搭配，如扩张性财政政策与紧缩性货币政策相搭配的“松紧式”以及紧缩性财政政策和宽松的货币政策相搭配的“紧松式”。各种配合适用于不同的经济形势并

产生不同的经济后果。

“双松式”指财政政策实行增加财政支出和减税等政策，货币政策则采取降低贴现率、降低法定准备率和买进政府债券的方法，这是鼓励投资、增加消费、刺激经济和扩大就业的手段，适用于社会总需求严重不足并且存在相当大的通货紧缩缺口的情况。实行以刺激总需求为宗旨的扩张性财政政策时，无论是增加消费还是扩大投资，最终都要表现在增加的货币购买力上。此时如果没有相应的扩张性货币政策，社会上的货币供应量保持不变或减少，则购买力的增加就不能实现，因而不能达到刺激总需求的目的。但值得注意的是，“双松式”政策往往会带来通货膨胀。

“双紧式”是指财政政策方面实行增税和减支，货币政策方面实行提高贴现率，提高法定准备率，卖出政府债券。这种搭配适用于经济过热，总需求大大超过总供给的情况，它是一种削减投资、压缩消费、控制需求的有效手段。以上两种方式，一般适用于比较极端的情况。例如，在1929—1933年大危机时期，美国正是实行了“双松式”的经济政策，才使国民经济免于崩溃。在一般情况下，经济状况往往是存在通货膨胀但不太严重或经济增长较低但又不等于全面崩溃。这样，异向搭配的经济政策是较为适宜的。但采用逆向搭配时，究竟是以紧为主还是以松为主，在不同时期和不同情况下应有不同的选择，且应随时势变化加以调整。近年来，美国经济之所以能在几乎无通货膨胀的情况下持续稳定地增长，正是与财政政策和货币政策的适宜松紧搭配分不开的。

国外的不同体制决定它们的财政政策与货币政策关系较为复杂，而我国的财政政策由于个人收入、地区差异等特异性，决定其具有较为明显的结构性特点，通过与结构性货币政策的相互配合更具有调控能力。我国当前经济进入“新常态”，经济增长速度变缓，主要还是与我国经济结构仍处在转型升级阶段有关，仅依靠结构性货币政策不能快速帮助经济体制改革，必须借助多层次的财政体系，依托社会资源和财富的再分配，共同拉动经济企稳回升。

我国宏观经济政策的协调性评价

本章仅从三个方面对宏观政策进行协调性评价：一是货币政策与财政政策协调性；二是货币政策与产业政策协调性；三是区域政策与产业政策协调性，其他政策协调性分析可以比照这三种机制进行分析。如无特殊说明，本章的宏观经济数据均来自国家统计局、中国人民银行或Wind数据库。

一、货币政策－财政政策协调性分析

2017年年初，党中央、国务院审时度势，确定了“实施积极的财政政策和稳健的货币政策”的总基调，总体来看，政策实施效果良好，经济运行稳中有进、稳中向好、好于预期，同比增长6.9%，增速比上年提高了2个百分点。但从货币政策与财政政策的协调性看，默契程度还需提高。

从财政支出规模、财政政策执行进度等指标来看，2017年财政政策力度较大。但在政府实施积极财政政策的同时，央行并没有较好地去配合财政政策。一方面，截至2017年12月底，除了2017年9月30日央行宣布将在2018年起实施定向降准以外，货币政策在降息和降准方面没有任何其他操作。因此，2017年11月末M2同比增速只有9.1%，明显低于12%左右的目标值。另一方面，2017年央行对财政政策的主要反应仅表现为：通过逆回购、中期借贷便利（MLF）、抵押补充贷款（PSL）等工具对因临时性、季节性财政收支波动而造成的流动性扰动进行“削峰填谷”。2017年货币政策在“稳健中性”定位下力度稍显不足，没有通过适当加大力度来与积极财政政策协调配合以更好地“稳增长”。货币政策与财政政策协调欠佳的后果是，较强的挤出效应削弱了宏观政策“稳增长”效果且财政政策空间受到压缩。2017年，金融机构一般贷款加权平均利率逐季度上升，由第一季度的5.44%上涨至第四季度的5.86%。扣除CPI通胀率之后的实际利率水平也是稳中有升（见图8-1）。实体经济融资成本的上升，使本显乏力的民间投资复苏受到抑制。2017年3月民间投资增速达到7.7%的年内高点，之后呈现趋势性下滑，到2017年11月民间投资增速已不足6%。扣除价格因素之后，民间投资的实际增速还不足1%。这使得自2016年年中以来的民间投资增速反弹显得十分脆弱。与此同时，全社会固定资产投资中的民间投资占比也呈继续下滑态势，2017年11月该比重已降至60.5%，比2016年同期下降1个百分点。民间投资是全社会固定资产投资的主体，其复苏乏力在一定程度上拖累了整体经济表现，使得积极财政政策刺激总需求的效果欠佳。

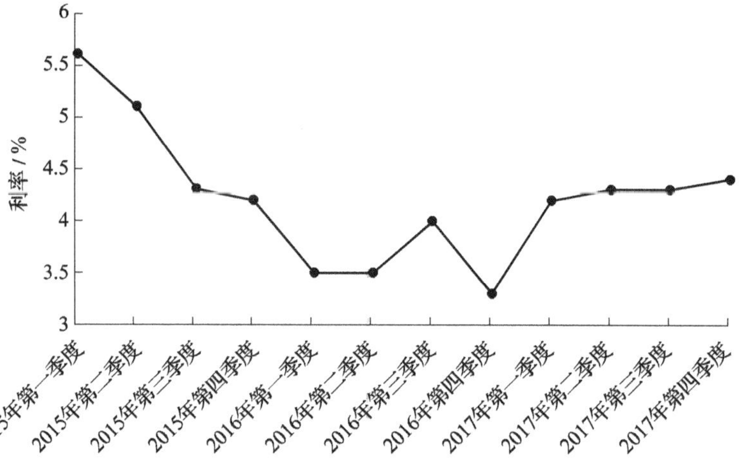

图8-1　2015年以来实际利率走势

货币政策与财政政策不协调也是导致政府债务水平进一步攀升的间接原因，2018年财政政策“稳增长”的空间因此受到压缩。由于2017年没有采取偏宽松的货币政策，财政政策力度需要以较大力度来“稳增长”，赤字率维持在3.7%的较高水平（见图8-2）。在IMF统计口径下，中国政府债务占GDP比重在2017年上升至47.6%，比2016年增加多达3.3个百分点。考虑到地方政府隐形债务问题，2017 年的中国政府债务规模可能还要更高。同时，货币政策力度不足也是导致 2017 年国债利率上扬的原因之一，这会进一步加剧未来的财政负担、缩窄未来的财政空间。实际上，债券市场利率上行已经影响到国债和地方政府债的发行。尤其是 2017 年 10 月债券市场利率再次出现大幅上扬之后，国债发行规模明显收缩，某些关键期限政策性金融债甚至出现停发。地方政府在经历了三年巨额存量隐性债务的化解之后，再一次面临“基层财政困难”的压力。

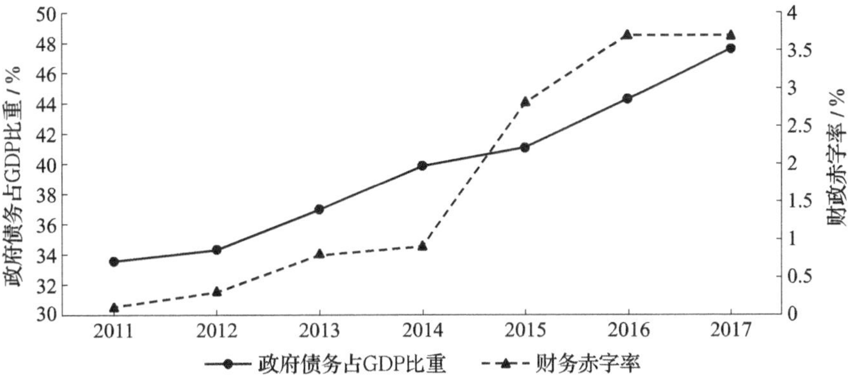

图 8–2　财政赤字率及政府债务率走势

二、产业政策 – 货币政策协调性分析

产业政策是指政府为了实现一定的经济和社会目标而对某些产业的形成与发展进行干预的各种政策的总和[①]。产业政策具体目标的选择与一国经济体

---

① 2016 年 11 月 9 日经济学家林毅夫和张维迎就产业政策进行了辩论。在辩论中，林毅夫把产业政策定义为中央政府或地方政府为促进某种产业在该国或该地区的发展而有意识地采取的政策措施。而张维迎定义的产业政策则较为狭义，是指政府出于经济发展或其他目的，对私人产品生产领域进行的选择性干预和歧视性对待。本研究定义的产业政策属于较为广义的产业政策，与黎文靖和郑曼妮（2016）等研究中国产业政策的文献一致。

制以及经济发展阶段有关，这些目标可能包括保护弱小民族产业的成长，实现“赶超”战略，弥补市场缺陷以提高资源配置效率等。虽然产业政策不适合作为宏观调控的主要工具①，但并不意味着产业政策不能与货币政策、财政政策协调。货币政策、财政政策要想实现宏观经济稳定的目标，必须通过有效的传导机制传导至产业和实体经济。因此，产业政策的定位和实施会影响到财政和货币政策的调控效果。例如，2008 年金融危机后美国试图通过实施“制造业回流”的产业政策来与量化宽松货币政策配合，以此来促进经济复苏。我国的“十三五”规划纲要也强调，产业政策要与货币政策财政政策协调配合。

目前，产业政策与货币政策、财政政策协调问题，主要在于产业政策没有放松对产业准入特别是第三产业的管制措施，这是导致民间投资增速大幅下滑的重要原因之一。虽然，采取了积极的财政政策（包括减税）和稳健的货币政策来刺激经济，政府投资大幅攀升，但民间投资并没有被有效拉动，投资增速较快的产业集中在房地产以及基础设施等领域，而基础设施领域的投资由国有及国有控股企业主导。2016 年国有控股投资同比增幅高达 18.7%，比 2015 年提高 7.8 个百分点。但民间投资增速出现了较大下滑，拖累了总投资增长和经济稳定。2015 年年底，民间投资增速还处于 10% 以上，但 2016 年民间投资增速仅为 3.2%，与 2012 年年初接近 30% 的增速相比更是天壤之别（图 8–3）。总投资中民间投资占比也从 2015 年年底的 64.2% 下滑至 2016 年年底的 61.2%，比 2015 年 65.4% 的高点下降了 4.2 个百分点。

---

① 实际上，2008 年全球金融危机后中国“四万亿”刺激计划就是将产业政策作为宏观调控主要工具的例子。将产业政策作为宏观调控主要工具负作用很大，2008 年对产业政策的不当使用是造成当前诸多经济困境的主要原因之一。习近平总书记也曾明确指出，“过去正是由于市场机制的作用发挥得不够，政府干预过多，导致市场不能及时出清，引发各种结构性矛盾”。

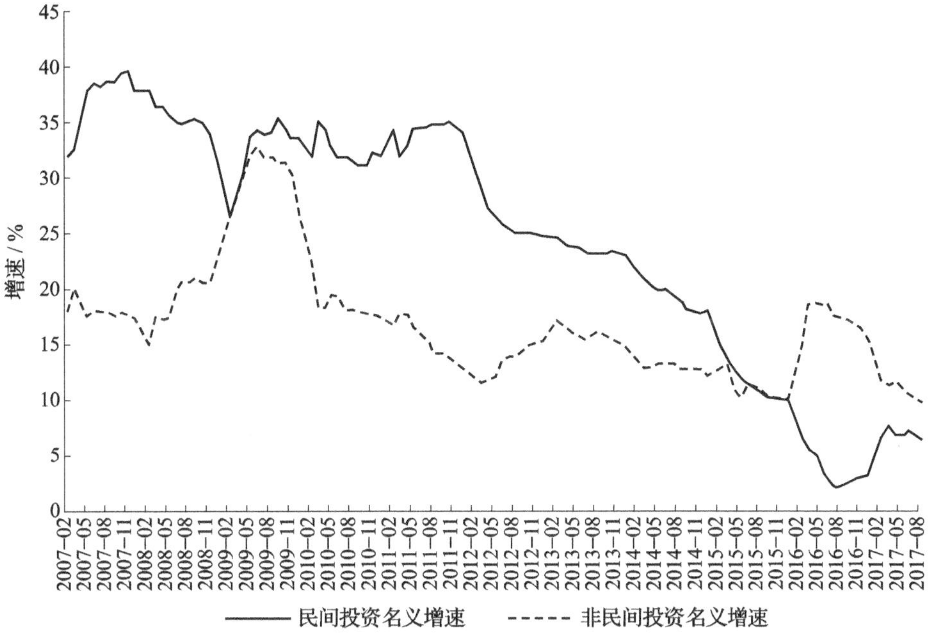

图 8–3　民间投资增速走势

出现政府投资增速与民间投资增速大幅背离的重要原因，是在第二产业去产能的背景下，产业政策没有放松在第三产业的管制。除了货币政策宽松力度不够以及一直以来存在的金融抑制所导致的融资难融资贵问题，民间投资增速大幅下滑的主要原因还有两点：一是“去产能、去库存、去杠杆”政策制约了民间资本在第二产业的投资空间；二是市场准入限制导致民间资本可投资的领域受限。产业政策限制尤其体现在拥有较高回报率的金融、医疗、教育、养老等第三产业，民间资本很难涉足这些产业。在 2016 年民间投资增速下滑至 3.2% 的背景下，第三产业的民间投资增速更是仅有 2.9%。当前民间投资在总投资中占比高于 60%，但是在服务业中占比尚不足 50% 且呈现出不断下跌的态势。实际上，在交通、电信、电力等公用事业和基础设施领域，民间投资也面临不同程度的市场准入限制。

由于产业政策的限制压缩了民间投资的空间，货币政策释放的流动性不能有效流入实体经济转变为投资，进而不能有效地刺激经济增长。部分流动性涌入房地产市场，进而推动房价大幅攀升，加剧了房价泡沫化风险。又由于缺乏财政政策的配合，货币政策被迫回调至偏紧状态，无法与财政政策共同发力来“稳增长”。

三、区域政策、产业政策协调性分析

以我国西部大开发战略实施以来的区域政策、产业政策为例进行效果评估，进而评价区域政策与相关配套产业政策的协调性。

与西部大开发相配套的产业政策可以总结为产业转移政策、资源转化政策、产业链政策等类型。西部大开发战略是一系列政策法规的综合运用，其中对区域发展影响最直接的政策包括两个方面：一方面，中央通过国家预算投资、国债、财政补贴等方式将大量资金用于改善西部地区的投资环境，进一步吸引了外商投资、民间资本的进入；另一方面，通过倾斜性的产业政策对区域优势产业给予适当的政策支持，实现了产业政策和区域优势的有机结合。另外，2008 年国际金融危机爆发之后，运用于西部地区的产业政策也发生了重大变化，能源、土地、人力等生产要素的价格大幅度上涨，使得国内外产业分工重新调整，区域产业转移也被赋予了新的生命力，中央政府产业政策导向也发生了很大变化，由最初支持西部地区大力承接发展劳动密集型产业、能源矿产开发产业向承接汽车、电子、家电等资本密集型产业转变。鼓励西部地区积极发展非资源型新兴产业，对于战略性新兴产业向西部地区倾斜给予适当的政策支持。

一方面，在产业政策推动下西部地区工业化进程加快了前进步伐。短期，产业政策对区域经济增长具有重要作用。西部地区产业扶持政策的出台适逢西部地区正处于工业化的快速发展阶段，国务院出台了大量区域规划对西部地区发展给予大力支持，国家预算投资也开始具有明显的区域倾斜特征，这些政策措施很快取得了积极效果。从 2002 年开始人均 GDP 增长率稳步提升，在 2005 年左右达到西部大开发战略实施以来的最大值。另一方面，虽然产业政策实现了西部地区生产要素总量的短期增长，但后劲不足。随着政策效果的减弱以及东北老工业基地振兴战略、中部崛起战略的相继实施，中央政府对西部地区的政策和财政倾斜必定会被分散，这也导致了政策效果的后劲不足，从 2007 年以后西部地区结构不优、观念滞后的痼疾再次显现，增速逐渐下滑，个别省份甚至出现了较大幅度下跌。我国东中西部经济走势见图 8–4。

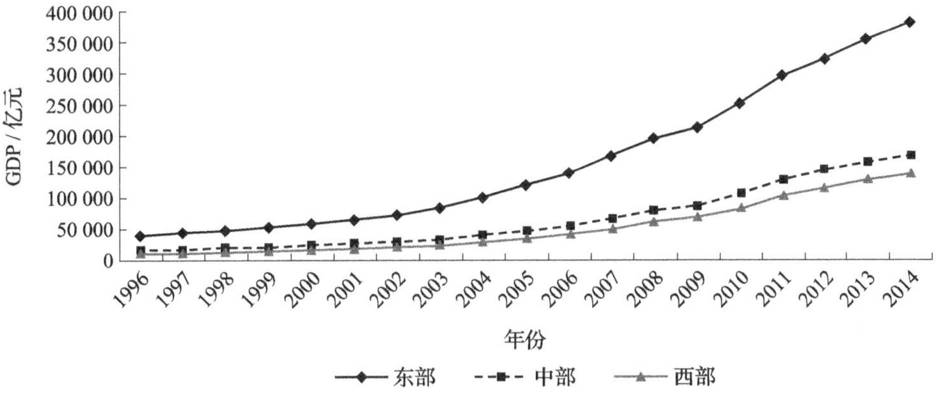

图 8–4　1996—2014 年中国东中西部经济走势

究其根源，虽然西部大开发战略从实施起就向西部地区投入了大量的财力和人力，但是盼望已久的产业西进和资本西进没有突出表现，几十年间人们预想的劳动密集型产业的西部转移，以及随之而来的资本、劳动力的大范围转移的现象并没有出现，东中西区域差距也没有明显缩小的趋势，随着东北老工业基地振兴、中部崛起等一系列区域发展战略的相继实施，西部地区能够获得的相对优势也在逐渐减少。国家投资建设的大型项目不能与当地的经济发展相适应，对当地经济的带动作用没有实现预期目标，资本、劳动力等生产要素只是短期在西部地区停留，最终的走向还是流入东部沿海发达地区。西部地区资金的主要来源是国家预算投资和财政补贴，资金进入西部地区后并没有能够得到很好的利用，又以输入输出产品价格差的形式回流至东部地区。除四川、重庆、陕西外，西部地区的技术创新水平就远远落后于东部沿海地区。科技创新具有一定的内生性，外生的产业政策很难扭转这一局面。大型在建项目所需设备及科研力量均来自东部发达地区，反而在某种程度上刺激了东部地区的进一步发展。

宏观经济政策协调性差的原因分析

造成我国宏观经济政策协调性较差的原因很多，主要有以下几方面：

一是多重政策目标让政策选择陷入两难或多难。现阶段，中国经济已进入新常态，宏观调控面临多重政策目标的两难抉择，经济转型要求在宏观经济环境的适度偏紧状况下进行，只有在适度偏紧的宏观经济环境里，企业才会有非常强的动力和压力提高效率、提升产品质量、加快技术升级与新产品研发，低效率的企业、低效率产能及过剩产能才会被淘汰出市场，资源才能得到更合理配置，投资效率才可能得到真正的提高，国民经济供给体系的质量和效率才能得到真正的提升。但是，面对不断加大的经济下行压力，又必须采取适度宽松的宏观调控政策，防止经济运行失速。因此，我国宏观调控政策面临“紧”与“松”的两难抉择，这也决定了为了达到不同的政策目标需要采取不同方向甚至相反的政策工具。

二是经济“脱实向虚”的趋势弱化了政策有效性。当前，经济“脱实向虚”问题依然严重，金融资本游离于实体经济之外，独立发展。因此，以往很多对实体经济行之有效的调控政策对虚拟经济并不能起到太大效果，甚至会加剧经济“脱实向虚”问题。以货币政策为例，以往的政策调控使资金主要流向实体经济，而如今可能有很大部分流向以房地产为代表的虚拟经济，实体经济的一些部门未必能获得资金，从而降低了政策的有效性。

三是总体杠杆率上升挤压了积极财政政策空间。目前，财政收入增速明显放缓、财政赤字的显著攀升决定了中央财政投资资金不能过度扩张，地方政府债务的不断攀升决定了对政府融资平台的授信受到严重制约，这样就大大地降低了地方政府的投资资金来源，使得很多项目受制于资金的约束而不能开展，扩张性的产业政策和财政政策空间受到严重制约。同时，中国经济宏观债务负债水平已很高，这意味着继续放宽货币政策，整个宏观经济体系的债务风险将会急剧增加，货币政策空间也已不足。因此，即便有关部门愿意协同发力，但是“手中可打的牌”也不多，对政策协调联动“力不从心”。

四是各自为政导致调控政策相互“打架”。我国的宏观经济政策往往政出多门，各部门习惯于从自身利益和本行业角度出发进行政策的制定和实施，容易形成政策效应的相互抵消，甚至出现政策相互“打架”的现象。政策协调需要相互间的政策信息沟通为基础，而信息的不对称会产生信息屏蔽，阻碍政策协调的进行。除了部门自利性的人为因素的影响外，政策信息的不对称也有可能是由于信息传递渠道的僵化或不畅等技术性因素造成的。

五是政策制定者与政策执行者之间缺乏互信。目前，区域政策的执行离不开政策制定者（中央政府）与政策执行者（地方政府）的互信，当前，在普遍缺乏互信的基础上，单靠政府官员作出的承诺和所谓的区域合作协议，是不能保证政策协调顺利进行的，当利益诱惑发生时，政策执行就会受到影响，甚至是中断。

加强宏观经济政策协调性的路径分析

客观地说，在应对经济新常态和推动高质量发展方面，我国宏观政策协调做得不够好。下一步必须要按照“破”“立”“清”的思路，加强各类政策之间的协调配合，提高宏观调控的有效性。

一、“破”——打破政府在宏观经济政策制定中的独家垄断

打破政府在宏观经济政策的制定中的垄断地位，充分发挥市场在政策制定中的决定性作用，推动多元主体参与政策协调过程。

目前，我国公民社会在不断成熟，社会公众越来越关注与自身利益密切相关的社会问题，并且期望参与到社会公共事务的管理过程中。因此，推进包括政府组织、非政府组织、社会公众等在内的多元化的主体参与到宏观调控政策的制定和实施过程中，形成对区域公共事务的多中心治理势在必行。这样不仅发挥了政府在政策协调中的主导作用，而且可以凭借多种治理力量，有利于实现政策的协调平衡。

首先，应重视非政府组织在政策协调中的作用，充分发挥非政府组织为主的社会力量自下而上的推进力量。非政府组织是政府联系民众的桥梁和纽带，借助非政府组织推动政策协调，不仅成本费用低，而且因其没有本地区本部门利益考量等方面的影响，政策协调效果更为明显。

其次，要拓宽社会公众参与政策制定的渠道。社会公众对宏观调控政策的内容、方案等拥有必要的知情权、参与权。因此，应通过一定的制度机制的设计激发公众参与政策协调的热情，不断拓宽社会公众政策协调的参与渠

道。通过民意调查、公民投票、座谈会、听证会等形式，广泛听取社会各界民众的意见；政策执行过程应及时向社会公众公开，便于对政策协调过程进行监督，减少政策协调的成本，促使政策能够按照公共利益的取向顺利推进。多元参与的宏观调控政策协调体系结构见图 8–5。

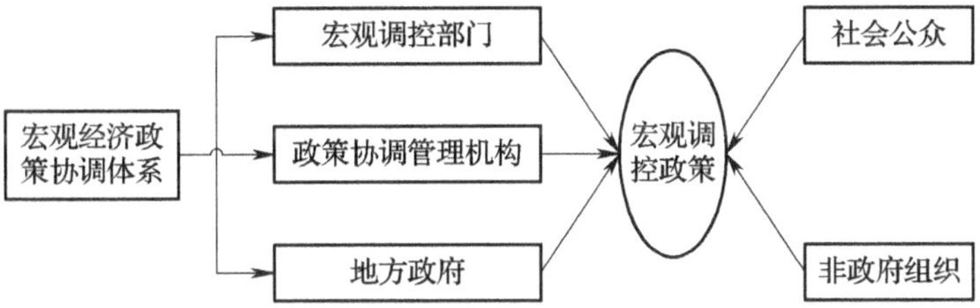

图 8–5　多元参与的宏观调控政策协调体系结构图

充分发挥市场的决定性作用是实现宏观经济政策协调的基本条件。长期来看，市场在资源配置中起决定性作用是宏观经济政策实现协调配合的基本条件。只有减少政府的直接干预，消除各项政策的利益掣肘，优化集中各项政策的预期目标，才能最大限度地减少宏观经济政策的矛盾，实现宏观经济政策的和谐。政府进行宏观调控首先要尊重市场机制在资源配置中的决定性作用，在此基础上再采取增进市场功能、扩展市场作用的范围、补充市场不足的经济政策来促进经济结构调整。

从产业政策的角度看，过度的政府直接干预增加了产业政策的主观性和随意性，破坏了产业政策的一致性，影响企业形成持续的经营预期和战略。最重要的是，由于政策组织实施在体制机制方面存在问题，政府直接干预的产业政策往往扭曲了要素配置，破坏了有效的市场竞争机制，不利于资源向生产性领域的集中，不利于优胜劣汰和经济结构优化。

从财政政策和货币政策的角度看，过多的行政性宏观政策手段增加了政策的随意性和主观性，降低了宏观政策的一致性和连续性，在政策实施效果方面经常出现顾此失彼，甚至加剧经济波动的问题。市场化的财政政策和货币政策是政府调控经济最重要的两大杠杆，它们不仅是促进总供给与总需求基本平衡的工具，而且也能在促进经济结构调整中发挥重要作用。促进政策协调的关键在于提高两大政策的市场调节机制，积极推进金融体系的市场化建设，全面深化财政、金融体制改革。建立健全公共财政框架，提高财政预算内收支占 GDP 比重，增强财政调控能力；调整财政分配结构，强化均衡服务，提高民生支出占比，建立健全社会保障网；建立健全税收分配格局，加强初次分配与再分配调节，加强资源性、财产性分配调节，促进社会分配的公平与公正，建立分层分级的税收、公债、财政体制与预算调节体系；完善财政转移支付制度，加大一般性转移支付，增强各级政府调节市场的能力。深化金融改革，提高货币政策调节能力。健全中央银行调控机制；加速推进金融市场化，即资产价格市场化、业务经营自由化、市场准入市场化和资本流动自由化；建立健全金融监管机制，推行混业经营制；稳健推进人民币国际化进程；制定金融安全监管法，推进资本社会化与国际化进程。

二、“立”——让宏观经济政策建立在充分沟通与信任的基础上

宏观经济政策产生效果建立在信任基础上的。如果中央政府与地方政府之间、地方政府之间能够相互信任，合作处理公共问题，就会很好地达到调控效果。相互信任还有利于消除政策决策和过程中可能的投机行为，如只想获取利益而不愿付出相应成本的“搭便车”行为和政策执行过程中的“中梗阻”现象。因此，提高宏观经济政策的协调性要树立互相合作、权责对等理念，加强政策决策主体与执行主体间的信任，为合作治理公共事务奠定良好的心理基础。

政策实施方面的协调，关键是加强政策实施主体之间的组织协调。为了确保各项宏观调控政策有效、可持续协调，需要设计科学、可行的多层次政策协调机制。建立政策协调的组织机制，通过组织框架和工作机制完善促进政策内容和政策实施的相互协调。从中国的政策执行经验看，很多政策协调的失败不是由于政策设计上的冲突，而是由于政策实施中部门协调不力导致政策协调的效果大打折扣。各个部门在实际经济运行过程中通常只是站在本部门的角度进行调控，部门之间几乎没有协商和沟通。为了降低政策的协调成本，需要从政策实施的组织结构和工作机制等不同的层面构建多层次的政策协调机制。

第一层次（最高层次）的政策协调机制建立可考虑在中央财经领导小组的框架内设立专门的经济政策协调委员会，由工信部、财政部、中国人民银行、国家发展改革委、国家税务总局等部门负责人组成，定期举行会议，主动寻求财政、货币政策、区域政策、产业政策在经济结构调整目标下的充分合作。协调委员会至少每月召开一次会议，通过完善工信部、财政部和中国人民银行的协调机制来提高中国产业政策、财政政策、货币政策的组合效应，增强政策效果。

第二层次是建立产业政策、区域政策、财政政策和货币政策制定部门首长定期会晤机制。西方七国财长和央行行长会议、G20财长和央行行长会议是建立中国政策制定部门首长定期会晤机制的模板。虽然中国的产业政策、区域政策、财政政策和货币政策制定部门首长有不少见面的机会，例如，党中央和国务院的各种会议、国外的财经外交有关会议等，但是政策制定部门首长还缺乏一个平台就各方政策协调问题进行深入的交流，进而影响政策协调的效果。中国的宏观经济政策制定部门首长会晤应定期举行，有关议题要提前做好沟通。

第三层次是建立产业政策、区域政策、财政政策、货币政策委员会机制。

在国家发展改革委、工信部、财政部内部仿照央行内部的货币政策委员会组织模式设立供决策服务的区域政策委员会、产业政策委员会和财政政策委员会。各委员会除了本领域的专家参加外，都要有其他相关部门有关负责人参加，委员会的会议频率要提高，理想状况是每月召开，而不是每季召开。委员会每月召开会议，能够有效传递信息，共同做好形势研判。

第四层次是建立信息沟通与保障工作机制。为了确保上面三个层次的协调机制能够有效运转，提高政策协调的效率，需要建立政策信息沟通与保障机制。建议依托国家发展改革委、工信部、财政部和央行内部制定政策的各司局，建立部门间信息沟通工作会议和信息交流平台。“工作”层面的信息沟通与保障机制是宏观经济政策协调机制的基础，该机制运行得好坏与否、是否及时、沟通协调的水平等对整个协调具有十分关键的意义，建议重视该机制，并通过人员交流、干部挂职等方式加强该机制的运行。

三、“清”——只有清晰的目标与方向政策才能形成合力

只有明确了政策目标与方向，才能让各政策实施主体聚焦于政治、经济或社会其他领域的一面或多面，朝共同方向发力。具体来讲，产业政策、区域政策、财政政策和货币政策都要服务于国民经济供给体系及产业结构的优化升级和可持续增长的目标。总量性的财政政策和货币政策要尽可能为产业结构优化升级、供给侧结构性改革创造良好的环境，结构性的财政政策、货币政策要服从于产业结构调整、供给侧结构性改革的要求。

一是在配合产业政策方面，财政政策可以发挥更加积极的作用。

第一，调整税收政策，形成有利于产业结构调整和转型发展的税收体制。

应尽量淡化税收优惠政策的所有制取向；逐步取消以区域（园区）为主的税收优惠，代之以鼓励企业创新与研发、技术改造、节能与环境保护投资，以及促进新兴产业发展为主的税收优惠政策；改革消费税，将污染重、能耗大的消费品纳入征收范围，对重污染、高能耗的消费品实行高税率；加快资源税改革，尽快将煤炭及其他非金属矿原矿、铁矿及其他金属等具备条件的税目改为从价计征；开征独立的环境税，将目前与环境保护有关的收费项目改为税收，逐步将适用范围扩大到更多排放量大的污染物，税率设定遵循“先低后高”的原则。

第二，调整财政支出政策。财政支出政策应向更有利于促进总需求结构调整、鼓励创新、增强创新能力、促进高技术产业和战略性新兴产业发展的方向调整。适当调整财政政策提高国内消费水平，提高最终消费对经济增长的贡献，降低经济增长对投资和净出口的依赖性。加大对技术创新、技术扩散的支持力度；加大与战略性新兴产业相关的公共项目和基础设施建设，并注重与装备自主化的结合，在加强新一代信息网络、高效清洁发电、特高压输变电、高速铁路、城市轨道交通、生态环境等重大工程建设的同时，提高重大工程装备的国产化率，推进自主装备整件和零部件需求发展；加大财政投入，进一步鼓励节能环保等战略性新兴产品的消费。

第三，调整和完善补贴政策。应将选择性补贴的政策模式调整为普遍性补贴；补贴的重点由生产环节转为研发与创新、消费环节，控制补贴的范围和规模，尤其是要遵从 WTO《补贴与反补贴协议》，禁止使用出口补贴和进口替代补贴；规范补贴制度，提高补贴的透明度，并建立严格的补贴政策事前、事中以及事后评估程序。

第四，财政刺激政策与各级政府主导投资的力度不宜过大，以逐步稳定信心、避免恐慌性情绪过度蔓延为宜。重点在于降低经济周期中经济结构剧烈调整对社会经济所带来的冲击，避免经济结构剧烈调整所带来的社会动荡，为经济结构的调整和顺利进行创造较为稳定的社会、经济与政治环境。

二是货币政策应当注重提升金融市场配置资本的效率，营造良好、稳定的宏观经济环境，为经济发展提供高效、多层次的金融市场体系。

第一，积极稳妥推动利率市场化进程。逐步实现利率市场化，使利率能真正反映资金供求关系，使投资者在信贷过程中承担真实的资金成本与风险成本。这一方面可以从根本上抑制低效率的粗放型投资，提高资金的使用效率，抑制产能过剩；另一方面，可以形成倒逼机制，迫使企业提高自身的生产效率和经营绩效。

第二，保持货币政策的连续性与稳健性，为企业经营和产业结构调整创造稳定的宏观经济环境。一方面，货币政策应避免将存贷款基础利率压得过低；另一方面，应将货币投放量增长控制在适度范围内。此外，还应强化专业型和市场型的监管方式，及时释放金融投机属性所积累的价格膨胀风险。

第三，加快发展和完善金融市场体系，提高资本在产业间和企业间的配置效率，为国民经济供给结构的调整创造良好的投融资环境。在加强监管的同时，逐步放开银行业等金融服务行业的准入管制，鼓励更多民间资本进入金融领域发展，发展社区银行、区域性银行。建立多层次的资本市场，形成交易所、全国性股权转让市场、区域性场外市场及券商柜台场外市场三个大的层次，服务于多元化国民经济发展需求和多层次投资者投资需求。在加强监管的基础上，推进股票发行注册制，适当放宽创业板对创新性、成长型企业的财务准入指标，为尚未盈利科技创新型企业在创业板上市创造条件，并实行不同的投资者适当性管理制度。大力发展风险投资基金、创业投资基金和私募股权投资基金，拓宽其资金来源，促进资金汇聚渠道的多样化。

三是产业政策自身也要不断提高合理性和科学性，为宏观经济政策协调配合创造条件。

加快产业政策模式的转型，实施市场友好型、以“增进市场机能与补充市场不足”为特征的功能性产业政策。产业政策的核心是提升产业体系的质量和效率，而市场机制是配置资源、激励创新、化解过剩产能、推动经济提质增效、实现产业转型升级的最为有效的工具。但是，市场机制能否充分发挥作用取决于市场制度（或市场体系）的完善程度。产业政策自身要提高连续性和稳定性，形成明确的企业经营预期，同时尽可能减少对总量性政策的干扰。实现调控政策的协调一致，必须先解决产业政策自身的内部不协调、不一致问题。因此要加强产业政策的统一规划领导，减少部门之间的割裂、掣肘。在政策制定和实施过程中，要加强产业政策的统一制定、统一实施和协调机制建设。在既有的体制框架下，可以通过项目制的政策落实方式促进经济管理部门之间的协调。此外，要加强中央产业政策与地方产业政策的协调，保证产业发展战略和产业政策的有效落实。要加强中央和地方产业政策执行效果的后评估，通过对产业政策执行过程的控制和产业政策后评估双管齐下地促进产业政策的规范执行。

四是以多种形式的支持政策推动区域政策目标的实现。

实施区域政策过程中，要注重构建包括财税政策、投资政策、产业政策、货币政策等在内的政策支持体系。在政策体系中，各项政策有其特定的作用。在执行区域政策过程中，充分发挥财政政策和货币政策的引导作用、产业政策的引导和规划作用；着重实施规范的转移支付在协调区域发展中的援助功能，以促进区域公共服务水平均等化的实现，缩小区域间的差距；货币政策通过政策性金融等形式对落后地区的产业开发和结构升级提供资金来源，通过完善区域发展的投融资制度促进区域协调发展目标的实现。

（执笔人：赵栩）

参考资料

[1] 陈彦斌．经济新常态下宏观调控的问题与转型［J］．中共中央党校学报，2016（01）：88-92.

[2] 杨宜勇．如何建设现代化经济体系［J］．人民论坛，2017（S2）：7-14.

[3] 封北麟．结构性货币政策的中外比较研究——兼论结构性货币政策与财政政策协调［J］．财政研究，2016（02）：33-38.

[4] 刘丹．G20 参与下的国际宏观经济政策协调研究［J］．经济问题探索，2015（05）：93-101.

[5] 庄芳．我国财政政策和货币政策协调配合的定量效应——基于协整向量自回归的分析［J］．金融研究，2014（12）：72-90.

[6] 马勇．宏观审慎政策的协调与搭配：基于中国的模拟分析［J］．金融研究，2013（08）：89-94.

[7] 宣扬．中国货币政策与产业政策协调效果评估［J］．金融经济学研究，2013（28）：19-29.

[8] 王璟怡．宏观审慎与货币政策协调的研究动态综述［J］．上海金融，2012（11）：22-33.

[9] 邹新月．中国货币政策与汇率政策冲突的成因及对策——基于国际协调的视角［J］．上海金融，2012（04）：63-67.

[10] 马桂兰．试论区域经济发展的政策协调机制［J］．河南师范大学学报（哲学社会科学版），2012（39）：72-77.

[11] 高莉娟．对我国公共政策协调研究的思考［J］．福建行政学院学报，2011（02）：21-26.

[12] 习近平．习近平谈治国理政［M］．外文出版社，2014.

[13] 习近平．习近平谈治国理政（第二卷）［M］．外文出版社，2017.

［14］黄世坤 .“市场决定”新背景下政府与市场关系研究述评［J］. 社会科学辑刊，2014（06）：12-17.

［15］曹冬英 . 当代中国政府与市场关系的演变及优化途径［J］. 江淮论坛，2018（01）：31-36.

［16］张杰 . 把握好政府和市场关系是建设现代化经济体系的关键［J］. 南京财经大学学报，2018（02）：22-33.

［17］宗良 . 政府与市场“两只手”的有机结合——宏观经济理论历史演进、未来路径与理论模型［J］. 金融论坛，2018（23）：23-29.

［18］金宇超 . 产业政策中的资金配置：市场力量与政府扶持［J］. 财经研究，2018（44）：19-25.

［19］王尚君 . 从政府与市场关系角度理解现代化经济体系［J］. 贵阳市委党校学报，2018（01）：43-48.

［20］吴练达 . 市场创新功能视角下的政府与市场关系——重构理解政府与市场关系的理论框架［J］. 天津商业大学学报，2018（38）：19-22.

［21］林影清 . 政府在市场机制下的干预策略研究［J］. 中国集体经济，2017（34）：21-25.

［22］刘洋 . 政府与市场关系及其作用的边界［J］. 中国商论，2016（36）：51-54.

［23］张维宸 . 政府与市场对接是当务之急［N］. 中国国土资源报，2016-12-30（9）.

［24］汪同三 . 如何处理好政府与市场的关系［J］. 新金融，2016（12）：3-7.

［25］赵士刚 . 习近平关于政府、市场和社会同向发力的论述及意义［J］. 党的文献，2016（06）：25-30.

［26］朱静 . 现代市场经济条件下政府经济管理职能转变的实现［J］. 品

牌（下半月），2015（12）：47-48.

［27］白山稳．经济新常态下政府和市场关系研究［J］．全国商情（经济理论研究），2015（24）：57-65.

［28］张俊山．对新时代中国特色社会主义现代化经济体系建设的几点认识［J］．经济纵横，2018（02）：12-17.

［29］石建勋．现代化经济体系的科学内涵及建设着力点［J］．财经问题研究，2018（02）：20-27.

［30］简新华．新时代现代化经济体系建设几个关键问题［J］．人民论坛・学术前沿，2018（02）：31-35.

［31］曹冬英．当代中国政府与市场关系的演变及优化途径［J］．江淮论坛，2018（01）：34-39.

［32］张晓晶．扭曲、赶超与可持续增长——对政府与市场关系的重新审视［J］．经济研究，2018（03）：37-45.

［33］杨瑞龙．建立现代化经济体系必须处理好政府与市场之间的关系［J］．经济理论与经济管理，2018（01）：36-42.

［34］杨春学．政府与市场关系的中国视野［J］．经济纵横，2018（01）：22-28.

［35］黄群慧．浅论建设现代化经济体系［J］．经济与管理，2018（32）：2-9.

［36］刘万玲．建设现代化经济体系要靠深化改革［J］．金融理论探索，2018（01）：11-14.

［37］李俊生．重构政府与市场的关系——新市场财政学的“国家观”“政府观”及其理论渊源［J］．财政研究，2018（01）：9-11.

［38］顾钰民．推进现代化经济体系建设［J］．中国特色社会主义研究，2017（06）：19-22.

[39] 刘伟 . 现代化经济体系是发展、改革、开放的有机统一 [J] . 经济研究，2017 (05)：2-6.

[40] 杨宜勇 . 如何建设现代化经济体系 [J] . 人民论坛，2017 (S2)：31-35.

[41] 陈庆修 . 立足改革与创新 建立现代化经济体系 [N] . 经济参考报，2017-12-28 (12) .

调 研 篇

第九章
倾听民营企业诉求　问诊营商环境沉疴
——基于对沿海地区（沪、杭、深）131 家民企的问卷分析

内容摘要：通过在上海、杭州、深圳开展的规模以上民营企业问卷调查发现，沿海地区部分城市近年改善营商环境的努力取得积极成效；民营企业仍面临成本高、人才短缺、融资难等突出问题；房价过高是导致民营企业人才流失的突出原因；民营企业迫切希望进一步优化政务服务、加强市场监管。应综合施策进一步降低企业成本，完善支持民营经济发展的人才发展体制机制，增强简政放权的针对性，持续优化政府服务等。

进一步优化营商环境，是加快完善社会主义市场经济体制、建设现代化经济体系、推动高质量发展的重要基础和抓手。改革开放四十多年来，民营经济已经成为我国社会主义市场经济体制的重要组成部分。习近平总书记要求，为民营企业营造好的法治环境，要进一步优化营商环境。李克强总理也强调，要进一步落实和完善支持民营经济发展的政策措施，坚决消除阻碍民

营经济发展的各种不合理障碍。基于此，2018 年 6—7 月，本书作者组织开展了针对沿海地区部分城市的规模以上民营企业的问卷调查，专题了解当前民营企业对优化营商环境的措施评价和进一步诉求。

调查方法与样本情况

出于调查可操作性的考虑，本书作者将调查区域限定在沿海地区，选择上海市、杭州市、深圳市作为典型城市，覆盖长三角地区和珠三角地区。同时，为了使调查对象更为集中、内容更为深入，此次调查将对象确定为规模以上民营企业，即 2017 年度营业收入超过 2 000 万元人民币的私营企业、非公有制经济成分控股的有限责任公司和股份有限公司，国有绝对控股企业和外资绝对控股企业不在调研范围之内。

调查设计在每家企业发放 1 份调查问卷，由各企业的企业主、中层以上管理人员或相关人员负责填答。在实施方面，本书作者主要通过各调查城市的发展改革委、工商联等部门向企业发放问卷、邮寄回收，少量问卷为作者前往企业实地调研时现场发放、当场回收。总共发放问卷 155 份，实际回收有效问卷 131 份，有效率 84.5%，具体情况见表 9–1。问卷数据用 SPSS19 进行分析。

表 9–1　各地问卷发放数与有效率

地方	问卷发放数（份）	回收有效问卷（份）	有效率（%）
上海	52	49	94.2
杭州	53	49	92.5
深圳	50	33	66.0
总计	155	131	84.5

数据分析显示，在有效问卷中，23.3% 的问卷由企业主填答，20.2% 的问卷由高级管理人员填答，31.0% 的问卷由中层管理人员填答，25.5% 的问卷由普通员工填答。就总部所在地来看，98.5% 的受访企业总部位于其接受调查的城市，只有 1.5% 的企业总部位于外地。就行业分布来看，制造业占 41.8%，建筑业占 8.2%，批发零售、交通运输、住宿餐饮等行业占 18.0%，信息传输、软件和信息技术服务业占 9.0%，金融、房地产和租赁等行业占 13.2%，科教、文化和体育等行业占 9.8%（见图 9–1）。

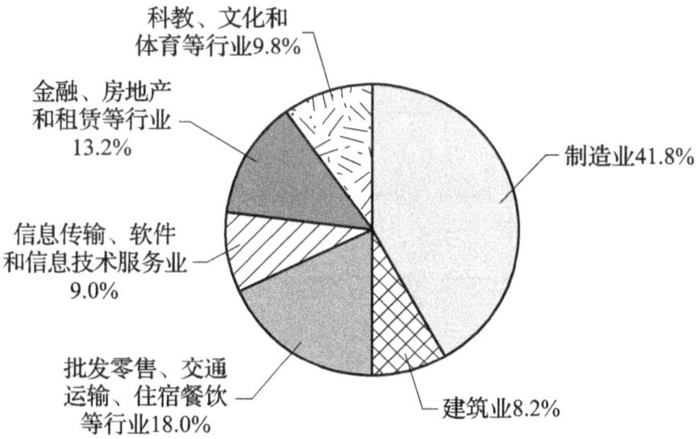

图 9–1　受访企业的行业分布

生产经营状况与营商环境总体评价

一、2016 年相比 2015 年，近六成企业营业收入上升，半数企业净利润上升，三分之二的企业成本上升

调查显示（见表 9–2），在受访企业中，2016 年营业收入相比 2015 年有所上升或明显上升的占 58.9%，所有下降或明显下降的占 14.0%；2016 年净利润

相比 2015 年有所上升或明显上升的占 50.8%，有所下降或明显下降的占 21.8%；2016 年成本相比 2015 年有所上升或明显上升的占 67.0%，有所下降或明显下降的占 8.7%；2016 年负债相比 2015 年所有上升或明显上升的占 34.7%，有所下降或明显下降的占 12.9%。可见，2016 年相比 2015 年，半数企业净利润上升，生产经营状况较好，但三分之二的企业成本上升，降低企业成本任务依然艰巨。

表 9-2　受访企业生产经营状况　　单位：%

经营状况	明显下降	有所下降	变化不大	有所上升	明显上升	无法回答
2016 年营业收入相比 2015 年	3.1	10.9	25.6	40.3	18.6	1.5
2016 年净利润相比 2015 年	2.3	19.5	25.8	36.7	14.1	1.6
2016 年成本相比 2015 年	1.6	7.1	22.8	52.0	15.0	1.5
2016 年负债相比 2015 年	2.4	10.5	50.0	26.6	8.1	2.4

二、企业生产经营面临的主要困难

目前企业生产经营面临的最大困难，经调查显示（见图 9-2），33.6% 的受访企业认为是成本高，占比明显高于其他选项；其次是高端人才短缺，占比为 20.0%；最后是融资难，占比为 16.0%；其他困难还包括研发投入大、风险高，市场竞争力下降、利润下滑等。

分行业来看，制造业企业反映研发投入大、风险高的占 17.6%，建筑业企业反映成本高的占比高达 50.0%，建筑业企业、制造业企业反映高端人才短缺的分别占 25.0%、23.5%，批发零售、交通运输、住宿餐饮等行业企业反映普通员工缺乏的占 13.6%，科教、文化和体育等行业企业反映利润下滑的占 16.7%，均高于其他行业企业的同项比例。这表明以上各行业企业对相应问题的反映较突出。

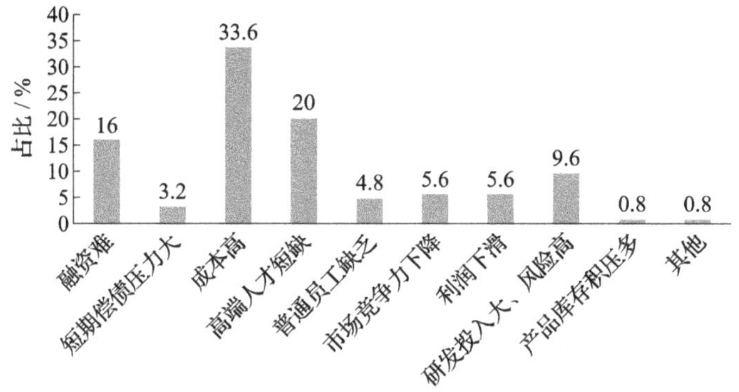

图 9–2　受访企业生产经营面临的最大困难

三、营商环境的满意度评价

调查显示，在对企业所在地营商环境的总体满意度方面，受访企业满意度非常大的占 17.2%，比较大的占 61.5%，合计有 78.7% 的企业对营商环境的总体满意度大。在对企业所在地经济活力和对外开放程度的满意度方面，受访企业满意度非常大、比较大的分别占 20.7%、63.6%，合计有高达 84.3% 的企业表示满意度大。在对企业所在地未来经济社会发展的信心度方面，受访企业信心度非常大、比较大的分别占 23.8%、59.0%，合计有 82.8% 的企业表示信心度大。

经赋值处理[①]后分析表明，分行业看，在营商环境总体满意度方面，建筑业企业最高，平均得分为 4.11 分，相对较低的是金融、房地产和租赁等行业企业，科教、文化和体育等行业企业，平均得分分别为 3.81 分、3.82 分。在经济活力和对外开放程度满意度方面，科教、文化和体育等行业企业平均得

① 将满意度或信心度非常大、比较大、一般、比较小、非常小分别赋值为 5 分、4 分、3 分、2 分、1 分，无法回答项不参与赋值。本报告中其他变量的赋值方法与此类似，取值区间均为 1 ～ 5 分。不另注。

分最高，为 4.27 分，批发零售、交通运输、住宿餐饮等行业企业相对较低，为 3.91 分。在未来经济社会发展信心度方面，平均得分最高的是制造业企业，为 4.13 分，相对较低的是批发零售、交通运输、住宿餐饮等行业企业，为 3.86 分。

四、营商环境的具体指标

就营商环境的具体方面来看（见表 9-3），受访企业评价最高的是社会治安环境、开办企业便利性，平均得分分别为 4.34 分、4.30 分，选择很好或比较好的受访企业比例均高达 90.4%；其次是政务环境、法律环境，得分分别为 4.18 分、4.14 分，选择很好或比较好的受访企业比例分别为 80.0%、78.4%；受访企业评价相对最低的是税负环境、人才和用工环境，得分分别为 3.63 分、3.69 分，选择很好或比较好的受访企业比例分别为 56.0%、58.4%。

表 9-3　受访企业对所在地营商环境具体方面的评价

评价项目	各种评价占比（%）						
	很差	比较差	一般	比较好	很好	无法回答	得分（分）
开办企业便利性	0	0.8	8.8	49.6	40.8	0	4.30
人才和用工环境	0	4.8	36.8	43.2	15.2	0	3.69
法律环境	0	0	21.6	42.4	36.0	0	4.14
投融资环境	0	0.8	23.2	63.2	12.0	0.8	3.87
政务环境	0	0	20.0	41.6	38.4	0	4.18
税负环境	0	8.0	36.0	40.8	15.2	0	3.63
社会治安环境	0	0.8	8.8	45.6	44.8	0	4.34
基础设施环境	0	6.5	11.4	57.7	24.4	0	4.00

五、所在地的企业成本

关于所在地的企业成本状况（见表9–4），根据受访企业的评价，成本最高的是人工成本，平均得分为4.09分，认为这方面成本很高或比较高的受访企业占比高达83.2%；成本较高的是社会保险成本、融资成本，得分分别为3.87分、3.80分，认为这两个方面成本很高或比较高的受访企业分别占72.0%、69.4%；成本最低的是行政事业收费，得分为3.32分；次低是电力成本，得分为3.49分。

表9–4　受访企业对所在地企业成本状况的评价

评价项目	各种评价占比（%）						
	很低	比较低	一般	比较高	很高	无法回答	得分（分）
行政事业收费	0.8	7.2	57.6	26.4	7.2	0.8	3.32
人工成本	0	0	16.0	58.4	24.8	0.8	4.09
税负成本	0	0	39.2	46.4	13.6	0.8	3.74
社会保险成本	0	3.2	24.8	53.6	18.4	0	3.87
融资成本	0.8	0	28.2	58.1	11.3	1.6	3.80
电力成本	1.6	2.4	50.0	37.1	8.9	0	3.49
物流成本	1.6	2.5	34.4	50.8	9.8	0.8	3.65

用工和人才状况与需求

一、雇用工人难

20%的企业表示雇用工人难，接近30%的企业表示人才短缺；分行业看，批发零售、交通运输、住宿餐饮等行业对雇用工人难的问题反映较突出。

调查显示，关于雇用工人的难度（见图9–3），表示比较难、非常难的受访企业分别占 14.5%、5.3%，合计有 19.8% 的企业表示雇用工人难；认为雇用工人比较容易的占 28.2%。

赋值处理后分行业比较看，批发零售、交通运输、住宿餐饮等行业对雇用工人难的问题反映较突出，平均得分为 3.18 分，这与这些行业的劳动密集型程度较高直接相关；建筑业企业平均得分为 2.60 分，问题较轻。

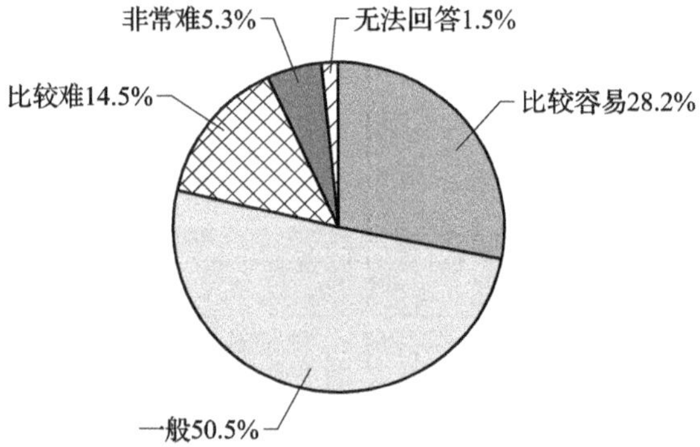

图 9-3　企业雇用工人的难度

关于企业的人才供应状况（见图 9-4），26.0% 的受访企业表示比较短缺，表示非常短缺的仅占 1.5%，合计有 27.5% 的企业表示人才短缺；人才比较充裕、非常充裕的分别占 31.3%、1.5%，合计有 32.8% 的企业表示人才充裕。

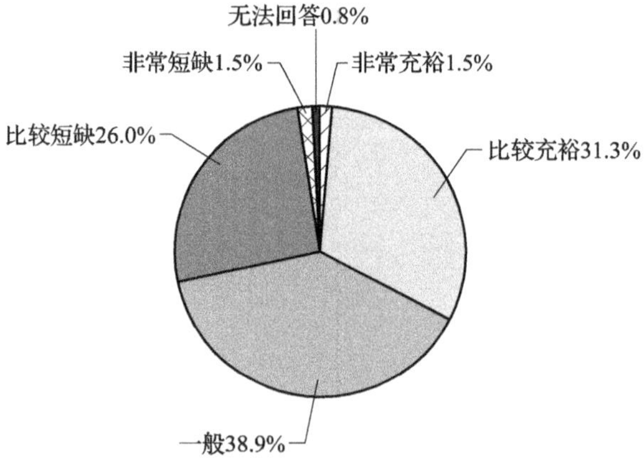

图 9-4　企业的人才供应状况

二、人才流失严重

信息传输、软件和信息技术服务业人才流失问题较突出；目前民营企业最缺少专业技术人员，分行业来看，专业技术人员缺乏最严重的是信息传输、软件和信息技术服务业，基层员工缺乏最严重的是批发零售、交通运输、住宿餐饮等行业。

调查显示，关于人才型员工流失问题（见图 9–5），90.1% 的受访企业反映本企业“存在一些流失，但可以接受”，4.6% 的受访企业反映“流失比较严重，对企业影响大”。分行业来看，人才流失问题较突出的是信息传输、软件和信息技术服务业，该行业中 18.2% 的受访企业反映“流失比较严重，对企业影响大”，81.8% 的企业反映“存在一些流失，但可以接受”。

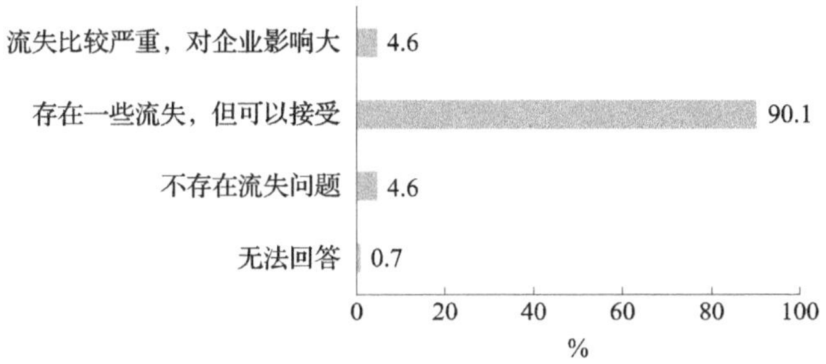

图 9–5　企业人才型员工流失情况

关于企业 2016 年最缺少哪种人才（见图 9–6），69.3% 的受访企业反映 2016 年最缺少专业技术人员，19.7% 的企业最缺少高级管理人员，最缺少基层员工的企业占 11.0%。分行业看，专业技术人员缺乏最严重的是信息传输、软件和信息技术服务业，该行业中 90.9% 的受访企业反映最缺少专业技术人员；高级管理人员缺乏最严重的是建筑业，该行业中 50.0% 的受访企业选择此项；基层员工缺乏最严重的是批发零售、交通运输、住宿餐饮等行业，该行业中 33.3% 的受访企业选择此项。

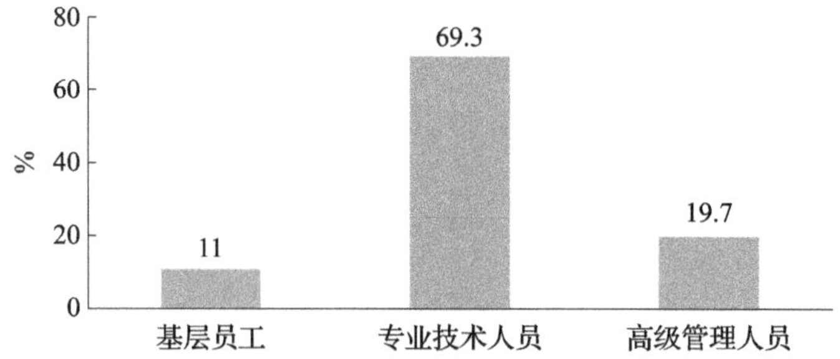

图 9–6　企业最缺少的人才

三、特超大城市商品房价格过高成为民营企业人才流失的突出原因

关于本企业人才流失的原因，经调查显示（见图 9–7），受访企业认为最突出的原因在于本地房价太高，83.5% 的受访企业选择此项，比例远高于其他选项；其次在于工资待遇缺乏竞争力，比例为 39.7%；最后是不容易解决户籍，比例为 25.6%。可见，特超大城市商品房价格过高已经成为民营企业人才流失的突出原因。

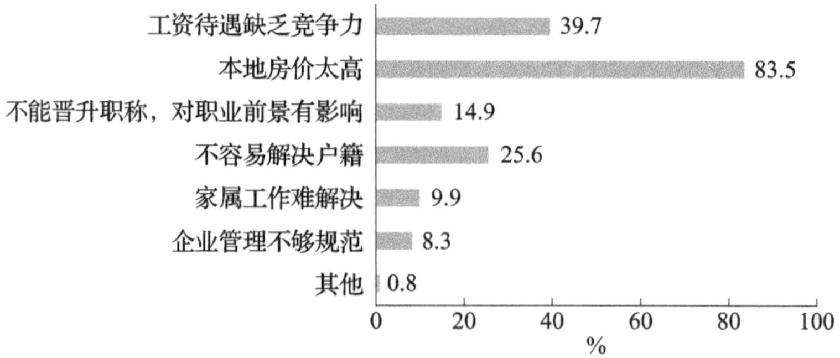

图 9–7　企业人才型员工流失的原因（多选题）

对融资环境的评价

一、更新技术（研发）、扩大生产为企业融资主要原因

在融资方面，受访企业中 8.5% 的企业反映 2016 年向银行、信用社贷款余额与 2015 年同期相比总量增加，55.0% 的企业持平，17.1% 的企业减少，还有 19.4% 的企业没有贷款。就民间借贷来看，受访企业中 3.1% 的企业反映 2016 年通过民间借贷借入资金总额与上年同期相比总量增加，34.1% 的企业持平，4.7% 的企业减少，58.1% 的企业没有借款。

经调查显示受访企业希望通过融资（见图 9-8），来更新技术（研发）的占 53.8%，希望用来扩大生产的占 46.2%，这两项比例明显较高；维持正常生产经营需要，占 29.9%；进出口资金需要，占 17.9%。

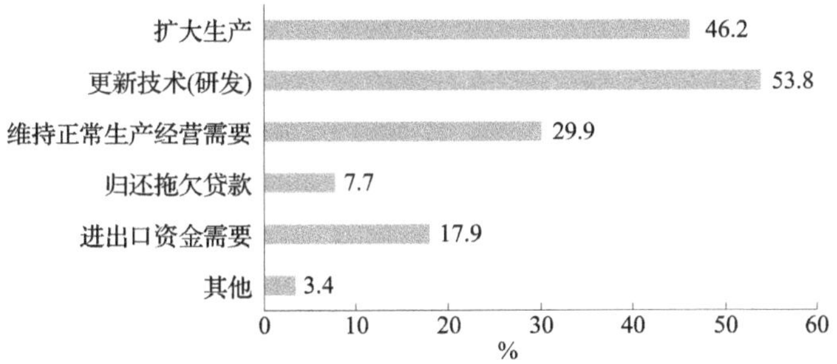

图 9-8　企业希望通过融资来解决的问题（限选三项）

二、获得贷款的难易程度及利率

调查显示，对于从银行获得贷款的难易程度（见图 9-9），认为很困难的受访企业占 8.9%；认为困难，但可以争取的占 48.4%；认为比较容易

获得，但取决于具体情况的占 24.2%；还有 4.0% 的企业表示不存在任何困难。可能由于受访企业都是规模以上企业，认为从银行贷款很困难的企业比例很低。

关于银行实际贷款利率的高低，认为太高，很难承受的受访企业占 14.4%；认为偏高，但能够承受的占 74.4%；认为水平适宜的占 11.2%；没有企业认为利率较低或偏低。

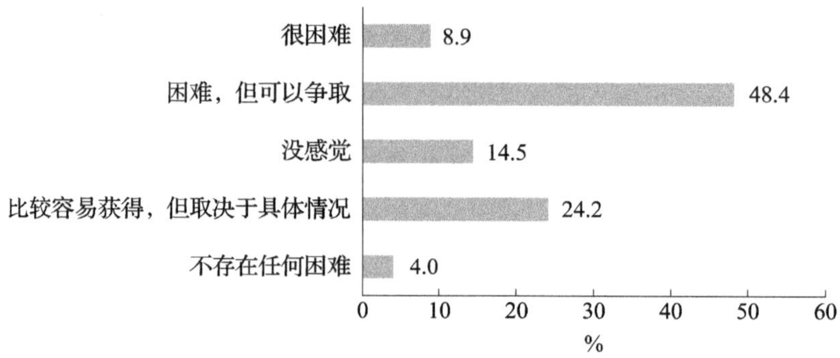

图 9-9　企业从银行获得贷款的难易程度

三、融资难的原因

民营企业认为融资难的主要原因包括缺少财政补贴和贷款援助，中小企业融资渠道少，企业的可抵押物少，贷款额度小、频率高增加贷款成本，担保信用体系不完善等。

关于融资难的原因（见图 9-10），受访企业认为首要原因是缺少财政补贴和贷款援助，33.6% 的受访企业选择此项；其次是中小企业融资渠道少，可抵押物少，占比分别为 29.4%、27.7%；最后是贷款额度小、频率高增加贷款成本，担保信用体系不完善，分别占 22.7%、21.8%。

分行业看，科教、文化和体育等行业，信息传输、软件和信息技术服务业，建筑业都认为融资难的最主要原因是可抵押物少，占比分别为 54.5%、45.5%、40.0%；金融、房地产和租赁等行业认为融资难最主要原因是企业信用等级低，缺少财政补贴和贷款援助，占比均为 35.7%。

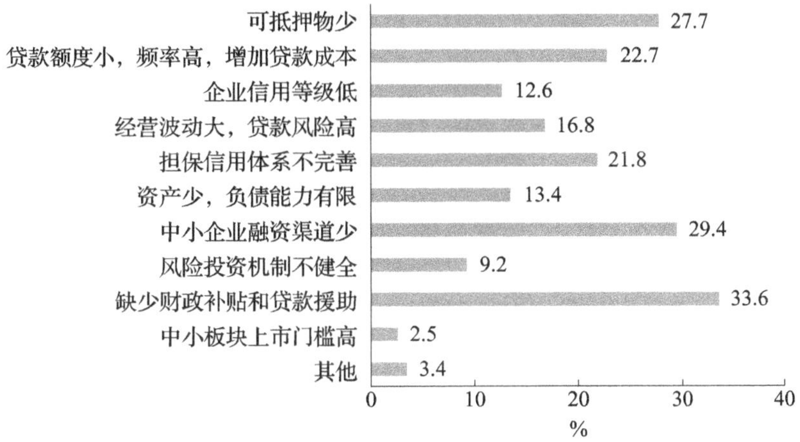

图 9-10　企业对融资难原因的看法（限选三项）

对政务环境的评价

一、企业对政府审批环节的满意度

经调查，六成企业认为目前在所在地注册企业的审批环节简洁；近八成企业对所在地政府服务效率表示满意；三分之二的企业认为所在地政府办事透明度高；近四分之一的企业认为企业退出市场环节烦琐。

调查显示，受访企业认为在企业所在地注册企业的审批环节（见图 9-11），很简洁、比较简洁的分别占 13.0%、47.3%，合计有 60.3% 的企业认为审批环节简洁；认为比较烦琐、很烦琐的分别占 9.2%、1.5%，合计占 10.7%。

对于企业所在地政府部门的服务效率，受访企业表示很满意、比较满意的分别占 17.6%、60.3%，合计有 77.9% 的企业对政府服务效率表示满意；表示较不满意、很不满意的合计只占 6.9%。

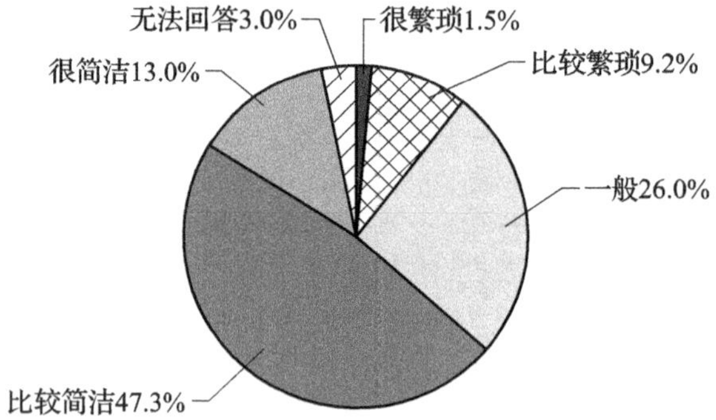

图 9–11　在所在地注册企业的审批环节情况

对于企业所在地政府部门办事的透明度，受访企业认为很高、较高的分别占 10.7%、55.0%，合计有 65.7% 的企业认为办事透明度高；认为办事透明度较低的仅占 2.3%，没有企业认为透明度很低。

对于企业所在地的企业退出市场环节（见图 9–12），受访企业认为很简洁、比较简洁的分别占 5.5%、22.7%，合计占 28.2%；认为比较烦琐、很烦琐的分别占 18.0%、5.5%，合计占 23.5%；还有 29.7% 的企业表示无法回答。

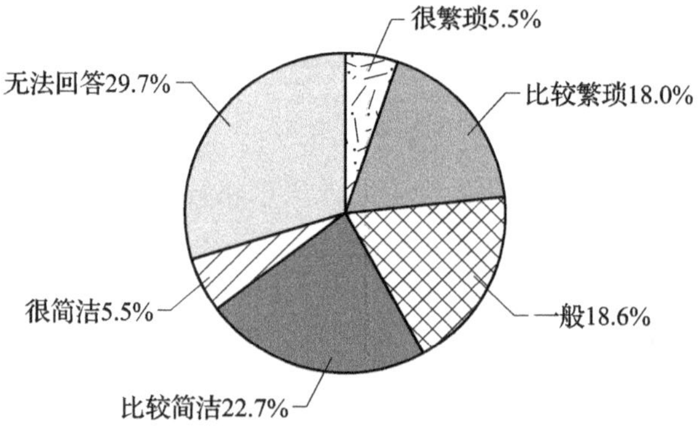

图 9–12　所在地的企业退出市场环节情况

二、企业对政府窗口服务的满意度

企业对政府窗口服务满意度很高，对办事过程和流程、服务人员素质、一站式服务情况表示满意的比例均达到 80%。

调查显示，受访企业对所在地政府提供的窗口服务的满意度很高。由下表 9-5 可见，对于办事过程透明、按流程标准办事的情况，受访企业中表示满意的合计占 81.4%；对于服务人员业务素质一流、服务热情周到的情况，受访企业中表示满意的合计占 80.5%；对于行政服务中心全面归集各单位、提供一站式服务的情况，受访企业中表示满意的合计占 82.6%。

表 9-5　企业对所在地政府提供的窗口服务的满意度

评价项目	很不满意	不太满意	一般	比较满意	非常满意	无法回答
办事过程透明、按流程标准办事的情况	0	3.1%	15.5%	59.7%	21.7%	0
服务人员业务素质一流、服务热情周到的情况	0	3.1%	16.4%	59.4%	21.1%	0
行政服务中心全面归集各单位、提供一站式服务情况	0	2.4%	15.0%	59.8%	22.8%	0

三、企业对政府诚信状况的满意度

企业对所在地政府的诚信状况满意度很高，对政府信用、兑现优惠政策承诺、政策稳定性、落实守信激励和失信惩戒机制情况表示满意的比例均超过 75%。

调查显示，受访企业对于所在地政府的诚信状况满意度很高。由

表 9-6 可见，对于政府信用状况，表示满意的受访企业合计占 82.6%；对于政府各类经济政策与管理规范的稳定性状况，表示满意的受访企业合计占 79.4%；对于政府落实守信激励和失信惩戒机制的状况，表示满意的受访企业合计占 75.2%。

表 9-6　受访企业对所在地政府的诚信状况的满意度

评价项目	很不满意	不太满意	一般	比较满意	非常满意	无法回答
政府信用状况	0	4.0%	13.4%	42.1%	40.5%	0
政府各类经济政策与管理规范的稳定性状况	0.8%	3.2%	16.6%	42.9%	36.5%	0
政府落实守信激励和失信惩戒机制的状况	0	4.8%	20.0%	43.2%	32.0%	0

关于在注册企业时当地政府承诺的优惠政策是否得到了兑现，受访企业中表示完全兑现、基本兑现的分别占 17.6%、63.4%，合计占 81.0%。这也体现出了受访企业对政府诚信状况的认可。

四、企业对政府监管的满意度

关于所在地政府的市场监管情况，民营企业满意度较高的是打击非法集资、金融诈骗，打击传销违法行为的情况，满意度较低的是打击假冒伪劣商品、防止垄断和不正当竞争、保障食品药品安全的情况。

对于所在地政府对各个方面的市场监管情况（见表 9-7），受访企业满意度较高的是打击非法集资、金融诈骗的情况，平均得分为 3.80 分，表示非常满意或比较满意的企业比例为 59.9%；满意度其次的是打击传销违法行为的情况，得分为 3.76 分，表示非常满意或比较满意的比例为 57.1%；满意度较低的是打击假冒伪劣商品的情况、防止垄断和不正当竞争的情况、保障食品药品安全的情况，得分依次为 3.54 分、3.54 分、3.56 分，表示不太满意或很不满意的企业比例分别为 9.4%、13.4%、10.2%。

表 9–7　企业对所在地政府的市场监管情况的评价

评价项目	各种评价占比（%）						
	很不满意	不太满意	一般	比较满意	非常满意	无法选择	得分（分）
打击非法集资、金融诈骗	0.8	2.4	32.3	39.4	20.5	4.6	3.80
保障食品药品安全	6.3	3.9	33.9	35.4	18.1	2.4	3.56
打击假冒伪劣商品	6.3	3.1	38.6	30.7	18.9	2.4	3.54
对互联网交易的监管	2.4	4.7	38.6	36.2	16.5	1.6	3.61
防止垄断和不正当竞争	5.5	7.9	33.1	32.3	19.7	1.5	3.54
禁止非法经营	4.0	0.8	39.2	33.6	20.8	1.6	3.67
保护知识产权	4.0	2.4	37.3	34.9	19.8	1.6	3.65
打击传销违法行为	2.4	2.4	34.1	34.1	23.0	4.0	3.76
查出哄抬物价、价格欺诈	4.8	0.8	36.5	34.9	19.8	3.2	3.66

五、企业对政府政务服务的满意度

政务服务存在的主要问题在于办事环节多、流程复杂，要求提供的各种证明材料多，部门之间信息不共享，要多部门跑腿盖章等。

调查显示，受访企业 30.6% 的企业认为企业所在地政府政务服务存在的最大问题（见图 9–13），是办事环节多、流程复杂，占比最高；其次是要求提供的各种证明材料多，占比为 22.5%；最后是部门之间信息不共享、要多部门跑腿盖章，占比分别为 14.4%、13.5%。可见，行政体制改革还需要进一步在优化服务方面上下功夫，特别是要优化企业办事流程、减少证明材料、加强部门之间信息共享等。

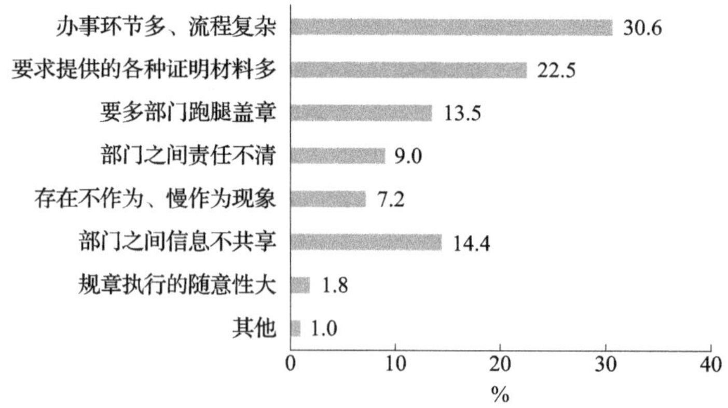

图 9–13　企业对所在地政府政务服务存在问题的看法

法律纠纷情况

一、企业近三年法律纠纷的情况

调查显示，三分之一的企业近三年发生过法律纠纷，纠纷主要表现为企业与企业之间的贸易纠纷、劳资纠纷、合同法方面的纠纷、企业侵犯或者被侵犯知识产权的纠纷等。

受访企业中 33.8% 的企业最近三年发生过法律纠纷，没有发生过的占 66.2%。从纠纷内容来看，近三年发生过法律纠纷的企业，其纠纷主要表现为企业与企业之间的贸易纠纷、与企业员工的劳资纠纷、合同法方面的纠纷、企业侵犯或者被侵犯知识产权的纠纷，分别有 37.8%、37.8%、35.6%、20.0% 的受访企业选择，见图 9–14。

当发生法律纠纷时，受访企业最主要的解决途径是本企业法律服务部门跟对方沟通协商，60.2% 的受访企业选择此项，比例远高于其他选项；其他还包括老板通过非诉讼途径自行解决、通过诉讼解决，占比分别为 20.3%、16.4%。

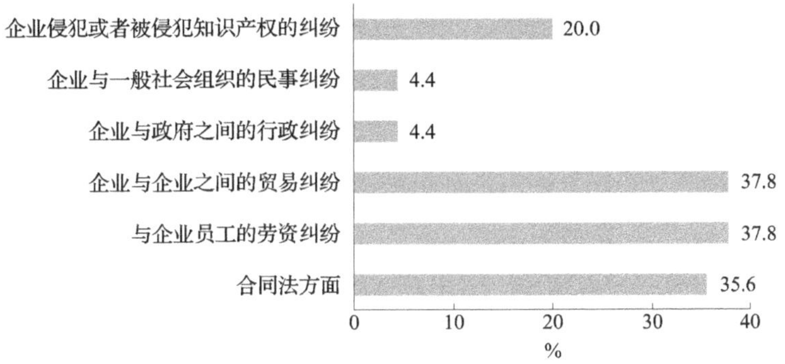

图 9–14　企业发生法律纠纷的方面（多选题）

当问到企业产权有无受到政府侵权时，只有 1 家受访企业回答有，具体发生在行政执法方面。

二、企业劳资纠纷情况

调查显示超过四成企业近年劳资纠纷数量减少。

受访企业反映近几年劳资纠纷明显减少、有所减少的分别占 14.6%、30.0%，合计有 44.6% 的企业劳资纠纷减少；明显增加、有所增加的分别占 2.3%、6.9%，合计占 9.2%。分行业看，信息传输、软件和信息技术服务业受访企业中劳资纠纷明显增加、有所增加的分别占 9.1%、18.2%，合计有 27.3% 的企业劳资纠纷增加，明显高于其他行业企业的同项比例。

关于企业劳资纠纷的突出原因（见图 9–15），受访企业中 74.0% 的企业认为是员工的自我维权意识增强，占比远高于其他选项；其次是劳动合同法的内容更偏重对劳动者的保护，少数员工无理取闹、不愿走仲裁或司法途径，占比分别为 37.4%、27.6%。

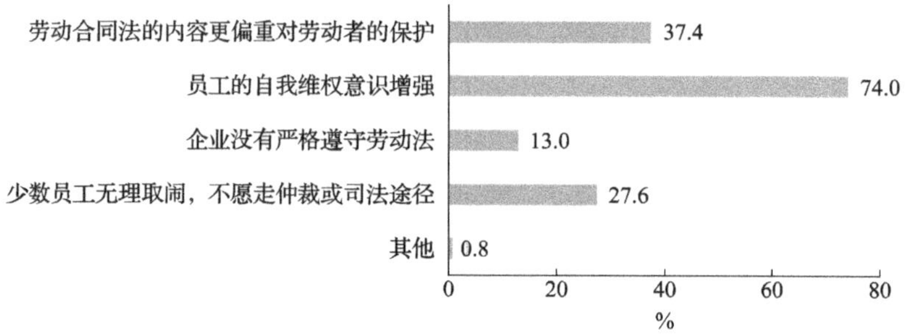

图 9-15　企业对劳资纠纷突出原因的看法（多选题）

结论与建议

一、主要结论

（一）沿海地区部分城市近年改善营商环境的努力取得积极成效

对上海、杭州、深圳三市调查发现，八成左右受访企业对所在地营商环境的总体满意度大，对未来经济社会发展的信心度高。在政务环境方面，近八成企业对所在地政府服务效率表示满意，三分之二的企业认为所在地政府办事透明度高。这都表明，近年沿海地区部分城市的营商环境取得改善。这有利于进一步激发市场活力、调动市场参与者的积极性和社会创造力。值得指出的是，这三个城市在促进创新引领、推动高质量发展方面走在全国前列，具有一定特殊性，所以相关结论并不一定适合于沿海地区所有城市。

（二）民营企业仍面临成本高、人才短缺、融资难等突出问题

调查发现，建筑业企业对成本高的问题反映突出，建筑业、制造业企业

对高端人才短缺的问题反映突出。从营商环境的具体指标看，受访企业对社会治安环境、开办企业便利性、政务环境、法律环境的评价较高，但对税负环境、人才和用工环境的评价较低。在企业成本方面，受访企业反映成本最高的是人工成本，其次是社会保险成本、融资成本。持续优化营商环境应聚焦企业的这些痛点难点。

（三）民营企业严重缺乏专业技术人才，房价过高成为导致民营企业人才流失的突出原因

调查发现，20% 的受访企业表示雇用工人难，近 30% 的企业表示人才短缺。人才流失问题较突出、专业技术人员缺乏最严重的都是信息传输、软件和信息技术服务业；基层员工缺乏最严重的是批发零售、交通运输、住宿餐饮等行业，原因可能在于这些行业的劳动密集性强。特超大城市商品房价格过高不仅是一个重大民生问题，而且已经传导到经济领域，造成民营企业人才流失，影响民营经济持续健康发展。

（四）民营企业希望通过财政补贴和贷款援助、增加可抵押物、完善担保信用体系等措施化解融资难问题

调查发现，民营企业主要希望通过融资来更新技术（研发）、扩大生产等。近半数企业认为从银行贷款困难但可以争取，认为很困难的企业比例很低，三分之二的企业认为当前银行实际贷款利率偏高，但能够承受。这可能与受访企业都是规模以上民营企业有关。民营企业认为融资难的主要原因包括缺少财政补贴和贷款援助，中小企业融资渠道少，可抵押物少，担保信用体系不完善等。

（五）民营企业迫切希望进一步优化政务服务、加强市场监管

调查发现，民营企业认为政务服务依然存在的主要问题在于办事环节多、流程复杂，要求提供的各种证明材料多，部门之间信息不共享，要多部门跑腿盖章等。而且，近四分之一的企业认为企业退出市场环节烦琐。对于所在地政府的市场监管情况，民营企业满意度较低的是打击假冒伪劣商品、防止垄断和不正当竞争、保障食品药品安全的情况。这要求有针对性地回应民营企业的改革诉求。

二、政策建议

（一）综合施策进一步降低企业成本

近年来，有关部门出台了一系列减税降费措施，要把已经出台的措施切实落实到位，加强督查推动。要按照国务院明确的“总体上不增加企业负担”的已定部署，在机构改革中确保社保费现有征收政策稳定，严禁自行对企业历史欠费进行集中清缴。抓紧研究提出降低社保费率方案，与征收体制改革同步实施。严格落实国家对企业的各项税收优惠政策。进一步完善出口退税政策，加快出口退税进度。

（二）完善支持民营经济发展的人才发展体制机制

针对高层次人才流动性强的特点，各地应树立“不求所有，但求所用”

的人才工作思路，通过与高校、科研院所开展多种形式的产学研合作，加强人才发展平台建设，吸引集聚区域产业发展亟需的人才。完善落户机制及住房、教育、医疗等方面公共服务体系，提高人才及外来务工人员服务保障水平。特别要进一步加强公租房等保障性住房建设，大力推进人才公寓、专家公寓等人才安居房建设，在产业新城、开发园区等地配套建设租赁住房，以“人才住房券”等方式完善人才住房补贴机制；加快建立促进房地产市场平稳健康发展长效机制，坚决遏制房价上涨。推动向高等学校、科研院所、高新技术企业、大型骨干企业等下放职称评审权限。

（三）畅通金融服务实体经济传导机制

落实好国家已经出台的一系列缓解小微企业和民营企业融资难融资贵的措施。着力疏通政策传导机制，鼓励金融机构增加小微企业贷款，降低融资成本。合理确定小微企业贷款期限、还款方式，缩短贷款审批周期，适当提高中长期贷款比例。进一步发挥各类政府性产业基金、增信基金、补偿基金、政策性担保公司的引导和杠杆作用。借助大数据、云计算等信息技术，推动普惠金融的实现和金融服务水平的提升。

（四）增强简政放权的针对性，持续优化政府服务

下更大力气降低民间资本进入重点领域的门槛。聚焦补短板、扩内需、稳就业，在环保、交通能源、社会事业等方面，向民间资本集中推介一大批商业潜力大、投资回报机制明确的项目，积极支持民间资本控股。完善企业退出市场机制，构建简易注销机制；对严重违法失信企业探索建立强制退出市场制度。创新政府服务方式，各地应充分运用“互联网＋政务服务”，建

立和完善统一、高效、便利的政务服务平台；成立专门的大数据管理服务机构，推进部门间数据和信息的互联互通，打破“信息孤岛”；优化整合业务，调整政务服务窗口，提高服务效率；实行多点布局、全城通办，让老百姓在家门口就能享受到最优质最快捷的服务。

（五）围绕市场主体关切，加快完善市场监管体制机制

加快推进重点领域产品和服务标准建设，对制售假冒伪劣违法行为实行惩罚性巨额赔偿制度。强化电商平台、社交平台、搜索引擎等法律责任，严厉打击利用互联网制假售假等行为，严格落实网络、电视、邮购等销售商品的七天无理由退货制度。加强反垄断和反不正当竞争执法，严肃查处达成实施垄断协议、滥用市场支配地位行为，依法制止滥用行政权力排除、限制竞争行为。加强食品药品安全领域源头治理，健全消费维权机制，完善食品药品召回制度，强化对重点食品药品的监督抽检，对重点问题的风险监测。

（执笔人：胡杰成）

附件：民营企业调查问卷

附件

问卷编号：__________

温馨提示：本次调查的对象是2017年度营业收入超过2 000万元人民币的私营企业、非公有制经济成分控股的有限责任公司和股份有限公司。国有绝对控股企业和外资绝对控股企业不在调研范围之内。

民营企业调查问卷

尊敬的女士 / 先生：

您好！

为了解民营企业经营情况，及其对营商环境的评价、诉求，为开展课题研究提供数据支撑，从而为国家制订和完善相关政策提供依据，国家发改委经济体制与管理研究所课题组开展此次问卷调查。问卷不记个人和企业名称，我们保证对您的回答保密。对问题的回答也无所谓对错，请您根据实际情况和想法认真回答，不必有任何顾虑。

您的回答对我们的调查工作很重要，感谢您的合作！

国家发改委经济体制与管理研究所课题组

2018年6月

说明：
（1）选择题若无特殊说明，都是单选题。 （2）回答每个问题时，请在所选答案对应的数字上划"√"，或在题后的____上直接填写。若您有另外的想法要反映，请另纸附上。

调　查　员：__________

调查日期：____月____日

一、企业及填答人基本情况

1. 贵企业的注册地是：__________省__________市

贵企业总部所在地是：①本市　　②外地

2. 您在贵企业的职位：

①企业主　　②高级管理人员　　③中层管理人员

④普通员工　　⑤其他（请注明）____________________

3. 贵企业所在行业：

①农林牧渔业　　②采矿业

③制造业　　④电力、热力、燃气及水生产和供应业

⑤建筑业　　⑥批发和零售业

⑦交通运输、仓储和邮政服务　　⑧住宿和餐饮业

⑨信息传输、软件和信息技术服务业　　⑩金融业

⑪房地产业　　⑫租赁和商业服务业

⑬科学研究和技术服务业　　⑭水利、环境和公共设施管理

⑮居民服务、修理和其他　　⑯教育

⑰卫生和社会工作　　⑱文化、体育和娱乐业

⑲其他（请注明）____________________

4. 贵企业的规模：

员工人数：____________人

2017 年营业收入：________万元；近三年年均营业收入：________万元

5．贵企业的生产经营状况如何？

	明显上升	有所上升	变化不大	有所下降	明显下降	无法回答
a．去年的营业收入相比前年	5	4	3	2	1	8
b．去年的净利润相比前年	5	4	3	2	1	8
c．去年的成本相比前年	5	4	3	2	1	8
d．去年的负债相比前年	5	4	3	2	1	8

6．贵企业目前生产经营面临的最大困难是：

①融资难　②短期偿债压力大

③成本高　④高端人才短缺

⑤普通员工缺乏　⑥市场竞争力下降

⑦利润下滑　⑧研发投入大、风险高

⑨产品库存积压多　⑩其他（请注明）＿＿＿＿＿＿＿＿

二、开办企业

7．您对目前在贵企业所在地注册企业的审批环节作何评价？

①很烦琐　②比较烦琐　③一般

④比较简洁　⑤很简洁　⑥无法回答

8．您对贵企业所在地政府部门服务效率的总体评价如何？

①很不满意　②较不满意　③一般

④比较满意　⑤很满意　⑥无法回答

9．您对贵企业所在地政府部门办事透明度的总体评价如何？

①很低　②较低　③一般

④较高　⑤很高　⑥无法回答

10. 您在注册企业时本地政府承诺的优惠政策是否得到了兑现?

①未兑现　　②少量兑现　　③一半兑现

④基本兑现　　⑤完全兑现　　⑥无法回答

11. 您对贵企业所在地的企业退出市场环节作何评价?

①很烦琐　　②比较烦琐　　③一般

④比较简洁　　⑤很简洁　　⑥无法回答

三、人才和用工环境

12. 贵企业的人才供应状况如何?

①非常充裕　　②比较充裕　　③一般

④比较短缺　　⑤非常短缺　　⑥无法回答

13. 贵企业的人才型员工流失情况如何?

①不存在流失问题

②存在一些流失，但可以接受

③流失比较严重，对企业影响大

④无法回答

14. 贵企业最缺少哪种人才?

①基层员工　　②专业技术人员　　③高级管理人员

④其他（请注明）____________________

15. 您认为贵企业中的人才型员工流失与哪些方面的问题有关?（可多选）

①工资待遇缺乏竞争力　　②本地房价太高

③不能晋升职称，对职业前景有影响　　④不容易解决户籍

⑤家属工作难解决　　⑥企业管理不够规范

⑦其他（请注明）____________________

16. 贵企业目前雇用工人的难度如何？

①非常容易　　②比较容易　　③一般

④比较难　　⑤非常难　　⑥无法回答

17. 贵企业近几年来企业劳资纠纷的数量情况如何？

①明显减少　　②有所减少　　③一般

④有所增加　　⑤明显增加　　⑥无法回答

18. 您觉得企业劳资纠纷的突出原因是？（可多选）

①劳动合同法的内容更偏重对劳动者的保护

②员工的自我维权意识增强

③企业没有严格遵守劳动法

④少数员工无理取闹，不愿走仲裁或司法途径

⑤其他（请注明）____________________

四、法律环境

19. 贵企业最近三年，有无发生法律纠纷？

①有　　②无（如选此项，请跳至第 21 题）

20. 若贵企业近三年有法律纠纷，纠纷内容属于以下哪些方面？（可多选）

①国际贸易方面

②合同法方面

③与企业员工的劳资纠纷

④企业与企业之间的贸易纠纷

⑤企业与政府之间的行政纠纷

⑥企业与一般社会组织的民事纠纷

⑦企业侵犯或者被侵犯知识产权的纠纷

⑧其他（请注明）__________________

21. 贵企业发生法律纠纷时，首先想到的解决途径是：

①老板通过非诉讼途径自行解决

②本企业法律服务部门跟对方沟通协商

③通过诉讼解决

④通过政府部门帮助解决

⑤其他（请注明）__________________

22. 贵企业产权有无受到政府侵权？

①有　　②无（如选此项，请跳至第 24 题）

23. 贵企业产权被政府侵权主要在以下哪方面？（可多选）

①政策不公　　②行政执法

③司法　　④侵权救济

⑤其他（请注明）__________________

五、投融资环境

24. 贵企业今年向银行、信用社贷款余额与往年同期相比总量上是？

①增加　　②持平　　③减少　　④没有贷款

25. 贵企业今年通过民间借贷借入资金总额与往年同期相比总量上是？

①增加　　②持平　　③减少　　④没有借款

26. 贵企业希望通过融资来解决哪些问题？（限选三项）

①扩大生产　　②更新技术（研发）

③维持正常生产经营需要　　④归还拖欠贷款

⑤进出口资金需要　　⑥其他（请注明）__________________

27. 贵企业从银行获得贷款的难易程度为？

①很困难　　②困难，但可以争取　　③没感觉

④比较容易获得，但取决于具体情况　　⑤不存在任何困难

28．贵企业对当前银行实际贷款利率的看法是？

①太高，很难承受　　②偏高，但能够承受

③水平适宜　　④较低，适当提高仍能接受

⑤偏低，能接受的提高空间很大

29．贵企业认为融资难的最主要原因是？（最多选三项）

①可抵押物少，抵押折扣率高

②贷款额度小，频率高，增加贷款成本

③企业信用等级低　　④经营波动大，贷款风险高

⑤担保信用体系不完善　　⑥资产少，负债能力有限

⑦中小企业融资渠道少　　⑧风险投资机制不健全

⑨缺少税收优惠、财政补贴和贷款援助　　⑩中小板块上市门槛高

⑪其他（请注明）____________________

六、政务环境

30．请您对贵企业所在地政府提供的窗口服务做出评价：

	非常满意	比较满意	一般	不太满意	很不满意	无法回答
a．办事过程透明、按流程标准办事的情况	5	4	3	2	1	8
b．服务人员业务素质一流、服务热情周到的情况	5	4	3	2	1	8
c．行政服务中心全面归集各单位、提供一站式服务情况	5	4	3	2	1	8

31．您认为，贵企业所在地政府政务服务存在的最大问题是？

办事环节多、流程复杂

要求提供的各种证明材料多

要多部门跑腿盖章

部门之间责任不清

存在不作为、慢作为现象

部门之间信息不共享

规章执行的随意性大

其他（请注明）__________________

32．请您对贵企业所在地政府的市场监管情况做出评价：

	非常满意	比较满意	一般	不太满意	很不满意	无法选择
a．打击非法集资、金融诈骗	5	4	3	2	1	8
b．保障食品药品安全	5	4	3	2	1	8
c．打击假冒伪劣商品	5	4	3	2	1	8
d．对互联网交易的监管	5	4	3	2	1	8
e．防止垄断和不正当竞争	5	4	3	2	1	8
f．禁止非法经营	5	4	3	2	1	8
g．保护知识产权	5	4	3	2	1	8
h．打击传销违法行为	5	4	3	2	1	8
i．查处哄抬物价、价格欺诈等	5	4	3	2	1	8

33．请您对贵企业所在地政府的诚信状况做出评价：

	非常满意	比较满意	一般	不太满意	很不满意	无法回答
a．政府信用状况	5	4	3	2	1	8

b. 政府各类经济政策与管理规范的稳定性状况	5	4	3	2	1	8
c. 政府落实守信激励和失信惩戒机制的状况	5	4	3	2	1	8

七、总体评价及建议

34. 您对贵企业所在地的总体营商环境作何评价：

	非常大	比较大	一般	比较小	非常小	无法回答
a. 对营商环境的总体满意度	5	4	3	2	1	8
b. 对经济活力和对外开放程度的满意度	5	4	3	2	1	8
c. 对未来经济社会发展的信心度	5	4	3	2	1	8

35. 您对贵企业所在地目前营商环境的具体方面作何评价：

	很好	比较好	一般	比较差	很差	无法回答
a. 开办企业便利性	5	4	3	2	1	8
b. 人才和用工环境	5	4	3	2	1	8
c. 法律环境	5	4	3	2	1	8
d. 投融资环境	5	4	3	2	1	8
e. 政务环境	5	4	3	2	1	8
f. 税负环境	5	4	3	2	1	8
g. 社会治安环境	5	4	3	2	1	8
h. 基础设施环境	5	4	3	2	1	8

36．您对贵企业所在地目前的企业成本状况作何评价：

	很高	比较高	一般	比较低	很低	无法回答
a．行政事业性收费	5	4	3	2	1	8
b．人工成本	5	4	3	2	1	8
c．税负成本	5	4	3	2	1	8
d．社会保险费成本	5	4	3	2	1	8
e．融资成本	5	4	3	2	1	8
f．电力、油气等要素成本	5	4	3	2	1	8
g．物流成本	5	4	3	2	1	8

37．为进一步优化营商环境，您认为政府应该进一步完善哪些政策？

____

____

非常感谢您填写这份问卷！

第十章
深圳深化“放管服”改革激发市场创新活力的经验启示

内容摘要：放管服改革，旨在推动政府职能转变和政府治理能力的提升，使市场在资源配置中起到决定性的作用以及更好地发挥政府作用。本章根据对深圳建设现代化经济体系的调研，总结了深圳市持续推进放管服改革中政府放权、激发市场主体活力、完善监管体系、营造公平竞争环境、提升政府服务水平和健全人才引进服务和激励机制等方面的经验和做法，分析了在实地调研中反映出来的基础科研支持力度、市场公平竞争、加强企业和国家安全数据保护以及吸引和留住人才等各方面的问题，并据此提出了相应的对策建议。

党的十九大报告指出，要充分发挥市场配置资源的决定性作用，更好发挥政府作用。作为改革开放前沿的深圳，在正确处理政府与市场关系、确保市场机制有效、充分激活市场主体的活力方面的经验和做法值得借鉴推广。对此，本书作者团队在汪海的带领下，前往大疆、腾讯等企业和前海蛇口自贸区进行了实地调研，与大宇精雕、华大基因、金蝶软件、深信服等企业进行了座谈，并在此基础上召开了由市发展改革委、经信委、商务委、国资委、财政局、工商局、人社局等市直相关部门座谈会。现将深圳市在推进放管服改革，营造一流营商环境，激发市场主体活力方面的有关调研情况汇总说明。

创新是建设现代化经济体系的战略支撑

党的十九大报告指出，建设现代化经济体系，必须坚持质量第一、效益优先，以供给侧结构性改革为主线，推动经济发展质量变革、效率变革、动力变革。因此，实施创新驱动发展，是供给侧结构性改革的应有之义，是跨越关口和实现三大变革的根本保障，是建设现代化经济体系的战略支撑和实现高质量发展的必由之路。创新在构建现代化经济体系的作用，表现在以下几个方面：

一、创新有利于激发建设现代化经济体系的动力

建设现代化经济体系是我国由高速增长阶段转向高质量发展阶段的内在要求，也是转方式、调结构、形成新的增长动力的迫切需要。通过供给侧结构性改革和创新形成新动能，是经济发展的动力，由要素驱动向创新驱动转换，解决经济发展过程中不平衡不充分的问题，提高发展的整体性和协调性，形成现代产业体系。通过创新体制机制，形成现代经济体制，着力构建市场机制有效、微观主体有活力、宏观调控有度的经济体制。

二、创新有利于要素的自由流动和优化配置

要素的自由流动能较准确地反映市场价格，反映资源和要素稀缺的程度，引导企业家捕捉稍纵即逝的市场机遇，帮助企业用最短的时间最低成本打破

旧的要素组合，重建新组合并启动创新。创新使要素组合风险更低，能最大程度提高企业家进行要素组合的成功概率。因此，要素的自由流动和优化配置能够有效发挥市场在资源配置中的决定作用，更好发挥政府作用。

三、创新有利于推进实体经济转型升级

目前，我国企业的研发和创新活动仍不够普遍，与发达国家相比存在较大差距，核心技术和关键技术不足，大部分企业仍处于产业价值链的中低端。面对新一轮科技革命和产业变革，我国必须进一步提高制造业和实体经济的创新能力，只有随着创新要素向企业集聚，企业创新能力不断增强，才能不断提高我国企业的产业竞争力。

四、创新有利于满足人民日益增长美好生活需要

我国目前仍存在低水平供给能力过剩与中高端有效供给不足的现象。我国拥有庞大的消费市场，消费需求增长和升级的空间较大，要坚持面向消费需求的创新，增加有效供给，满足不断升级和多样化的居民消费需求。随着城乡居民收入不断提高，广大人民群众的消费需求快速升级，只有面向市场，不断开拓创新，才能满足人民群众不断增长的消费需求。

遵循创新规律，促进“放管服”改革有机结合

创新是经济社会发展的不竭动力，它是对旧的思维定式和旧的常规戒律

的突破，创新在经济领域是对不再适应经济发展的旧的思维定式、管理方法和管理模式的替代。在推进放管服改革的过程中，只有把握好创新的基本内涵和属性，遵循创新的规律，才能切实做好“放管服”三者的有机结合，激发全社会创新创业的活力。“放管服”改革的核心是通过制度创新塑造有为政府和有效市场，它的目标是营造让创新持续发展，让创新不断涌现的生态环境。加快改革创新和制度创新，推进经济社会领域改革，推进“放管服”改革，需要做到以下几点：

一、把握创新的经济属性，“放”得更有效

创新主要是在企业家、创业者、科学家的主导下展开的，在明确产权关系的前提下，“放”是简政放权的重要内容，对该放给市场和社会的权力一定要放足、放到位。“放”体现了政府改革的勇气，放权给予了企业家更大的自主权，取消了束缚生产力发展的不合理规定，加快了政府职能转变，进一步理顺了政府和市场的关系。

二、把握创新的社会属性，“管”得更精准

“管”是政府的责任和担当。政府在激发企业创新创造活力的同时，需要政府加强监管，营造有利于企业公平竞争的环境。完善事中事后监管的关键环节，有效提升监管的公平性、规范性和有效性，减轻企业负担和减少权力寻租。围绕加快新旧动能转换重大工程，主动适应新技术、新产业、新业态、新模式发展特点，积极加强审慎监管、信用监管、公正监管和风险防控，创新监管方式，提高监管的针对性和有效性，努力营造规范有序的市场环境。

三、把握创新的文化属性，“服”得更优质

优化服务是政府简政放权的目的，优化服务要求政府从管理向创新服务转变，聚焦以人民为中心的发展理念，全面提升政府服务水平。把企业和群众在生产生活中的难点、痛点和堵点作为工作的关键点、切入点和突破点，着力提升政府服务质量和水平。贯彻以人民为中心的发展思想，通过落实服务清单、实行联审联办、规范中介服务等措施，突破政务服务“中梗阻”，努力为企业群众提供优质的服务，切实处理好改革“最先一公里”和“最后一公里”的关系，让群众有更多改革获得感。

用创新思维推进“放管服”改革的深圳实践

深圳市是我国经济特区和改革开放的最前沿地带，以市场化为方向，正确处理政府与市场的关系是深圳经济腾飞的最主要原因。深圳在厘清政府和市场关系中具有三个明显特点：一是为创新活动提供有效的市场环境，通过行政和立法手段来规范市场行为，鼓励企业依靠创新、专利等知识产权获得持续增长动力；二是扮演企业创新推动者的角色，采取各种激励措施降低创新门槛；三是构建创新支持体系，引发全国甚至是国际创新成果向深圳汇集。在厘清政府与市场的分界之后，深圳政府发挥的作用更多在“补短板”上，比如，通过政府制度设计及政策引导，充分发挥市场资源配置作用和财政资金引导放大作用，引导社会资本投向天使类投资项目，补齐企业早期融资难短板，支持更多初创型科技企业发展，完善企业全生命周期资金链条。

深圳市政府在商事制度改革和“放管服”改革方面同样走在全国前列。

深圳市自2013年3月1日启动商事制度改革以来，遵循便捷高效、规范统一、宽进严管的原则，改革许可审批制度、改革监管方式及营造宽松便捷的市场准入环境。2018年以来，深圳市政府率先加大营商环境改革力度，以"放管服"改革为抓手，对标世界银行权威评价指标体系，推动出台"营商环境改革20条"，共126个政策点，并制定建设"数字政府"、加强知识产权保护等46个配套文件。

"放管服"改革带来一系列综合效应，激发了深圳的市场活力、增强了经济发展的内生动力、释放了内需潜力，为人民群众办事创业提供了便利，有力支撑了经济社会持续健康发展。截至2018年底，深圳市累计实有商事主体311.9万户，其中企业200.4万户，持续保持全国大中城市首位，创业密度高居全国第一。

深圳市通过持续推进"放管服"改革，推动政府职能转变，不断提升政府治理能力，为了使市场在资源配置中起决定性作用和更好发挥政府作用，深圳市政府把大量不该管的事项交给市场或社会，把生产经营和投资自主权还给企业，工作重点和更多行政资源转向优化营商环境、加强事中事后监管和提供公共服务。政府重审批、轻监管、弱服务的状况发生根本转变，政府职能缺位、错位、越位问题得到很好破解。深圳在推进"放管服"改革过程中的主要经验和做法有以下几方面。

一、以政府放权为前提，充分激发市场主体活力

一是深化"先照后证"改革，大幅削减前置审批。将"先证后照"改为"先照后证"，将前置审批事项由原来的69项削减为11项，仅保留涉及银行、证券、保险等金融领域前置审批事项，其他均改为后置或直接取消，使深圳成为全国前置审批事项最少的城市。出台全国首个商事登记权责清单——《深

圳市商事登记行政审批事项权责清单》，通过削减前置审批，深圳市大部分企业可以直接登记注册，大幅缩短了开办企业的周期。

二是进一步放宽商事登记条件。第一，深圳市在全国率先实行企业名称自主申报，率先在全国开展名称自主申报制度改革，取消名称预先核准，除法律、法规、规章和规范性文件禁止、限制使用的名称（字号、商号）外，申请人可以通过“企业名称自主申报系统”进行名称自主查询、比对、申报，并与设立登记环节合并办理，此项措施缩短了企业办事链条，申请人办理名称业务无须耗费时间和成本。第二，深圳市在全国率先推行住所自主申报制度改革。实行住所申报制后申请人开办企业免于提交场地证明文件，登记机关通过利用全市统一地址库等信息化手段加强对住所申报制的管理规范。第三，放宽经营范围登记。企业经营范围由登记改为备案，营业执照只记载与商事主体资格相关的必要法律事项，不再记载商事主体的经营范围。在新版营业执照上印有“深圳信用”字样的二维码标识，与商事主体的社会信用代码匹配，通过扫描二维码可以报送年度报告、公示即时信息、查看企业登记备案信息等。

三是推进建设项目审批制度改革。为改善营商环境中建设项目审批流程过多、时间过长的问题，深圳推出“深圳 90”改革措施，审批时限压缩了三分之二以上。深圳市政府投资建设项目从立项选址到施工许可，政府审批办理时间房建类为 85 个工作日，市政类线性工程为 90 个工作日。社会投资建设项目从签订土地出让合同到施工许可，政府审批办理时间为 33 个工作日。

二、以完善监管体系为重点，营造公平竞争环境

一是建立健全“谁审批、谁监管”的监管体制。深圳市委市政府印发了《关于制定实施商事登记制度改革后续监管办法的工作方案》，并同时公布了

《深圳市商事主体行政审批事项权责清单》，市政府各相关部门根据方案及清单所列商事主体行政审批事项，逐项制定监管办法，建立了与商事登记制度改革相适应的监管体系。

二是实施企业年报和经营异常名录制度。改革带有浓厚计划经济色彩的企业年检制度为年报制度，并建立商事主体经营异常名录制度，商事主体需每年在规定时限内向社会公开登记事项、备案事项、注册资本实缴情况等年报信息，不按时提交年度报告或通过登记的住所或者经营场所无法联系的商事主体，将被监管部门载入经营异常名录并向社会公示。这项改革措施改变了以往以行政管理手段为主的监管方式，引入信用约束机制，对市场主体登记备案事项进行监管，通过联动响应机制，形成部门协同、行业自律、社会监督相结合的监管新格局。

三是建立部门协同监管机制。第一，通过制定《深圳市市场和质量监督管理委员会商事主体信用监管暂行规定》，有效整合内部各业务部门的监管制度，使之互相有效衔接，形成覆盖登记监管、广告、市场规范、商标、电子商务、质量、特设、商品交易市场规范管理等各项职能监管制度的信用信息归集、共享和联合惩戒机制。第二，通过建立跨部门、跨领域的协同监管和失信惩戒机制，会同市委宣传部、市发展改革委、市经贸信息委、市中级人民法院、市教育局等 28 个部门联合实施《深圳市失信企业协同监管和联合惩戒合作备忘录》，在梳理现有法律法规的基础上，共整合形成三大类 33 项具体措施，明确联合惩戒的范围、对象、惩戒措施、责任部门，规定协同监管和联合惩戒的具体实施方式和信息反馈通报机制，以深圳市电子政务资源信息共享平台作为各部门信息互通和共享的“中转站”，有效解决制约联合惩戒发挥作用的“信息孤岛”问题。

四是初步建立了以信用为核心的市场监管体系。为解决传统监管手段难以适应商事主体快速增加、新经济蓬勃发展的新形势，深圳加快推进智慧信用监管，建立起企业、社会组织、事业单位及个人的信用信息数据库和全市统一的公共信用信息管理系统，归集了各类涉及法人和自然人的信用信息13.2亿条。运用大数据建立企业信用合规评价模型，搭建企业信用风险分类及预警平台，累计完成298万家商事主体的“信用画像”评级。目前，已在环境保护、工程建设、政府采购等诸多领域落实了信用评价和分类监管。

三、以提升政府服务水平为重点，优化营商环境

一是构建全市统一的智慧政府平台。深圳全面推进“数字政府”建设，建成全市统一的人口、法人、空间地理等公共基础信息资源库，打通部门间信息壁垒，实现了“一网办理”“全城通办”。2018年6月，深圳市推出首批100个“不见面审批”服务事项，毕业生落户、商事登记、港澳通行证办理等这些日常业务量大、市民期望快速办理的高频服务事项，全部实现了“审批不见面、办事零跑腿”，尤其是在毕业生落户等事项上推出了不见面“秒批”服务。90%的行政许可服务事项实现最多跑一次。

二是营造良好创新生态环境。创新产业扶持方式，对中小企业实施产业化信用贷款、担保贷款、设备融资租赁等“产业+金融”等扶持方式；聚焦重大科技产业专项和产业链缺失环节，新增产业化中试环节等精准扶持方式。设立首期规模50亿元人民币的天使母基金，支持初创期种子企业发展。设立初始规模20亿元人民币的中小微企业银行贷款风险补偿资金池，调动银行机构对中小微企业放贷的积极性。完善知识产权专项资金管理办法及其配套政策，加大对高价值专利、商标、版权等的资助和奖励力度。设立知识产权质押融资风险补偿基金。在全国首推专利侵权损失险，进一步降低企业维权成本和财产损失。推动中国（深圳）知识产权保护中心、国际知识产权仲裁中心等11个国家级重要知识产权平台落户深圳。

三是全方位降低生产成本，为企业营造成本适宜的经营环境。深圳制定了“降低实体经济成本 28 条”，采取多项措施并举的方式，降低企业在用地、用房、用工、用电、物流、税费等方面的成本。在土地供应方面，创新土地供应制度，推进工业用地长期租赁、先租后让、租让结合模式，降低企业初始用地成本；多渠道筹建战略性新兴产业用房，租金价格不高于同片区同档次产业用房市场价的 70%；实施失业保险、工伤保险浮动费率制度，2018 年上半年为企业累计减负 40 亿元左右；发放失业保险企业稳岗补贴。深圳市在去年为企业减负 1 369 亿元基础上，2018 年上半年又降低企业负担约 682 亿元。

四是加强知识产权保护和运用。深圳加快知识产权保护立法进度，探索实施惩罚性赔偿制度，在提高知识产权损害赔偿标准、加大惩罚性赔偿力度、合理分配举证等方面先行先试。深圳市不断完善知识产权专项资金管理办法及其配套政策，加大对高价值专利、商标、版权等的资助和奖励力度。设立知识产权质押融资风险补偿基金，2018 年 1—5 月深圳市专利权质押融资金额达 78 亿元，位居广东省第一。在全国首推专利侵权损失险，进一步降低企业维权成本和财产损失。成立中国（南方）知识产权运营中心，推动重点产业专利联盟建设，截至一季度专利联盟累计达 17 家，引进国内外高端知识产权服务机构 7 家。截至 2018 年底，有效发明专利达 22.86 万件，每万人口发明专利拥有量为 91.25 件，为全国平均水平（11.5 件）的 7.9 倍。有效发明专利五年以上维持率达 85.6%，居全国大中城市首位。

五是建设和完善全市商事主体信用信息公示平台。深圳市目前已建成全市统一的商事主体登记及许可审批信用信息公示平台，打通了市、区、街道三个层级的信息传输渠道。公示平台归集各部门提供的商事主体登记、许可审批和日常监管信息。通过“一网、一微、一端”，强化了商事主体信用监管。其中，一网（深圳信用网）截至 2017 年底已征集 330 万商事主体（含注销）的登记、监管、案件、资质认证、表彰处罚、纳税状况、信贷状况等6.3亿条信息，成为华南地区最大的企业信用数据库；一微（企业信用查询）已嵌入微信、支付宝“城市服务平台”和银联钱包App；一端（“信用深圳”App）除查询企业信用外，还具备商家评价、投诉举报、定位导航等功能。深圳市商事主体信用信息公示平台为社会公众免费提供商事主体登记信息、年报信息、监管信息、不良信用记录等信息查询服务，通过深圳信用网公开曝光失信违法主体黑名单，使商事登记改革和企业信用信息披露制度紧密结合在一起，成为政府各职能部门加强信用监管的重要载体，为构建现代市场治理和社会信用体系打下坚实基础。

六是健全人才引进、服务和激励机制。深圳市深入实施海外高层次人才“孔雀计划”、高层次医学团队“医疗卫生三名工程”、国内外著名教授和学科带头人“鹏城学者计划”、青年高技能人才“技能菁英”等。截至2018年6月，深圳各类人才总量超过510万人，其中高层次人才突破1万人，高层次创新创业团队达143个，全职院士达到38人。完善高层次人才“一站式”服务专窗工作机制，为高层次人才落户、子女教育、配偶就业等提供更优质、贴心服务。鼓励用人单位采取股权、分红等方式激励科研、经营管理、高技能等人才，赋予科研负责人及其团队享有科技成果使用权、收益权、处置权。

深圳“放管服”改革存在问题及建议

尽管深圳市在“以简政放权放出活力和动力、以创新监管管出公平和秩序、以优化服务服出便利和品质”的“放管服”改革中取得了较好成效、走在全国前列，深圳市场主体的活跃度和企业的创新活力也位居全国首位，但实地调研中特别是调研组与企业家座谈中，仍然有一些普遍反映的问题，需要引起重视并切实加以解决。

一、加大基础科研支持力度

基础性的科学研究是科技创新和成果转化的基础。我国基础科学研究短板依然突出，存在投入经费少、申请难、周期长以及持续性差等问题。基础性、前瞻性、战略性的科研具有研发周期长，资金投入大的特点。在调研中发现，深圳一些从事基础性科研的企业，在科研项目的经费资助申请上，一般为当年申请次年资助，有一定滞后性，且相关经费要求专款专用，可充抵的款项又有严格规定，导致经费到位时往往是项目结束时，科研经费的使用极其不便。

建议切实加大对基础性科学研究的重视。一方面要鼓励建立基础研究多元化投入机制，加大各级财政对基础研究的支持力度，完善对高校、科研院所的长期稳定支持机制，通过税收减免等措施激励企业和社会力量加大基础研究投入。另一方面要加快深化科研项目和经费管理改革，完善符合基础研究规律的项目组织、申报、评审与决策机制，遴选基础研究项目时更多注重对研究方向、人才团队及其创新能力的考察。要简化基础研究项目任务书和预算书，落实法人单位和科研人员的经费使用自主权，使科研人员有充足时间心无旁骛地开展科学研究，让经费服务于人的创造性活动。

二、更加注重市场公平竞争

公平竞争是保障市场机制有效的关键，也是创新监管理念和方式的首要任务，不仅国有企业和民营企业等不同所有制的企业在市场竞争中要公平，大中小企业在市场竞争中同样应该公平。但地方政府在对待不同类型的所有制企业中往往更加青睐国有企业，在对待不同规模的企业中往往更加青睐大型企业。深圳市存在同样的问题，相关的产业政策强调支持企业做大做强，鼓励龙头企业开拓国际市场，而对中小企业关注度不够，调研中不少企业反映，行业内的龙头是政府关注和支持的重点，而即使是排位第二名和第三名的企业也难以享受到同等的待遇，这样的结果往往会带来巨头垄断，而垄断的结果便是抑制了创新。

建议政府产业政策要加快向竞争政策转型，强调普惠性，突出公平性，少用选择性。应参照市场经济国家的普遍做法，对大型企业加强垄断性审查，对中小企业加强政策性扶持，促进各种类型、各种规模企业协调互动发展。

三、开放政府数据资源共享服务机制

目前，深圳市政府部门的信息化项目建设过程呈现出独立、分散和随机的现象，由于缺少宏观层面的统筹规划，各个部门的信息化系统往往只根据自身的业务需求开发建设，而对于与其他部门实现信息资源共享和业务协同方面考虑不足，政务数据资源呈现“纵强横弱”的现象，即只能在本部门条线内上下贯通，却无法与其他部门的信息资源实现横向共享，导致数据重复采集、一数多源、数据打架的情况十分普遍。调研中企业反映，如果政务数据能够实现资源化流通，例如政府建好城市管理大数据系统，无论住房、医疗、教育，民众都能够实现“一证走深圳”，即民众办理业务时只要出示身份证，系统便会根据汇聚整理好的信息自动生成表格，将能极大提高办事效率。

建议整合深圳市政府部门的公共数据资源，促进政府部门公共数据资源互联互通，提升政府数据的一致性、准确性及对政府数据充分有效的利用，进一步提高深圳市政府的服务能力。

四、加强对大数据使用的监管和指导

大数据时代的来临带来无数机遇的同时，个人或机构的隐私权受到冲击的可能性也越来越大。大数据时代信息被某些互联网巨头所控制，数据商收集任何数据未必都获得用户的许可，其对数据的控制权可能不具有合法性。我国大数据产业目前仍然处于较为初级的水平，停留在基础设施建立的阶段，真正能够通过数据给业务带来价值的企业并不多，未来的方向应该是让数据产生价值，而不只是提供好的技术和产品。

建议加强对企业商业秘密和国家安全数据的保护，完善大数据方面的政策和立法，避免出现行业乱象和劣币驱逐良币的情况。政府需要加强对个人隐私、企业商业秘密和涉及国家安全数据的保护，同时深入研究数据行业的自身规律和特点，专业化地制定数据产业政策，避免无法可依及法律法规有而不严、严而不细、细而不符合行业规律或不具有可执行性。要不断加强监管，加强对大数据产业合法合规的引导，通过科学监管指导企业科学规范利用大数据。

五、采取切实措施留住各类人才

对企业发展和竞争力的提升，人才是最重要的资源，如何吸引人才和留住人才，是企业发展必须面对的首要问题。目前深圳人才流失严重，在调研中我们发现，很多公司即使是高薪引入的高技术人才和重金聘请的高级技术工程师的流失现象也非常严重。导致这个问题产生的原因，一是由于深圳消费水平，特别是房价奇高，导致人才承受不了深圳高房价带来的压力，选择回到家乡工作和生活。二是出台的人才政策更多地向高精英人才倾斜，导致大量位于中间阶层的人才享受不到政策的福利，而这些人恰恰是深圳产业发展宝贵的人力资源基础。

建议加大保障性住房的供给，从根本上缓解深圳购房压力。在存量上系统管理好小产权房和农民房，在增量上采取“借地发展”等多种方式供给更多房源；在住房政策上更多地向高级人才、“夹心层”人才、中初级人才倾斜。在保留核心和骨干人才方面支持企业建设员工安居房、定向给企业提供人才公租房、提供安居房配售名额、加大租房补贴支持。对刚落户深圳大学生推出“公共租赁”房，用政府、企业、个人三方力量解决他们的住房问题。

（执笔人：刘晓萍）

第十一章
完善体制机制保障 推进现代化经济体系建设的沪浙实践

内容提要：本章根据上海、浙江建设现代化经济体系情况，围绕“着力构建市场机制有效、微观主体有活力、宏观调控有度的经济体制”三个维度，分析上海、浙江在政府管理体制机制创新、推进民营经济发展、营造优质营商环境等方面取得的优异成绩，结合调研中发现的问题与不足，提出具体对策建议，包括持续推进“放管服”和商事制度改革、发挥规划的战略导向、建设产业新体系、继续营造优质营商环境、贯彻落实创新发展理念、建立并完善长江经济带协调发展机制、实施人才强国战略等，为建设现代化经济体系奠定体制机制保障。

为贯彻落实党中央关于建设现代化经济体系的重大战略部署，2018年6月11—14日，汪海带领本书作者团队赴上海、浙江，围绕“着力构建市场机制有效、微观主体有活力、宏观调控有度的经济体制”（以下简称“三有”）三个维度，通过部门座谈、企业实地调研等形式，开展了研究现代化经济体系的体制保障的工作调研。

沪浙建设现代化经济体系基本情况

一、上海——围绕政府管理体制改革，有效激发市场主体活力

上海坚持使市场在资源配置中起决定性作用、更好发挥政府作用，推进政府管理体制创新，推进“放管服”改革，强化事中事后监管，深化国企混改，减轻企业税费负担等，切实履行公共服务、市场监管、社会管理、环境保护等职责，聚焦市场主体的“难点”“痛点”“堵点”，打造营商环境新高地，加快形成行政审批更少、收费最少、效率最高、透明度最高的国际一流营商环境，充分调动了微观主体经济活力。

（一）政府职能转变取得新突破

上海率先开展证照分离改革试点，2017 年度共取消调整行政审批事项 1 854 项、评估评审事项 341 项。全面实施当场办结、提前服务、当年落地“三个一批”改革。政府定价项目从 108 项减少到 53 项。292 家审批相关的中介服务机构与政府部门脱钩，611 家行业协会、商会与行政机关脱钩。同时，上海不断优化政府管理服务方式，推进网上审批、网上服务取得突破性进展，全面实行企业市场准入“全网通办”、个人社区事务“全市通办”、政府政务信息“全域共享”。据统计，截至 2017 年底，上海已实现 8 个单位、24 个应用系统上政务云，明显减少市场准入、施工许可、跨境贸易等审批环节和审批时间。

（二）持续强化事中事后监管

上海开通市、区两级综合监管平台，分行业监管方案全面实施，综合监管为基础、专业监管为支撑的事中事后监管体系初步建立，并加快完善全过程信用管理数据、行为、应用清单等地方标准。同时，上海做实“四位一体”监管系统，探索制定行业监管清单，完善监管闭环模式，并创新引入市场机制、社会力量参与的监管方式方法，结合“互联网+”、物联网等新技术手段提高监管效率。

（三）继续清理调整行政事业型收费，进一步减轻企业税费负担

上海进一步释放降成本、优环境等改革红利，激发微观主体活力。进一步降低企业职工医疗保险、失业保险的单位缴费费率，规范涉企经营服务性收费管理；扩大小微企业享受减半征收所得税优惠范围，提高年应纳税所得额，涉及企业约9.3万户；取消城市公用事业附加等21项行政事业型收费项目，大幅减轻了企业税费。

（四）推动国资进一步做强做优做大，提升国企改革活力

一方面，上海国资坚持提质增效，不断提高国有企业核心竞争力，并不断深化混合所有制改革，分别通过推进整体上市或核心资产上市、开放性市场化联合重组、实施股权激励和员工持股等途径，实现股权多元化。同时，上海国资委通过聚焦主业发展，调整优化国资结构布局，完成创新发展、重

组整合、清理退出“三个一批”270个项目，加快国有资本向优势产业、优质企业和优秀企业家集中。另一方面，提升国盛集团、国际集团两大国资运营平台运作能级，盘活存量资金约200亿元，各类基金规模近1 500亿元。通过产业基金群生态圈的不断拓展，实现了国有资本管理能级的跨越式提升。另外，上海立足管好资本，加快职能转变优化监管方式，完善“直接监管为主、委托监管为辅”的市属国资监管体系，严格重点领域风险防控，并进一步梳理细化国资监管机构履职清单和事中事后监管清单，深化国有企业分类监管、健全完善信息公开制度。

二、浙江：围绕创新驱动，推进“亩产论英雄”改革

浙江以“最多跑一次”改革为牵引，按照“秉持浙江精神，干在实处、走在前列、勇立潮头”的要求，推进“亩产论英雄”改革，持续优化营商环境，统筹抓好改革、发展、民生和政府自身建设各项工作，切实激发市场主体活力。

（一）以“最多跑一次”推进“放管服”改革取得实效

“最多跑一次”改革是“放管服”改革在浙江的生动实践，通过聚焦不动产登记改革、商事登记制度、投资项目审批、公民个人办事事项，切实增强了人民群众的获得感和满意度。一方面，浙江全面梳理和规范各类办事事项，优化办事流程，推行“一窗受理、集成服务、一证通办”。据统计，省级“最多跑一次”事项达到665项，设区市本级平均达到755项，县（市、区）平均达到656项，全省“最多跑一次”实现率达到87.9%，办事群众满意率达到94.7%。另一方面，数据共享是“最多跑一次”改革的基础支撑，浙江

稳步推进数据共享。以杭州市为例，杭州市成立了大数据资源管理局（正局级），其职责是整合利用数据资源，推动资源的开放和共享，同时界定数据产权，规范市场，促进企业公平竞争。截至 2018 年底，已实现了 59 个部门 290.21 亿条数据的归集，打通了户籍、社保、交通等数据共享通道，并通过搭建“一窗式受理平台”，实现四大数据库的系统对接，为“最多跑一次”改革提供了扎实的技术支撑。

（二）推进“亩产论英雄”改革，深化资源要素优化配置

2018 年 1 月，浙江省政府印发《关于深化“亩均论英雄”改革的指导意见》（浙政发〔2018〕5 号），根据“腾笼换鸟、凤凰涅槃”理念，以亩均税收、亩均增加值、全员劳动生产率、单位能耗增加值、单位排放增加值、R&D 经费支出比等 6 项评价指标为主，积极探索推进“亩产效益”综合评价和资源要素市场化配置改革，初步建立了以节约集约用地、节能降耗减排为重点的企业“亩产效益”导向、约束和评价机制，加快推动了经济发展质量变革、效率变革、动力变革，不断提高了全要素生产率，有力促进了经济提质增效升级。一方面，浙江各级党委政府重视度、市场主体参与度、社会关注度都日益提升，以“提升资源配置效率”为目标，市场化配置资源要素理念深入人心。另一方面，浙江以“强化土地亩产效益”为导向，通过全面建立“亩产效益”综合评价体系、建立差别化的资源要素价格机制、有效实施生态环境财政奖惩制度等，差别化配置资源要素改革卓有成效。另外，浙江以“打好组合拳”为手段，注重制度设计创新有度、政策配套跟进有力、推进方法得当有效，集成化推进资源要素市场化配置蹄疾步稳。

（三）持续优化营商环境，切实激发市场主体活力

浙江持续推进“深化改革、优化服务、强化监管”三位一体工作布局，持续优化营商环境，有效激发了市场主体活力，为促进经济转型升级、社会进步和民生改善作出了积极贡献。一方面，浙江深化行政审批制度改革，推进商事制度改革，积极构建以信息公示为基础、以信用监管为核心的新型监管体系，逐步优化宽进严管的市场环境。另一方面，牵头滚动实施“小微企业三年成长计划”，着力推进“个转企、小升规、规改股、股上市”为主线的市场主体提升工程，持续推进市场主体做大做强。另外，浙江还积极构建政府引领、工商主推、企业主动、部门协作的商标品牌战略工作机制，并紧紧围绕社会关注的热点、难点和焦点问题，强化市场监管执法强化反行政垄断执法，全面落实公平竞争审查制度，严厉打击侵犯知识产权和制售假冒伪劣商品行为，进一步净化市场秩序。

三、共同推进长江经济带发展壮大，促进资源要素有序流动配置

长三角区域是我国经济最具活力、开放程度最高、创新能力最强的区域之一，推动长江经济带发展是党中央确立的重大发展战略。从调研情况看，沪浙政府都高度重视推动长江经济带发展，一是形成了较为完善的规划体系和工作机制，统筹谋划形成了参与推动长江经济带发展规划、涵盖生态环保、交通、区域协调发展等重点领域实施方案，并建立工作推进机制，有力保障长江经济带战略的落地实施。二是全面落实生态环保专项行动任务，加强长三角空气、水污染联防联治，持续实施新安江流域跨省补偿机制，不折不扣完成国家部

署的入河排污口、化工污染、饮用水水源地安全等共抓大保护专项行动任务。三是协同打造综合立体交通走廊，加大长江沿岸港口投资布局和对接合作力度，加快省际高铁通道、省际高速公路待贯通路段建设，建设现代综合交通运输体系，努力打造省域1小时交通圈。四是积极推动长三角区域合作机制实体化运作，主动加强浙沪合作，支持嘉兴建设全面接轨上海示范区，推动沪嘉杭“G60科创走廊”建设，促进小洋山港区浙沪开发合作。积极参与组建长江经济带省际协商合作机制、金融租赁联盟和航运联盟。浙江还发挥浙商优势，引导产业有序向长江中上游地区转移，做好对口支援和东西部扶贫协作工作。

存在的问题与不足

调研中发现，尽管沪浙围绕“三有”建设现代化经济体系采取了诸多举措，并已取得了一些成绩，但民营经济发展仍面临诸多问题，国企深化混改不够，资源要素市场化配置机制还需完善，警惕互联网平台企业形成新的垄断，政府提供便利服务的意识还不够，在一定程度上抵消了建设现代化经济体系的积极举措，与“三有”的目标之间还存在着较大差距。

一、民营经济发展面临诸多问题

沪浙民营经济都取得很好的发展，但也暴露出一些共性问题。一方面，政策落地实效和配套机制协同尚需进一步提升。政策执行中的隐性障碍依然存在，相关政策的配套措施不同步难落地，民营企业产生“政策疲劳感”，同时随着新业态的不断发展壮大，现有政策精准度与可操作性都有待增强，民营经济的政策获得感不强。调研中发现，以基因科技为例，国内现有水平远落后于欧美国家，很多留学生带着国外的先进技术回国，但由于国内鉴于国家安全考虑，区别对待内外资，导致很多很好的技术进不来，影响了我国基因科技的发展进程。另一方面，民营企业融资难融资贵的问题持续存在，以浙江为例，1 500 万元以上的贷款审批时限不减反增、“两链”（资金链、担保链）风险和企业债风险仍然较大以及民营中小微企业贷款利率为普遍基准利率上浮 30% ~ 40% 带来融资贵的难题。

调研中发现，两地民营经济发展也遇到了一些差异化问题。上海民营经济存在尚未形成分层式的生态系统，民营企业总部和研发功能总部集聚度不高，同时缺乏健全的开放式的资源获取渠道，已经不能满足民营企业的发展需要，对外部资源的渴求度越来越高，但市场准入条件设置不尽合理，国家的鼓励政策门槛偏高，范围偏窄难覆盖，一定程度上限制了民营企业发展。浙江民营经济存在创新支持不足问题。企业普遍反映，政府在推动和支持企业创新方面，与高质量发展要求、创新主体需求、国内外先进地区相比，还有一定差距。调研中发现，创新支持不足主要表现在科技创新投入不足、缺乏创新大平台、创新体制机制不完善、创新成果保护不力等。

二、上海国企混改面临一些问题

从国企混改深度和广度看，上海国企混改面临一些问题，一是部分国企国有股比例过高，有碍非公资本进入和混合发展，导致多元股权制衡的法人治理机制不完善。二是国企市场选用职业经理机制不到位，企业家辈出机制和氛围缺失，市场经营机制不够灵活。三是国资平台的资源配置能力需要加强，国资在战略性新兴产业等的集中度和增值率还有待提高。四是高科技园区国企从园区土地开发经营者转向招商引资服务商，创投功能薄弱。五是国企面向社会资本重组、公募力度不够大，证券化上市率还不够高。六是国有控股股份公司员工持股和股权激励计划试点推广力度不大，国企吸引力和驱动力有待增强。七是国有资产监管体制机制不够完善。八是国企走出去开展境外投资和跨国经营开局良好，但是国企混合所有制经济跨国公司很少，国际化指数普遍偏低。

三、资源要素市场化配置机制还需完善

尽管浙江资源要素市场化配置改革走在全国前列，但由于要素改革是一项基础性、系统性、科学性的工作，涉及市场主体切身利益，社会关注度高，各地进度不一。从调研情况看，在推进中既存在工作实务上的矛盾与困惑，也存在制度上的缺陷和障碍，需要在下一步工作中加以完善与破解。一是工作进展还不够平衡，表现在地区之间进展不平衡、要素配置内容不平衡、参与程度不平衡，导致全省不能形成有效合力。二是市场竞争还不够充分制约要素配置的流通性，表现在平台交易不充分、数据不共享、地方赋权不平衡等，开展相关工作困难重重。三是制度设计还不够科学，影响要素配置的有效性，表现在资源要素不全面、评价口径不统一、配置机制不完善等，对区域内的各类要素的家底不清，缺少全省层面统一的指标体系和评价方法，缺乏对落后企业的惩罚性举措等，使得资源要素市场化配置的实际成效大打折扣。

四、警惕互联网平台企业形成新的垄断

2017 年 7 月，国家发展改革委、工信部等八个部委联合印发了《关于促进分享经济发展的指导性意见》（发改高技〔2017〕1245 号），对放宽市场准入、加强对分享经济平台企业监管等方面进行了规范。调研中发现，浙江大型平台企业体量过大、利润过厚，已形成对实体经济的冲击。如“双 11 全民购物节”，平台企业要求实体经济搞促销、走量，最后买单的是实体经济企

业，导致实体经济的利润空间被大大压缩，实体经济企业敢怒不敢言。同时，大的平台企业对新兴的互联网企业实行要么收购、要么消灭的策略，导致新兴互联网企业发展不起来，形成变相的不公平竞争。对平台企业的监管标准不够细、不够透明，也影响了公平竞争市场环境的形成。

五、政府提供便利服务的意识还不够

政府“放管服”改革的落脚点是优化服务，这是行政改革的真正目的和价值所在，而便利化服务是优质服务的重要考量指标。从上海情况看，政府服务总体很好，但也有些部门为百姓服务的认识不深，服务意识不强，服务内容不足，服务方式不便，服务水平不高等短板仍然存在。在便利服务上，服务资源整合还不足，线上线下服务“两张皮”现象仍然存在，网上政务服务大厅实用性不高等问题存在。以人才落户为例，调研中发现，一些高新技术企业为了在全球范围内抢人才，不惜重金，但人才落户问题一直得不到解决。据了解，上海出台了一些针对创业人才、高精尖人才引进方面的落户政策，但实际操作与政策不一致，导致企业在全球抢人大战中落在下风，招聘不到最需要的高技术人才。

六、长江经济带发展面临一些问题

由于自然条件、区位和交通条件、劳动力素质、市场、历史等原因以及政策等诸多因素的影响，长江经济带上中下游的经济发展面临一些问题，其核心是尚未建立区域协调发展机制，产业布局各自为政、生态环保各管一段，并未打破城市间的行政壁垒，导致长江经济带的功能未能充分发挥。主要体现在，一是经济发展、产业布局各自为政，相互合作不够，上中游发展缺资金、技术，下游发展缺资源支撑，上中下游未形成有效分工和资源对接，低水平重复建设与资源浪费问题依然存在，暂未形成整体发展合力。二是跨区域的生态补偿和合作机制不完善，生态保护压力大。调研中发现，上中下游生态保护还是“铁路警察，各管一段”的工作机制，在面临经济增长和环境保护的权衡取舍时，因需要良好的经济效益作为政绩，而降低招商引资中的环境准入门槛的情况时有发生。三是受制于各城市间基本公共服务、户籍制度、土地指标等诸多因素，导致区域内各类生产要素难以发挥市场机制的决定性作用，阻碍了各类生产要素的有序流动。

调研启示与对策措施

从上海、浙江的调研情况看，两地都高度重视政府职能转变，深入推进“放管服”改革，上海有“三个一批”、政务云、“四位一体”监管体系，浙江有“最多跑一次”改革；两地也都高度重视营造优质的营商环境，加强商品商标管理、知识产权保护、公平竞争审查等，深入推进国有企业混改、重视推进民营经济发展，为激活微观主体活力提供政策支撑；同时，两地还注重创新和完善宏观调控，坚持宏观政策要稳、微观政策要活、社会政策要托底的思路，持续完善现代化经济体系的建设。当然，调研中也发现，两地在建设现代化经济体制过程中还存在着一些问题，需要不断调整思路，不断为建设现代化经济体系奠定体制机制保障。

一、持续推进政府管理体制创新，不断完善市场机制

政府与市场的关系问题是建设现代化经济体系的根本问题。从政府角度看，必须继续推进政府职能转变，深化“放管服”改革，全面实施市场准入

负面清单制度，加快要素价格市场化改革，完善市场监管体制，加紧构建新型政府和市场关系。一是要进一步厘清政府与市场的边界，围绕服务政府、法治政府、创新政府、廉洁政府的目标，切实解决政府职能越位、缺位、错位问题，大幅减少政府对资源的直接配置，让市场充分发挥在资源配置中的决定性作用，以更好发挥政府作用。二是政府要注重为企业创造健康运行的良性环境和合理机制，通过制度来引导企业的行为，发挥好政府的市场维护、市场引导、市场培育等方面的作用，真正降低制度性交易成本，破除生产要素合理流动与有效配置的障碍，不断激发市场主体发展与创新活力。三是进一步完善事中事后监管体系，探索制定行业监管清单，并不断创新监管方式方法，构建引入市场机制、社会力量参与的“三位一体”监督体系。

二、持续完善宏观调控，发挥规划的战略导向作用

要发挥规划战略性导向作用，统筹经济发展的短、中、远期目标，健全财政、货币、产业、区域、消费、投资等经济政策协调机制。一是统一规划体系和强化规划归口管理，确保一张蓝图绘到底；建立覆盖规划全流程管理体系，将发展规划、区域规划、空间规划的编制及修订名录等归口到一个部门。二是把握好规划引导的“度”，不同规划有不同的要求和侧重，有虚有实、有软有硬、有所为有所不为。在市场可以自行发挥作用的领域，政府要充分信任市场，规划引导侧重于建机制、优环境。在市场失灵的领域，要发挥好政府引导作用，如公共服务类规划、资源环境类规划等。三是规划助力企业降低行政审批时间成本，以“多规合一”信息化系统建设助推项目选址一次性审查，变多部门分头按各自规划审查为一个口子综合性审查；用规划审查替代或简化一部分项目审批，即针对项目的审批事项前移至规划环节，在规划环节的专项审查通过后，后期项目环节可以不再开展或简化降低要求，

将有效减少审批环节、提高审批效率。

三、建立高端产业新体系，促进创新型产业发展

产业体系是经济体系的核心，要加快产业转型升级，建立起“高端、高质、高效”新产业体系。高端，即产品与服务的技术与知识含量高、产品附加值高；高质，即产品与服务的品质高、品牌亮，符合市场需求的趋势；高效，就是生产与服务的经济社会综合效益高。同时，创新是新时代“引领发展的第一动力”，是建设现代经济体系的战略支撑，要继续贯彻落实创新发展理念，促进新产业的大力发展。一是要重点抓好产品创新、生产方式创新与商业模式创新，促进新产业的成长。如区块链技术、AI技术、大数据技术等，要推进这些新产业的成长壮大，并有的放矢的赋能到传统产业上，不断推进传统产业的转型升级，实现经济的高质量发展。二是针对大企业创新弱的特点，有针对性地引导国有企业与民营大企业的科技创新，鼓励国企与民营企业发展创新合作。三是要通过推动大众创业万众创新，培养创新型企业，促进产业迈向全球价值链中高端，培育若干世界级先进制造业集群，有利于供给侧结构性改革的深化。四是处理好引进、吸收再创新与自主研发的关系，提高创新成果的经济转化效率，增强核心技术开发能力。五是要加快建立以企业为主体、市场为导向、产学研深度融合的科技创新体系。

四、继续营造优质营商环境，促进民营经济健康有序发展

调研中发现，上海、浙江两地都注重营造优质营商环境，不断激活微观主体活力。从促进民营经济健康有序发展来看，需做好以下主要工作：一是

坚持打造“国际化、法制化、便利化”的营商环境。国际化是指对标国际标准，以国际通行的办理时间、收费标准等为硬指标，降低企业各类交易成本，特别是制度性交易成本，让企业轻装上阵；法制化是指完善各项法律法规，做好政策公开透明、办事规范、法治环境完善；便利化是指政府要始终聚焦企业发展中遇到的难点、痛点、堵点问题，系统实施针对性的改革举措，对一些跨领域的难点问题推出了革命性的流程再造，切实解决企业发展困难。二是聚焦科技创新，一方面要抓住科技创新的历史机遇，不断赋能到传统产业，带动传统产业的转型升级；另一方面，要加大对新科技企业的扶持力度，不断推动新科技转化成实际生产力。三是不断深化资源要素优化配置，打造高质量发展的要素环境。可借鉴浙江“亩均论英雄”改革经验，不断提高资源要素使用效率。四是注重加强商标知识产权保护，探索建立行业商会（协会）专家陪审团，不断加大商标执法力度，推进商标品牌建设和日常监管，并积极推进公平竞争审查制度，建立公平竞争审查联席会议制度，加强反垄断执法，为民营经济的健康有序发展营造公平竞争的营商环境。

五、建立区域协调发展机制，
充分发挥长江经济带功能

加紧长江经济带发展的顶层设计，保障各项战略措施的有效落地，其中建立合理顺畅的区域协调发展机制最为关键，这样才能保障长江上中下游区域产业布局、生态环保等具体措施的统筹协调发展，才能真正打破城市行政壁垒，促进各区域生产要素的优化配置。同时，通过制度创新创建综合立体的制度体系，为长江经济带发展战略的实施提供制度保障，如制定统一的长江经济带区域协调发展规划，协调上中下游各区域发展潜力与资源环境承载力，完善区域空间布局；建立并完善省际联席会议制度，重视城市群协同发

展，共同制定合作共赢的联动机制、战略步骤、行动方案等。

六、实施人才强国战略，为创新型经济奠定扎实基础

人才是创新的源泉，从上海、浙江两地调研情况看，两地都十分重视人才培养与引进，为创新型经济的发展奠定人才基础。一是必须加强科技创新队伍建设，注重现有人才资源的应用与人才梯队培育，同时加快科技体制改革，充分发挥科技人才的积极性，挖掘科技人力资源的潜力。二是加强国内外技术信息交流合作，培养造就一大批具有国际水平的战略科技人才、科技领军人才、青年科技人才和高水平创新团队。三是改善人才评价机制，增加技术创新和技术转移在职称等评价中的比重。允许研发成本计入当期成本抵扣，通过税收政策，鼓励企业进行技术创新。四是加大高端国际人才引进力度，促进海外人才回归。五是不断完善户籍、教育、医保等方面的体制机制，切实解决高端技术人才的后顾之忧。

（执笔人：赵雷）

参考资料

[1] 张杰 . 把握好政府和市场关系是建设现代化经济体系的关键 [J]. 南京财经大学学报，2018（02）：1-8.

[2] 刘志彪 . 建设现代化经济体系：基本框架路径和方略 [J]. 经济理论与经济管理，2018（02）：5-8.

[3] 邹薇 . 建设现代化经济体系，实现更高质量发展 [J]. 人民论坛·学术前沿，2018（02）：31-38.

[4] 张辉 . 建设现代化经济体系的理论与路径初步研究 [J]. 北京大学

学报，2018（01）：105–116.

［5］石建勋，张凯文，李兆玉．现代化经济体系的科学内涵及建设着力点［J］．财经问题研究，2018（02）：22–31.

［6］上海市人民政府发展研究中心改革形势分析课题组．2017年上海改革形势分析报告［J］．科学发展，2018（02）：5–16.

［7］傅尔基．混合化与国有企业改革全面深化——以上海国有企业深化改革为例［J］．毛泽东邓小平理论研究，2015（10）：11–16+91.

［8］钱智，李锋，史晓琛，等．"十三五"时期上海全面深化改革总体思路和举措研究［J］．科学发展，2015（05）：28–37.

［9］周中林，乔冰彬，朱勤敏．长江经济带发展战略实施路径研究［J］．长江大学学报（社科版），2017（06）：35–41.

［10］徐剑锋．高端高质高效 率先建成浙江现代化经济体系［N］．浙江日报，2017–12–26：（010）.

第十二章
雄安新区高质量发展的战略定位与路径选择

雄安新区是继深圳经济特区和上海浦东新区之后又一具有全国意义的新区，其设立是集中疏解北京非首都功能、探索人口经济密集地区优化开发新模式、调整优化京津冀城市布局和空间结构、培育创新驱动发展新引擎的历史性战略选择。作为千年大计、国家大事，雄安新区的设立所体现的重大现实意义和深远历史意义在客观上要求其高水平建设、高效率运营和高质量发展。纵观历史，从改革开放之初的“深圳速度”到如今的“雄安质量”，国家级新区发展焦点的变化既是党的十九大报告强调的作为新时代基本特征“经济已由高速增长阶段转向高质量发展阶段”的具体示范和区域注脚，更是改革开放40多年后我国经济和社会发展诉求的更迭和自信彰显。对此，汪海率领本书作者团队赴雄安新区进行了调研。在此期间，听取了雄安新区管委会的工作汇报，实地走访了政务中心，深入了解了新区建设中面临的突出问题。

雄安新区基本情况与主要问题

2017 年 4 月 1 日，中共中央、国务院决定设立雄安新区，含河北雄县、容城、安新 3 县。雄安新区自成立之初，就高举高打，战略意义突出，成为京津冀协同发展进程中最具战略高度的一步。《雄安新区规划纲要》以“千年大计、国家大事”论述此举，规格空前。

雄安新区政治经济意义比肩深圳特区、上海浦东新区，有自身独特的历史使命，是继深圳经济特区、上海浦东新区之后，以习近平同志为核心的党中央作出的重大历史性战略抉择。但与前两个特区不同的是，深圳特区与上海浦东新区主要体现经济意义，而雄安新区政治意义与经济意义并重。三者分别代表中国改革开放三个时期：深圳特区（1980 年设立）是沿海改革开放第一响，上海浦东新区（1992 年设立）是改革开放从沿海向内陆渗透的最重要的一步，前两者均处于改革初期，享受改革最初的经济发展红利；而雄安新区设立，处于改革攻坚期、增速换挡期、转型阵痛期，承载着推动改革破冰和北京非首都功能疏解的历史使命。因此，雄安新区成立规格高于一般意义上的国家级新区。从设立方式看，此前 18 个国家级新区设立，一般以国务院致省级政府批复函的形式批复，而雄安新区设立，是党中央、国务院共同发文宣布，规格高于一般国家级新区。

雄安新区以特定区域为起步区先行规划建设，起步区面积约 100 平方公里，中期发展区面积约 200 平方公里，远期控制区面积约 2 000 平方公里。新区定位二类大城市。设立雄安新区，对于集中疏解北京非首都功能，探索人口经济密集地区优化开发新模式，调整优化京津冀城市布局和空间结构，培育创新驱动发展新引擎，具有重大现实意义和深远历史意义。调研时，新区正在规划建设，各项工作也在有条不紊地进行，但是调研中也发现新区发展中存在的一些突出问题与短板，亟待解决。

一是公共服务存在不足。医疗、教育等公共服务是生活最直接也是人们最关心的问题。然而，雄安现有的医疗、教育、文化、体育、社会保障等公共事业仍然是县级城镇发展水平，与北京非首都功能疏解的职责定位以及未来人口大量集聚产生的需求很不相称。

二是交通等基础设施亟待发展。基础设施建设是雄安新区发展的重要一环，也是打造北京非首都功能疏解集中承载地的重要前提。但是，目前新区交通等基础设施建设明显薄弱，道路等级、路网密度、通达程度以及站点配套设施等明显不足，地下管网、电力、信息等基础设施建设也较为滞后。下一步必须要加快基础设施建设，使基础设施建设成为推动雄安新区发展的破题之举。

三是生活环境仍需改善。调研发现，雄安新区城乡发展差距显著，人居环境亟待改善。农村面源污染严重、农村居民生产生活垃圾处理不合理，城市面貌陈旧、居民区拥挤、出行不便。当地居民的文明礼貌素养、生活习惯、思想观念等相对落后，与雄安新区未来的发展要求尚不协调。

四是“后发劣势”明显。雄安新区地处中国北方内陆，距北京、天津直线距离均在 120 公里左右，与北京、天津在地理位置上形成了一个等边三角形。无论是从城市集群效应还是雄安自身的产业结构来说，都与深圳、浦东新区有不小的差距。长、珠三角是通过产业扩散形成了良性产业集群，进而发展成为发达的城市群。京津冀的产业模式很难做到这一点。位于京津周边的河北被动接收两地淘汰的落后产能。虽然可以带来当地的经济增长，但不会与京津形成良好的产业互补格局。随着中国制造业的人口红利正在消失，京津无法再依靠低端制造业重复长三角和珠三角曾经的辉煌，这也为雄安新区将来的产业发展带来了难题。

关于雄安新区发展的主要思考

一、高质量发展是雄安新区建设的内在要求

高质量发展是我国新时代经济和社会发展的基本特征。改革开放以来，我国经济在经历工业化初期、工业化中期和工业化成熟期后开始向工业化发达期过渡阶段转变。2018 年，国内生产总值中第三产业增加值比重达 52.2%，常住人口城镇化水平达 59.58%，人均国民收入也已经接近中等偏上收入国家的平均值，国民经济和社会发展的各个方面实现了巨大的突破和跨越。然而，我国数十年的高速增长所依赖的是以低价生产要素为基础、以破坏生态环境为代价的高投入、高消耗、高污染的发展模式，这种发展模式在新时代已经难以为继并面临着潜在危机，GDP 增速的放缓正是这一发展模式弊端的体现。因此，实现高质量发展、推动新旧动能的转换在整个国家层面已经迫在眉睫、呼之欲出。

党的十九大报告指出，新时代我国社会主要矛盾是人民日益增长的美好生活需要和不平衡不充分的发展之间的矛盾。这一主要矛盾的概括既是对我国当前经济和社会发展的主要特征、关键问题的精炼总结，也暗示着未来我国实现社会主义现代化的破解方向。毫无疑问，高质量发展是实现创新、协调、绿色、开放、共享的发展，是实现创新驱动、区域协调、城乡统筹、基本公共服务均等化的发展，是实现生产、生活、生态共生共荣的发展。其中，区域协调、局部优化、重点推进是区域经济高质量发展的重要特征，开发强度较高的东部地区的国土空间优化开发已经成为高质量发展的主要命题。在新时代，以疏解北京非首都功能为“牛鼻子”推动京津冀协同发展，高起点规划、高标准建设雄安新区是实施区域协调发展战略的重点内容。

雄安新区是我国新时代区域协调、空间优化的样板，而高质量发展是雄安新区开发建设的内在要求。第一，雄安新区现有开发程度较低、发展空间充裕，具备高起点开发、高标准建设的基本条件。第二，雄安新区地处北京、天津、保定腹地，区位优势明显、交通便捷通畅、生态环境优良、资源环境承载能力较强，这些客观基础和优势有助于促进雄安新区的高质量发展。第三，雄安新区经济发展水平与北京、天津等地具有一定差距；所处的京津冀地区严重缺水，河北省人均水资源量只有307立方米，仅为全国平均水平的七分之一，远低于国际公认的人均500立方米的“极度缺水标准”；而雄安新区所依托的白洋淀的水质属于V类和劣V类。这些劣势在客观上要求雄安新区推动高质量发展，以缩小与经济发达地区的差距。此外，建设雄安新区作为区域协调发展战略的落实举措对其他城市的高质量发展具有重要意义。一方面，雄安新区将承接大量非首都功能，这对于有效破解北京“大城市病”、深入推动京津冀协同发展具有重要意义。另一方面，雄安新区秉承世界眼光、国际标准、中国特色、高点定位的理念在智慧城市建设、创新要素集聚、住房市场开发等方面将成为全国新型城镇化进程中的标杆和示范。

高质量发展是雄安新区发展的必由之路，如何实现雄安新区的高质量发展成为迫切需要解决的问题。路径的选择需要从明确的目标中找寻，雄安新区的设立对于集中疏解北京非首都功能、探索人口经济密集地区优化开发新模式、调整优化京津冀城市布局和空间结构、培育创新驱动发展新引擎具有重要意义。实现以上既定目标，需要分别采取不同的战略。本书作者认为，雄安新区应当实施优质承接战略、枢纽城市战略、创新发展战略和智慧宜居战略等四大战略。其中，承接非首都功能疏解是雄安新区高质量发展的前提，打造枢纽城市是雄安新区高质量发展的基础，创新发展是雄安新区高质量发展的动力，智慧宜居是雄安新区高质量发展的落脚点。

二、积极承接非首都功能疏解优质资源是雄安新区高质量发展的前提

雄安新区承接疏解北京非首都功能应当从其疏解的主要内容和建设发展的目标两个方面进行考量，从而实现疏解和承接的双边匹配、精准识别和高效开展。

第一，雄安新区承接北京非首都功能疏解，应当充分考虑到北京疏解非首都功能过程中疏解什么、不疏解什么、就地关停哪些产业以及所疏解的机构和企业的适宜距离、基础设施和生态环境要求等，全方位了解北京疏解非首都功能的各项政策和措施。根据《京津冀协同发展规划纲要》和《北京城市总体规划（2016—2035 年）》，北京是全国政治中心、文化中心、国际交往中心和科技创新中心。为贯彻落实京津冀协同发展战略，北京市人民政府通过行政、经济等手段和措施有序疏解属于非首都功能的组织和机构，疏解对象主要包括一般性产业特别是高消耗产业，区域性物流基地、区域性专业市场等部分第三产业，部分教育、医疗、培训机构等社会公共服务功能，部分行政性、事业性服务机构和企业总部等。这些产业和机构是北京疏解非首都功能的主要对象，也是其他地区承接北京疏解的潜在对象。

第二，雄安新区承接北京非首都功能疏解，应当充分考虑到雄安新区发展的定位与目标。雄安新区要“建设绿色生态宜居新城区、创新驱动发展引领区、协调发展示范区、开放发展先行区，努力打造贯彻落实新发展理念的创新发展示范区”。根据以上发展定位和发展目标，雄安新区在承接北京非首都功能时应当重点承接创新潜力大、环境污染少的高端高新产业和机构。

综合北京疏解非首都功能的主要对象以及雄安新区的发展定位与目标，可以明确，雄安新区承接北京非首都功能疏解的重点是推动符合雄安新区发

展目标的北京非首都功能疏解转移，主要包括三个方面：一是教育、医疗、培训等社会公共服务功能；二是行政性、事业性服务机构和企业总部等；三是包括金融服务业、科技服务业等在内的高端生产性服务业和现代服务业。显然，以上三类产业和机构对于雄安新区的创新发展、协调发展、绿色发展均具有重要意义。

三、着力打造枢纽城市是雄安新区高质量发展的基础

雄安新区作为京津冀协同发展的重大举措，其高质量发展必然离不开京津冀世界级城市群的持续健康发展。目前，世界级城市群已普遍进入城市化发展的高级阶段，即多中心、网络化发展阶段。从它们的规划经验来看，都已突破最初的规划模式，并通过建设轴带和多中心解决单中心聚焦的困扰，基本形成了多中心、极轴式、网络化的城市群空间格局。多中心、网络化的空间结构具有其结构优势，既能实现城市的规模经济效益，又能解决单中心集聚所导致的“大城市病”问题。雄安新区肩负调整优化京津冀城市布局和空间结构的历史使命，应当打造成为符合世界级城市群发展规律的枢纽城市。在多中心、网络化已成为世界级城市群空间结构演变的一般趋势的背景下，雄安新区实施枢纽城市战略应当重点促进城市规模适度扩张、加快完善综合交通体系。

推动雄安新区高质量发展的建议

一、按照规模适度原则推动新区建设

从世界级城市群发展经验来看，城市群空间发展模式呈现从以超大城市

为单一中心向外辐射联系的等级体系向多中心、扁平化的网络型组织体系转变的变化。在此趋势下，未来决定城市高质量发展的不仅是城市规模，更取决于城市网络中的地位。雄安新区的城市地位不言而喻，国家重视程度、行政等级、社会关注与预期等都体现其强大的、具有地区意义乃至全国意义的枢纽城市的地位。因此，在世界级城市群体系下，明确雄安新区的人口规模成为雄安新区打造枢纽城市的核心。这也将成为雄安新区高质量发展的决定性因素。总体而言，雄安新区人口规模的确定应当以动态、开放的视角来看待，既要考虑到自身的资源禀赋，又要考虑到发展定位；既要考虑到其与其他城市特别是北京的关系，又要考虑到国家经济和社会发展的进程。

第一，雄安新区人口规模需要充分考虑雄安新区的发展定位。雄安新区作为“首都功能拓展区”和深入推进京津冀协同发展作出的一项重大决策部署，毫无疑问需要有一定的人口规模作为支撑形成与北京的吸引力相抗衡的“反磁力中心”，进而建设成为京津冀世界级城市群的重要节点城市。可以认为，雄安新区的发展定位要求雄安新区人口规模不能太小。太小的人口规模难以承接非首都功能疏解，也难以实现国家对雄安新区的发展定位和要求。

第二，雄安新区人口规模需要充分考虑北京非首都功能疏解的实际进展。作为非首都功能的集中疏解地，雄安新区的人口规模很大程度上依赖于北京的疏解状况。在这一过程中，北京无疑会向雄安新区疏解一定的功能和资源，但是北京及其中心城区本身亦需要一定的规模。加之北京内部功能重组也会承接部分疏解的功能，雄安新区承接北京非首都功能疏解会受一定的条件制约。因此可以说，北京向雄安新区的疏解只是一个开始，其人口集聚更多地要靠内生发展和吸引来自全国的迁入者来完成。

第三，雄安新区人口规模需要充分考虑人口发展峰值和城镇化进程。一方面，在人口政策和经济社会发展对人口的作用下，我国将在 2025—2030 年达到人口峰值，此后人口将呈现总量规模的下降。另一方面，我国常住人口城镇化已经进入后半程，逐渐趋向于城镇化率稳定的阶段，加之东部地区就业岗位减少、房价高企等诸多原因，中西部地区劳动力出现回流迹象，在此大背景下，位于东部相对发达地区的雄安新区在吸引人口方面将受到我国宏观发展环境的影响。

第四，雄安新区人口规模需要充分考虑水资源承载力。水资源是人类生存和发展的战略性资源，是区域经济发展与社会进步的硬约束。近年来，随着京津冀人口、经济快速增长，水资源越来越成为区域可持续发展的制约性因素。在此背景下，"以水定人"战略应运而生。"以水定人"是将水资源作为区域人口及其经济活动存在和持续的基础条件，测定区域水资源人口承载力并进而调控区域人口规模与布局。雄安新区所处的京津冀地区属于地下水严重超采区，水质也处于较低水平。虽然可以通过改善水质、区域外调水等途径短期内解决缺水问题，但从长远来看水资源匮乏将决定雄安新区人口规模不能过大。

总之，雄安新区人口规模既不能太大，又不能太小。考虑到雄安新区的建设规模以及水资源承载能力，考虑到新型城镇化发展趋势以及雄安新区在京津冀世界级城市群中的地位和作用，雄安新区的人口规模不能太小，但也不能无限制地增长。经综合考虑，我们认为雄安新区人口规模不宜超过300万人。

二、加强交通体系建设

交通枢纽的均衡发展是实现区域经济协调发展的重要路径。完备的交通体系有助于吸引周围地区各类生产要素向枢纽城市集聚，进而实现枢纽城市的高质量发展。然而，京津冀城市群交通体系是发展最不协调的地区之一。交通是京津冀协同发展的优先推进领域之一。雄安新区作为京津冀世界级城市群中的重要一极和京津冀协同发展的重大举措，必将承担区域交通枢纽功能，新区各行业的发展也必须要依托完善的立体交通体系。目前来看，雄安新区交通体系的完善需要从域外交通和域内交通两个角度协同推进。

第一，在推动京津冀交通体系网络化、均衡化发展的背景下，重点推进雄安新区交通枢纽建设。一是以雄安新区为重要节点，加强域外交通体系的网络化、立体化建设，推动公路、铁路、城市轨道、航空、管道等交通基础设施全面发展。二是加强与北京、天津、保定、石家庄等京津冀地区的重点城市的交通联系，加强与北京大兴机场的协调对接。三是加强与中国建筑、中国铁建等大型基础设施建设集团的合作，高标准、高起点建设域外交通体系。

第二，积极打造雄安新区区域内畅通有序的交通体系。雄安新区由保定雄县、容城、安新三个县域组成，虽然开发程度有限，但是三个县城所在地已经实现一定程度的开发，并将成为雄安新区内部建设的重要节点。因此，雄安新区区域内交通体系建设需要在借鉴我国城市交通发展经验和教训的基础上，充分考虑到未来规划区与已有建成区之间的联系，充分考虑未来人口生产、生活的域内交通需求，充分把握先进交通工具的发展趋势并采用前沿的智慧交通技术，实现雄安新区区域内交通体系的畅通有序、智慧管理。

三、积极推动雄安新区公共服务发展

对于教育、医疗等社会公共服务功能，雄安新区应当结合本地现有的公共服务资源分布和发展状况，以及北京对外疏解的公共服务资源的状况，通过整体托管、联合经营的方式实现在京资源的疏解和溢出。

教育方面，雄安新区应当优先发展高等教育，优质发展基础教育。雄安新区应当从北京承接哪些教育资源需要从雄安新区发展定位与目标所要求的人才水平以及雄安新区的教育现状与人才现状的角度进行分析。创新驱动发展引领区、开放发展先行区等发展定位无疑要求高素质、创新型人才的支撑，长远发展无疑需要具有内生能力的人才培养与输出机构，这就需要雄安新区具有培养高素质人才的教育层次，如高等院校、科研院所等。显然，这是雄安新区现状所不具备的。《北京市人民政府、河北省人民政府关于共同推进河北雄安新区规划建设战略合作协议》指出，北京市推动优质教育、医疗卫生等资源向雄安新区布局发展，采取"交钥匙"工程方式在雄安新区建设高水平幼儿园、小学、完全中学各 1 所；河北省在雄安新区选择现有幼儿园、小学、完全中学各 1 所，由北京市采取托管、集团化办学等方式，提供办学办医支持。虽然学前教育、义务教育的提质能够作为公共服务的一部分提升雄安新区城市品质，但是无论从服务区域长远发展还是短期集聚高素质人才而言，高等教育都应当是雄安新区迫在眉睫的选择。在这一点上，雄安新区可以效仿深圳。深圳作为一个年轻的城市，在培育自身本土高等院校（深圳大学）和引进外部高校资源（如北京大学深圳研究生院）上创新举措，积累了丰富的经验。雄安新区应积极获取高等教育资源，通过自建、援建或引进的方式逐步构建起雄安新区的高等教育体系，更好地服务于城市发展定位。

医疗方面，雄安新区应当积极筹建三甲医院，提升基本医疗水平。由于医疗机构服务于患者，在雄安新区没有达到一定的人口规模时，很难支撑大型医疗机构运营。因此，在雄安新区建设发展初期，通过北京优质医疗资源对口支援雄安新区医疗事业发展的方式最为经济。在雄安新区人口集聚到一定规模时，可以通过引进综合性医院、大型三甲医院提升区域公共服务水平。2016 年北京市常住人口 2 172.9 万人，三甲医院 30 座，平均每家三甲医院服务 72 万人。为保证雄安新区与北京的公共服务水平相一致，雄安新区 104.71

万人至少应当配置1座三甲医院。但由于雄安新区城镇化水平低，人口集聚水平较低，而区内目前并没有三甲医院。因此，在雄安新区加快建设和人口不断集聚的情况下，适时引进大型综合三甲医院的分院尤为必要。此外，雄安新区还应当积极完善医疗服务保障，提升区域基本医疗水平，结合雄安科技基础设施和交叉平台研究，在合作建设高端医疗机构和组织的同时，统筹社区卫生服务中心和社区卫生服务站等基层医疗机构建设，完善医疗卫生服务体系。

四、高标准高起点打造雄安地方品质

新时代城市之间的竞争是人才的竞争，而人才的区位在更大程度上取决于城市的品质。雄安新区实施智慧宜居战略应当以提升地方品质为核心，考虑生态环境约束，充分利用前沿的城市管理技术，运用先进的城市治理经验，着力提升雄安新区的吸引力和竞争力。

第一，严格在生态红线下发展，建设生态发展示范区。一方面，雄安新区要明确湖泊、耕地、生态等基础红线，确保生态安全。在开发建设过程中，雄安新区应始终坚持在不影响生态功能和生态空间的前提下，合理利用、开发区域禀赋资源。另一方面，雄安新区应当着力推进“千年秀林”工程建设，着力推进白洋淀水体保育和水质治理工程，实现煤改气工程全覆盖，着力打造蓝绿交织、严控污染的生态环境示范区。

第二，采用先进城市管理技术，打造智慧城市。一是加强与阿里巴巴、腾讯、百度等信息和智慧型企业的合作，将人工智能、大数据、云平台等前沿先进技术运用到城市规划、设计和运营中，将“世界眼光、国际标准、中国特色、高点定位”的发展理念落到实处。二是加强信息技术支撑城市基础设施建设，将智慧建造、智慧交通、智慧市政、智慧安防、智慧城管等理念和技术引入到雄安新区发展中，实现城市的智慧管理与运营。

第三，完善生活配套措施，提升地方品质。一是完善商业服务保障。强化雄安新区商贸服务等生活服务设施建设，依托雄安城区建设文化商业综合体，培育购物休闲、生活体验有机融合的商业新业态。二是完善旅游休闲服务体系。依托白洋淀、宋辽古战道、温泉等现有生态旅游资源，提升旅游服务品质，建设完善配套服务体系，最终形成山、城、湖相互映照，人、景、水相互融合的具有丰富景致与文化内涵的高端旅游目的地。

（执笔人：赵栩）